의료천국,
쿠바를 가다

의료천국,
쿠바를 가다

세계적
의료모범국
쿠바 현지
리포트

쿠바의 의료는 어떻게
전 세계 선진국의 연구대상이 되었나?

요시다 다로 지음 | 위정훈 옮김

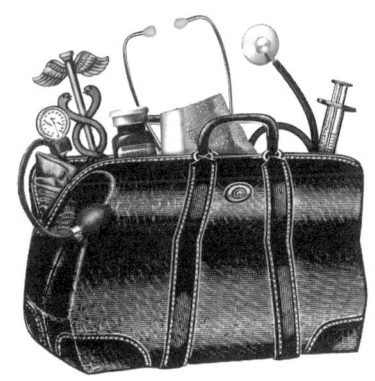

피피에

SEKAI GA CUBA IRYO WO TEHON NI SURU WAKE
by Taro Yoshida

Copyright © Taro Yoshida 2007
All rights reserved.
First published in Japan by TSUKIJI-SHOKAN, Tokyo.

This Korean edition published by arrangement with TSUKIJI-SHOKAN, Tokyo
in care of Tuttle-Mori Agency, Inc., Tokyo through Bookpost Agency, Seoul

이 책의 한국어판 저작권은 북포스트 에이전시를 통한 저작권사와의
독점 계약으로 도서출판 파피에에 있습니다. 신 저작권법에 의하여 한국 내에서
보호를 받는 저작물이므로 무단전재와 복제, 광전자 매체 수록 등을 금합니다.

추천의 말

인간적인 의료가 아름답다

김근태(민주당 상임고문, 전 보건복지부 장관)

저자의 부지런한 발품과 꼼꼼한 묘사 덕분에 잘 기획된 한 편의 다큐멘터리를 보는 것처럼 의료천국 쿠바를 다녀왔다. 읽을수록 책 속의 여정과 호흡에 흠뻑 젖어들었던, 매우 즐거운 책여행을 한 느낌이었다.

쿠바의 의료를 비롯하여 교육, 사회적인 현황을 리포트 형식으로 전하고 있는 이 책을 읽어내려가다 보면 사실이 때로는 벅찬 감동을 주기도 한다는 것을 알 수 있다. 쿠바가 지난 50년 동안 지속된 미국의 가혹한 경제제재 속에서 살아남았다는 것 자체가 사실상 기적일 것이다. 그런 혹독한 상황에서도 전 국민을 대상으로 한 무상교육과 무상의료의 실천, 대대적인 의료인 육성정책, 의학과 과학기술에 대한 아낌 없는 투자, 심지어 지진 등 재난 피해국가에 대한 인도적 의료원조 활동까지, 쿠바가 일구어낸 의료 성과는 참으로 눈부시다. 최악의 원전사고가 있었던 체르노빌의 피해자들을 가장 많이, 심지어 모두 무료로 치료해준 세계에서 유일한 나라가 쿠바라는 대목은 놀라움을 넘어 참된 국제적 연대란 무엇인가에 대한 감동적인 해답이기까지 하다.

'의료천국' 쿠바의 이런 성과는 의술을 베푸는 일에서는 시설이나 첨단장비보다 중요한 것이 인간의 얼굴을 한 의료라는 것, 체 게바라의 "한 사람의 목숨은 지구상에서 가장 부자인 사람의 전 재산보다도 100만 배는 더 가치가 있다"는 말을 국가적 차원에서 자각하고 실천한 드문 예로 볼 수 있을 것이다. 우리가 의료 서비스에서 추구해야 할 이상적인 목표인 '인간적인 의료'의 실천적 사례를 제시해주고 있다는 점에서 이 책은 값지다. 또한 쿠바의 패밀리 닥터로 대표되는 일차진료와 예방의료 사례들은 지방자치 시대를 열고 있는 우리의 지역보건과 의료정책을 디자인하는 데에도 커다란 도움을 줄 수 있을 것이다. 패밀리 닥터 제도는 무상의료와는 또 다른 차원의 진보적 의제이기도 하기 때문이다.

물론, 쿠바와 우리의 상황은 전혀 다르다. 사회주의와 자본주의라는 이데올로기만큼의 간극이 있는 것이 현실이다. 책이 나온 시점과 현실 사이에 짧지만 강력한 시차가 있음도 감안해야 할 것이다. 책이 일본에서 발간된 2007년 이후 세계금융 위기가 있었고 세계 곳곳에 경제위기가 만연했다. 아랍의 재스민 혁명 또한 이런 연장선상에 있다. 다른 모든 국가들처럼 쿠바 역시 지금 경제개혁에 사활을 걸고 있다고 한다. 과거의 중국, 베트남처럼 새로운 쿠바경제 모델을 만들어야 하는 것이다. 본문에서도 살짝 언급되었듯이 이미 4년 전에 자본주의가 사회 깊숙이 침투되어 있던 쿠바의 새로운 경제모델이 성공할 수 있을까. 쿠바인들은 그들의 자랑스러운 의료 시스템을 유지할 수 있을까.

  체 게바라와 카스트로로 상징되는 20세기 쿠바혁명은 이제 새로운 갈림길에 놓여 있다. 그들이 현재의 의료천국을 유지할 수 있다면 쿠바는 21세기를 살아가는 인류에게 진정 귀하고 아름다운 혁명으로 기억될 것이다. 쿠바인들의 행복, 쿠바의 기적이 계속되기를 바란다. 또한 이 책이 우리나라가 선진적 의료복지 체제를 구축하는 데에 작지만 큰 자극이 되기를 바란다.

2011년 5월

책을 읽기 전에 다음 쪽에 제시된 지도를 보자.

전세계 174개국 복지의료의 현황을 한 장의 차트로 나타내면 이렇게 된다.

1인당 소득과 유아·아동사망률이 엄연히 서로 연관되어 있다. 돈이 없으면 아이들의 생명을 구할 수가 없다는 말이다.

하지만 딱 한 나라, 금전적인 풍족함으로 의료수준이 결정된다는 슬로 수명에서 벗어나 있는 나라가 있다.

'사람의 생명이 금전보다도 가치가 있고 부드러움과 배려심만 있으면 생명을 구할 수 있다.' 쿠바가 내건 의료정책은 참으로 과격하다.

하지만 어떻게 돈이 없어도 사람들의 건강을 지킬 수 있을까? 세계가 관심을 기울이고 있는 그 비밀을 파헤치는 여행을 떠나보자.

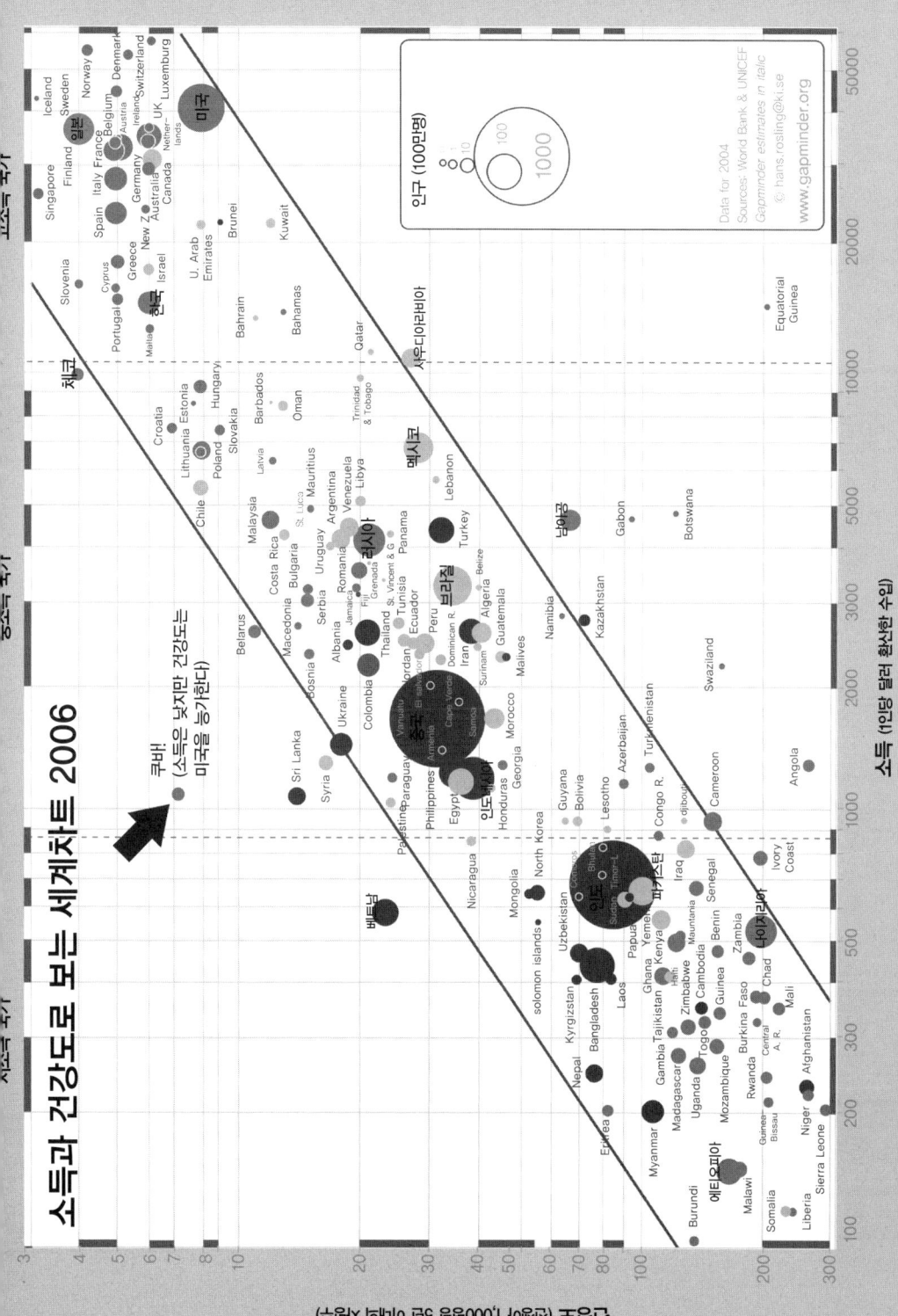

차례

추천의 말 – 인간적인 의료가 아름답다 5

들어가며 – 쿠바에의 유혹
붕괴하는 일본의 복지의료 15 · 지속가능한 복지의료는 가능한가 18 · 미국보다도 유아사망률이 낮은 쿠바 22 · 의료붕괴한 영국이 모델로 배우는 나라 23 · 세계보건기구 사무국장이 보증한 의료대국 25 · 쿠바에서 온 젊은 여의사 27

I. 단연 돋보이는 쿠바의 지역예방의료
마을에서 환자와 함께 사는 패밀리 닥터 33 · 지역의료로 경제위기의 시련을 견디다 40 · 혁명 이전부터 뛰어났던 쿠바의학 43 · 농촌의료에서 출발한 쿠바의 일차진료 48 · 보건의료 활동의 주역이 된 시군구 종합진료소의 창설 52 · 예방의료의 모델이 된 코뮤니티 진료소 55 · 일차진료 의료의 기둥, 패밀리 닥터 58 · 사람 건강의 90%는 환경이 결정한다 62

II. 외화획득 수단 – 전문의료와 의약품
1. 쿠바의 하이테크 의료
지역자원을 활용한 독특한 의약품 개발 71 · 유일무이한 오리지널 백신 73 · 마라도나도 찾아왔던 헬스 케어 75 · 12명의 미친 젊은이 79

2. 뎅기열과 쿠바의 생명공학 전략

미국의 바이오 테러로 34만 명이 병에? 83 · 인터페론 생산으로 세계를 리드 86 · 중앙계획경제 밑에서 시작한 생명공학 개발 88 · 생명공학 입국을 목표로 한 고투 – 카스트로의 도박 90 · 돈벌이와는 거리가 먼 생명공학 개발 93

3. 전 세계 사람들을 위한 백신

세계 최초의 인공합성 항원 백신 96 · 캐나다와 협동개발된 신기술 98 · 제3세계 아이들의 생명을 지키기 위한 싸움 102

4. 연애대국 쿠바의 에이즈 퇴치전략

수입 혈액제제를 모두 폐기 108 · 환자 전원을 사나토리움에 강제수용 111 · 자력으로 에이즈 치료약을 개발 115 · 관광외화라는 마약과 주민총참가에 의한 예방전략 118

III. 대체의료와 전자정보 네트워크
1. 침뜸, 허브, 자연식, 기공, 요가

경제붕괴 속에서 태어난 대체의학 127 · 근대의료와 대체의학의 통합 132 · 대체요법 박람회 135 · 자연식에 주목하다 138 · 대체의료 철학 141

2. 쿠바의 의료정보혁명

종이 없는 사회가 낳은 컴퓨터 네트워크 145 · 전자 네트워크로 넓어진 에비던스에 기초한 의료 149 · 의료전자도서관과 사이버 대학 151 · 전세계에 무료로 발신되는 의료정보 153

Ⅳ. 국경 없는 의사단

1. 재난 피해국에서 활약하는 쿠바 의사들

극한의 히말라야 산중에서의 구조활동 159 · 중부 자바 – 격심한 피해지역에 머물렀던 원조대 165 · 21세기의 선더버드, '헨리 리브' 국제구조대 169

칼럼1 – 체르노빌의 아이들 175

2. 라틴 아메리카 의과대학

독특한 실전 의과대학 178 · 미국 학생도 배우는 의과대학 184 · 커플이 서로 끌어안은 명랑한 캠퍼스 187

칼럼2 – 뉴욕 할렘에서의 카스트로의 연설 191

3. 쿠바의 의료외교

50만 명에 다시 빛을 – 기적의 안과수술 프로젝트 194 · 혁명 직후부터 세계를 향해 전개된 의료원조 197 · 베네수엘라와 볼리비아에의 의료원조 199 · 의사수

출로 석유를 획득한 경제성장 202

V. 지속가능한 의료와 복지사회 구조 만들기
1. 피크 오일과 에너지 절감 선언
피크 오일 시대의 모델로서 세계가 주목한 나라 쿠바 213 · 나라를 들썩이게 한 '아까워 운동'의 전개 217 · 할리우드 영화는 인간을 바보 취급한다? 220

2. 120살까지 사는 섬
세계최장수 기록 보유자는 쿠바인? 224 · 노인들에게 친절한 사회, 독특한 노인 동아리 227 · 쿠바식 문화센터 233

칼럼3 – 쿠바헌법 제9조 237

3. 격차사회 해소에의 도전
군사비를 삭감해서 의료, 복지예산을 증액 239 · 사회적 자본에 크게 좌우되는 사람들의 건강 242 · 의사와 택시 운전사가 40배의 월급차 245 · 15명 학급 실현과 유치원부터의 컴퓨터 교육 248 · 예술학교 창설과 전 국민 평생학습 250 · 사회 풍기문란과 노인을 지키는 젊은 사회 복지사들 251 · 실업중인 젊은이들의 재도전 프로그램 253 · 목표는 예술과 문화, 과학이 발달한 지식사회 255 · 하류지향 젊은이는 사회가 만든다 256

4. 지금도 살아 있는 체 게바라

현장인 진료소에서 실천하는 의학교육 개혁 261 · 지금도 살아 있는 게바라의 말 267

마치며 272

참고문헌 281

용어정리 292

들어가며 – 쿠바에의 유혹

붕괴하는 일본의 복지의료

　일본의 복지의료가 병들고 있다. 지금까지 일본은 저렴한 의료비로 세계 최고의 건강수준을 달성해왔다. 2000년에 세계보건기구(WHO) 보고서는 '평등성'과 '효율성'이라는 두 개의 지표축으로 각국의 순위를 매겼는데 '건강달성도 종합평가'에서 세계 1위를 차지했던 나라는 일본이었다. 2005년에 OECD(경제협력개발기구)가 실시한 조사에서도 건강수명과 건강달성도 종합평가에서 둘 다 1위를 차지하기도 했다.

　하지만 세계 으뜸이라는 일본의 복지의료가 지금 제도개혁이라는 이름 아래 와르르 소리를 내면서 무너져내리기 시작하고 있다. 만성적 인력부족으로 격무에 시달리고 있는 의사와 간호사, 매스컴을 떠들썩하게 장식하는 끊임 없는 의료사고, 사라져만 가는 의사와 환자의 신뢰관계, 의료비 상승 등 질적으로도 양적으로도 의료는 차츰

'가까이하기엔 너무 먼 당신'이 되어가고 있다. 의료현장뿐만이 아니다. 그것을 지탱하는 제도의 재원도 위험하다. 일본의 의료를 지탱해왔고 세계보건기구도 높이 평가한 전국민 의료보험 제도가 재원압박 때문에 뿌리부터 흔들리고 있다.

국민건강 보험제도 선진국, 하면 맨 먼저 떠오르는 나라가 영국이다. "요람에서 무덤까지"라는 유명한 슬로건은 제2차 세계대전 후에 노동당이 내걸었던 사회복지정책으로, 1970년대 영국은 세계가 모델로 삼는 최고의 복지국가였다. 하지만 지금 영국에서는 의료제도가 붕괴되고 있다. 마거릿 대처 정권(1979~1990)이 의료비를 너무 삭감한 결과 1990년대 중반부터 의료제도가 황폐화되기 시작된 것이다. 무료 공립병원은 유지되었지만 의사와 간호사 수가 심각하게 부족해져 전문적인 진료를 받으려면 16주나 기다려야 한다. 1990년대 후반에는 입원대기 환자가 130만 명에 이르고 암환자가 수술이 너무 늦어 사망하는 비극까지 일어났다.

티나(TINA)라는 말을 들어본 적이 있는가? 신자유주의 정책 이외에는 길이 없다(There is No Alternative)라는 말의 머릿글자를 딴 것인데, 고이즈미 전 총리의 '성역 없는 구조개혁'과 어딘지 뉘앙스가 비슷하다. 이 슬로건을 주창한 사람은 영국의 마거릿 대처 전 총리였는데, 현재 일본의 의료비 대비 GDP(국내총생산) 비율은 대처 시대에 버금간다. '성역 없는 구조개혁'의 본보기로 제시되곤 하는 뉴질랜드에서도 공적의료비 예산의 억제와 삭감, 공립병원의 독립채산제가 요구된 결과 복지의료 제도가 무너져내렸다. 공립병원의 의료 서비스는 악화되고 이익이 나지 않는 지방 공립병원은 거의 폐쇄되어 공립병원은 대도시에밖에 남지 않았다. 그 대신에 등장한 것이 민간 주식회사 병원이었다.

1997년에 등장한 영국의 토니 블레어 정권은 마거릿 대처 시대의 의료비 삭감정책을 뜯어고쳐서 2000년에 의료비를 5년 동안에 1.5배로 증액하는 대담한 계획을 발표하고 의대 정원을 3,972명에서 6,326명으로 늘리는 등, 의사와 간호사의 대폭 증원도 추진하여 무너진 복지제도 부흥에 힘을 쏟았다. 그러나 붕괴는 일단 한 번 시작되어버리면 아무리 버팀목을 대주어도 멈추지 않는다. 의사들의 사기는 땅에 떨어지고 미국이나 호주로 빠져나가버렸으며, 그들을 대체할 수 있을 만한 우수한 의사를 아프리카 등의 개발도상국에서 계속 수입하는 바람에 전세계의 빈축을 샀다. 한 술 더 떠서, 일단 의료비를 늘렸다가 어려운 재정상황에 직면하자 다시금 줄이는 등, 그야말로 조령모개로 혼란이 극에 달했다.

영국으로 대표되는 유럽형 복지·국가모델이 재정파탄으로 유지 불가능하다면 시장원리를 도입해서 민간 활력으로 효율화를 꾀해보면 어떨까? 그 선진사례는 미국이다. 미국에는 한국이나 일본, 영국 등과 달리 전국민 건강보험이 없다. 대신에 민간보험이 발달했고 65살 이상의 고령자와 장애자는 '메디케어', 저소득자는 '메디케이드'라고 불리는 공적 건강보험제도가 커버하고 있다. 하지만 미국형 의료모델은 그토록 훌륭한 것일까? 고소득 계층은 패밀리 닥터를 두고 의사 소개를 통해 세계 최고 수준의 전문의료 서비스를 받을 수 있다. 하지만 미국 전 국민의 20%나 되는 4,400만 명의 사람들은 고액의 민간 의료보험료도 지불하지 못하고, 그렇다고 보장을 받을 수 있을 만큼의 저소득자도 아니므로 복지의료 제도의 틀에서 내팽개쳐져 있다. 의료비는 전액 자기부담이다. 일본에서는 단돈 6만 엔(약 80만원)이면 되는 맹장수술을 받으려면 244만 엔(약 3,200만원)이나 든다(참고로 건강보험심사평가원의 2008년 진료비 심사자료에 따르면 한국의 맹장수술 진료비[입원 포함] 평균비용은 72~216만원이다. – 편집자). 저소득자는 자신이 병원이나 의사를 선택할 수도 없다. 갑자기 쓰러져서 구급차에 실려가도 명의에게 진찰을 받을지 수련의에게 진찰을 받을지는 소득에 따라 결정된다. '목숨도 돈 있기 나름'인 것이다. 거기에다 한 술 더 떠서, 막대한 신약 연구개발비, 소비자에 대한 화려한 광고 때문에 의약품 가격은 최근 20년 동안에 5.5배나 올랐다. 우리에게는 미국의료의 긍정적인 면만 소개되는 경향이 있는데 세계보건기구 평가에 따르면 미국은 건강달성도 15위, 종합평가 37위다.

지속가능한 복지의료는 가능한가

복지의료를 둘러싼 과제는 그뿐만이 아니다. 지바 대학 히로이 요시노리 교수는 영국형 큰 정부냐, 아니면 미국형 작은 정부냐 하는 대립축도 결국은 사회보장의 부의 분배문제에 지나지 않으며, 앞으로는 경제성장을 전제로 하지 않더라도 풍요로움이 실현되는 사회가 필요하다고 주장한다. 환경보전이냐 경제성장이냐 하는 새로운 대립축을 복지의료에도 덧붙여 '지속가능한 복지의료 사회론'을 전개하고 있다. 자칫 고령자 문제로만 여겨지고 있는 사회보장 역시, 니트(NEET. not in education, employment or training의 줄임말. 교육이나 훈련을 받지 않고 일도 하지 않으며 구직활동도 하지 않는 15~34세의 젊은 이를 가리키는 말. 취업 의지가 전혀 없다는 점이 프리터와 다르다. – 옮긴이)나 프리터(프리+아르바이트를 줄인 말. 1990년대 초반 일본에서 경제 불황으로 인해 안정적인 직업을 갖지 못하고 갖가지 아르바이트로 생활하

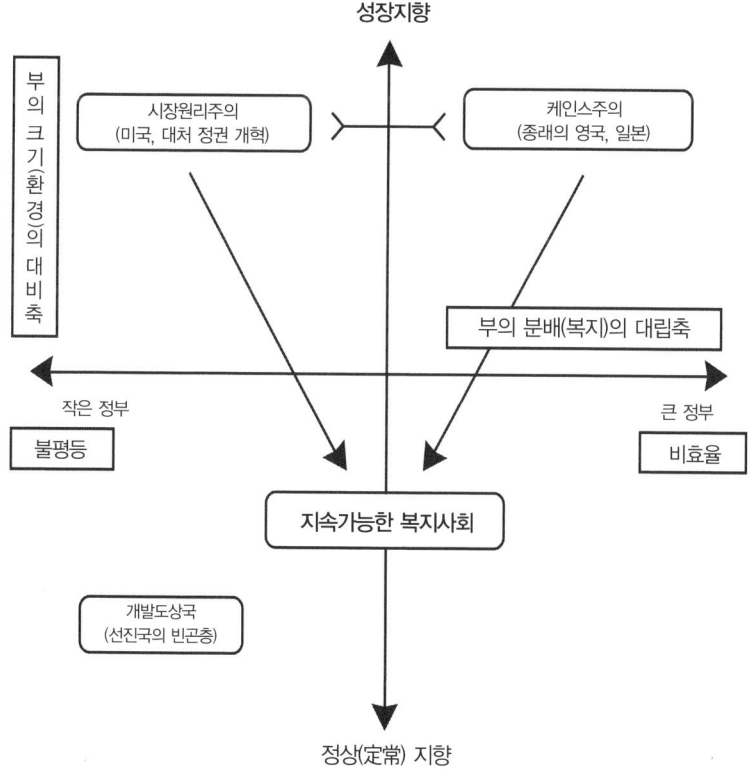

* 히로이 요시노리 교수의 저작을 토대로 지은이가 작성.

는 젊은이들을 일컫는다. - 옮긴이) 문제를 포함한 젊은 층의 사회보장을 교육론과 하나로 묶어서 다루어야 한다는 참신한 해석을 발표한다. 그리고 효율성을 유지하면서 평등도 달성하는 복지사회를 실현하기 위한 도구로써 히로이 교수가 착안한 것이, 동양의학이나 대체의료의 재평가와 코뮤니티에 뿌리를 둔 지역의료의 활성화였다.

누가 봐도 더 이상 경제성장을 기대할 수 없음이 명백해지고 로하스(Lifestyle Of Health And Sustainability의 약칭. 건강과 함께 환경 보전을 중시하는 생활방식. - 옮긴이)나 슬로 라이프가 관심을 불러일으키는 요즘, 히로이 교수의 '정상형(定常型) 사회론'은 참으로 매력적이다. 하지만 문제는 이것을 '어떻게 실현할 것인가'일 것이다. 상식적으로 복지의료는 경제문제다. 예를 들어 개발도상국에 의료자금을 제공하고 있는 세계 최대의 조직은 세계은행인데, 세계은행의 기본노선 역시도 '빈곤을 줄이고 보건위생을 개선하는 데에 더해, 가장 기본이 되는 것은 경제성장'이라는 발상이다.

많은 경제학자들은 풍요와 건강이 상관관계가 있다는 예를 많이 제시한다. 19세기에 영국에서는 전염병 사망률이 크게 줄어들었는데, 연구에 따르면 그것도 의학의 진보 덕분이라기보다는 생활수준이 높아진 점이 크다고 한다. 일본의 건강상태가 경제성장과 딱 들어맞게 나란히 향상된 것도, 풍요와 건강이 맞물려 있다는 사례로 세계에 소개되고 있다. 분명히 경제적으로 풍요로운 나라일수록 유아 사망률은 낮고 평균수명은 길다. 예를 들어 앞부분에 제시한 지도를 다시 한 번 살펴보자. 1인당 풍요(미 달러 환산 소득)를 가로축으로,

5살까지 죽는 1천 명당 아동수를 세로축으로 하고 인구를 원의 크기로 나타낸 2004년 세계은행 및 유니세프 자료를 토대로 만들어진 국가별 차트도를 손질한 것인데, 이것을 보면 건강지표와 풍요가 상관관계에 있음을 한 눈에 파악할 수 있다.

이 차트를 만든 사람은 스웨덴의 카롤린스카 연구소 국제의료 전문가인 한스 로슬링 교수다. 로슬링 교수는 모잠비크에서 일한 경험이 있어서 학생들에게 아프리카 농촌 의료문제를 가르치고 있었는데, 잘 사는 선진국에는 통계 데이터가 있지만 의료문제로 힘들어 하는 가난한 나라는 데이터조차 좀처럼 얻을 수 없었다.

"각 나라가 처해 있는 현상 수치를 알기 쉽게 한눈에 보여줄 수 있는 방법이 없을까?"

그렇게 생각한 로슬링 교수가 이 아이디어를 생각해낸 것이 1998년 가을이니 그리 오래된 일은 아니다. 차트는 좋은 평가를 받았고 나중에는 세계보건기구 통계부도 관심을 보여 지금은 세계보건기구와 유엔 통계부, 스웨덴 정부의 협력을 얻어서 그밖에도 다양한 그래프가 만들어지고 있다. 히로이 교수가 제창한 풍요롭고 지속가능한 복지의료 사회를 실현하려 해도 로슬링 교수의 그림이 여실히 보여주듯이 소득이 줄어들면 의료수준도 떨어지고 만다. 거꾸로 말하면 이 상관관계에서 벗어나서 경제수준이 낮아도 의료수준을 유지할 수 있다면 해결책이 발견될 수 있는 셈이다. 하지만 그런 일이 과연 가능할까?

미국보다도 유아사망률이 낮은 쿠바

2005년 1월 12일 「뉴욕 타임스」에 '헬스 케어? 쿠바에게 물어라'라는 특이한 기사가 실렸다. 내용을 간추려서 소개해보자.

"슬픈 사실을 전하자. 만약 미국의 유아사망률이 쿠바와 같았다면 우리는 1년에 2,212명의 아이를 구할 수 있을 것이다. 그렇다, 쿠바와 같다면 말이다. 국민들은 미국의 의료제도가 세계 최고라고 생각하고 있지만 CIA 최신 세계조사 보고서에 따르면 미국에서 신생아가 살아남을 수 있는 확률은 가난한 독재국가로 여겨지는 쿠바 이하다.

엎친 데 덮친 격으로, 미국의 유아사망률은 최근 들어 악화되고 있다. 1958년 이후 미국의 유아사망률은 개선되어 왔지만 2002년에 악화되었다. 현재 미국의 유아사망률은 1천 명당 7명이지만 지난해에는 6.8명이었다. 미국은 쿠바보다도 유아가 살아남지 못하는 것이다."

이 기사에 대해 달린 감상을 인터넷 블로그에서 읽을 수 있다.

"이 기사를 쓴 기자는 바보다. 미국의 유아사망률이 쿠바보다 높다고 자극적인 지적을 하지만 나라에 따라 유아사망률을 정하는 방법이 다르다는 것을 완전히 무시하고 있다. 그것 이전에 쿠바라는 전제국가가 발표한 숫자를 그대로 받아들인 것이 문제다. 독재자가 자기 나라의 의료상태를 성실하게 국제기관에게 보고한다고 생각하고 있는 걸까?"

그렇다, 미국으로부터 테러지원 국가로 지목된 나라, 그리고 2002년 여름에 쓰러지긴 했지만 지금도 여전히 카스트로가 건재하고, 혁명 이후 반 세기 가까이 군림하고 있는 독재국가 쿠바다. 이런 뒤떨어진 개발도상국에서 무슨 배울 점이 있겠는가? 일반적인 사람이라면 누구라도 품을 만한 솔직한 생각일 것이다.

하지만 미국에서는 2003년에 유아사망률이 악화된 원인이 밝혀지지 않았고 2003년 이후의 정확한 데이터도 지금까지 발표되고 있지 않은 반면, 쿠바는 2005년도 수치를 공표하고 있다. 그 수치는 6.2명이며 2006년에는 5.3명으로 더욱 향상되었다. 평균수명도 선진국 수준이다. 게다가 쿠바는 유치원부터 대학까지 교육비가 무료이고, 암 치료에서 심장이식까지 의료비도 전부 무료다.

의료 붕괴된 영국이 모델로 배우는 나라

의료가 붕괴된 영국이 참고로 삼고 있는 어떤 나라의 의료제도가 있다. BBC가 보도한 '세계 최고의 공공 서비스 시스템'도 그 하나인데, 프로그램은 이렇게 주장한다.

"블레어(당시 영국 총리)가 진정으로 의료문제에 대처하려면 카스트로의 의료제도를 시찰해야 마땅하지 않을까? 기자에게 분

노의 메일을 보내오는 분들이 있을지도 모르겠다. 하지만 쿠바의 외과, 진료소, 그리고 병원에 대한 높은 평가에 대해서는 거의 논의할 여지가 없다. 2001년에 영국 하원 건강특별위원회는 쿠바를 방문하여 '예방중시와 코뮤니티 의료에 토대한 의료제도'를 극찬한 보고서를 제출했다. 쿠바는 가난할지는 모르지만 불건강하지는 않다. 증거를 원한다면 그 건강지표를 보면 된다. 평균수명과 유아사망률은 미국과 엇비슷하고 의사 대 환자의 비율 면에서는 서구 어떤 나라들과 비교해도 뒤지지 않는다. 또한 1인당 연간 총의료비는 251달러로 영국의 10분의 1 이하다. 블레어는 다른 무엇보다도 먼저 쿠바를 찾아가봐야만 할 것이다."

지난 2년 동안 100명 이상의 의사와 의료 종사자를 이끌고 쿠바를 시찰하고 있는 패트릭 피에트로니 박사도 쿠바의 의료제도를 높이 평가하고 이렇게 말한다.

"사람들은 걸핏하면 GDP로 빈곤을 판단하는 경향이 있지요. GDP로만 따지면 쿠바는 꽤 가난합니다. 하지만 인적자원 면에서는 아주 풍요로운 나라입니다. 쿠바의 패밀리 닥터가 맡는 환자수가 300명이라는 말을 들으면 영국 의사들은 깜짝 놀랍니다. 영국에서는 그 비율이 1,800명이거든요."

미국에도 쿠바의료에 관심을 기울이고 있는 인물이 있다. 「볼링 포콜럼바인」이나 「화씨 911」 등의 영화로 유명한 영화감독 마이클 무어다. 2007년 8월에 공개된 다큐멘터리 영화 「식코」는 미국 의료제도의 현실에 날카롭게 메스를 들이댄 문제적 다큐멘터리인데, 그런 미국의료의 문제점을 선명하게 부각시키기 위해 무어 감독이 취재지로 선택한 것이 쿠바의 무료 의료제도였다.

세계보건기구 사무국장이 보증한 의료대국

아래 표를 보면 알겠지만, 물론 그렇다고 해서 쿠바의 의료수준이 미국과 비교해서 높지는 않다. 하지만 우리가 주목해야만 하는 것은 1인당 의료비다. 1위인 미국과 비교해서 118위로 자릿수가 달라질 정도로 비용은 낮으면서도 효율성 종합평가는 40위로, 37위인 미국

각국의 의료수준지표

국명	평등성		효율성		1인당 경비
	의료수준	종합평가	의료수준	종합평가	
일본	1	1	9	10	3
미국	24	15	72	37	1
영국	14	9	24	18	26
뉴질랜드	31	26	80	41	20
쿠바	33	40	40	40	118

* 출전 : WHO, The World health report-health systems: improving performance, 2000에 의해 작성.

에 비해 결코 뒤떨어지지 않는다.

　책 앞머리에 제시했던 로슬링 교수의 차트에서도 쿠바의 1인당 소득은 인도와 비슷하고 중국보다 낮지만 유아사망률이라는 의료수준은 선진국에 버금간다. "로슬링 교수도 우리나라에 크게 관심을 갖고 몇 번이나 방문했죠."라며 쿠바 보건복지부 호세 포르티자 국제국장은 가슴을 편다.

　앞에서 환경정책의 개념을 복지의료 분야에까지 적용시킨 히로이 교수의 '지속가능한 복지의료 사회'를 소개했는데 '왜 의료와 환경일까?' 하고 위화감을 느끼는 사람이 혹시 있을지도 모르겠다. 하지만 환경과 복지의료는 뜻밖에 딱 맞아떨어진다. 복지환경대국으로 유명한 나라인 스웨덴이 낳은 중요한 환경개념인 '내추럴 스텝'을 제기한 사람은 소아암 전문의였던 칼 헨릭 로버츠 박사였다. '지속가능한 개발'이라는 개념 역시 노르웨이의 그로 할렘 브룬트란트 총리가 1987년에 제창한 것인데, 브룬트란트 자신도 의사이고 그녀의 아버지 역시 의사였다.

　브룬트란트는 34살에 환경부 장관이 되었고, 그 공적으로부터 1981년에는 41살의 나이로 역대 최연소 총리이자 최초의 여성 총리가 되었는데, 그 뒤로도 환경보전에서의 활약상을 인정받아 1998년에는 여성 최초로 세계보건기구 사무국장으로 선임되어 2003년까지 일했다.

　하지만 세계보건기구 사무국장이라 해도, 원래 소아과 의사 출신이기도 해서 2001년 6월에 아바나에서 국제 소아과 의료회의가 열렸을 때는 쿠바를 방문하고 있다. 그리고 아바나의 종합진료소와 패밀리 닥터, 생명공학 센터 등을 방문하고 예방의료와 장애인 복지, 백신개발 등의 현장을 찬찬히 둘러보고는 이렇게 말했다.

"쿠바의 통계수치를 보면 정책의 성과가 보입니다. 체계적인 복지의료를 향한 노력이 있고, 그것이 전 국민에게 고루 돌아가고 있습니다. 교육이나 건강을 중시한 개발을 본 것은 아주 유용했습니다. 또한 다양한 나라 출신의 라틴 아메리카 의과대학 학생들이 그 경험을 함께 나누는 모습에 강한 인상을 받았습니다."

또한 브룬트란트는 카스트로와도 몇 시간에 걸쳐 대담했는데, 이렇게 말하고 있다.

"카스트로의 개인적인 견해를 들을 수 있었던 것은 아주 기쁘고 재미있는 경험이었어요. 카스트로의 관심은 폭이 넓고, 그 모든 것에 깊숙이 관여하고 있더군요. 우리는 많은 과제를 논의했는데 현재 인류가 직면한 건강문제에 대한 카스트로의 견해가 아주 명확하고 또한 지식이 탁월한 것에 아주 감동했습니다."

쿠바에서 온 젊은 여의사

브룬트란트 전 세계보건기구 사무국장이 받았던 인상은 거짓이 아니다. 내가 그것을 실감했던 것은 2006년 말에 일본을 찾아왔던 어느 젊은 쿠바 여의사를 만났을 때였다. '쿠바우호 원탁회의'라는 단체가 일본에는 거의 알려져 있지 않은 쿠바의료의 실정을 소개하려고 알레니스 바로소를 초빙해서 조촐한 심포지엄을 개최했던 것이다. 쿠바는 국내 의료비가 무료일뿐만 아니라 가난한 개발도상국에도 무료 의료원조를 행하고 있다. 파키스탄 북서부에서 대지진이 발생하자 바로소 일행은 곧바로 원조에 나서서 7개월에 걸쳐서 야외 텐트에서 치료활동에 전념했다고 한다.

"파키스탄이 그렇게 춥고 황량한 땅인지는 상상도 하지 못했어요. 하지만 오로지 사람들을 돕고 싶다는 생각 하나로 배낭에 약을 챙겨넣고 양치기들이 살고 있는 마을들을 돌았죠. 눈이 내리는 가운데 산을 걸어올라가서 노인과 아이들을 치료하고 왔어요. 파키스탄을 떠날 때는 저도 모르게 눈물이 솟구쳤고 파키스탄 사람들도 울고 있었죠."

하지만 귀국한 지 불과 나흘 뒤에 이번에는 인도네시아의 자바 섬을 대지진이 덮친다. 바로소는 그들을 돕기 위해 다시 길을 나선다.

"쿠바는 일본과 마찬가지로 고령화가 진행되고 있지만 그것을 자랑스러워하고 있답니다. 개발도상국이지만 80살에 도달하려 하고 있으니까요. 또한 국내에서 격차가 진행되고 있다는 비판도 있지만, 저는 돈 때문에 의사가 된 게 아니에요. 돈이 인간보다 가치 있는 시대가 된다면 유감이겠지만 그렇게 되지는 않겠지요. 파키스탄에서는 산길을 10킬로미터나 걸어갔지만 나이드신 분들이 반겨주시고 아이들 얼굴에 웃음꽃이 다시 피어나는 것을 보고 기뻤습니다. 저는 병이 아니라 인간을 진찰하고 있는 거예요. 다시 태어나도 저는 의사가 될 거예요."

바로소는 다른 사람을 돕는 일을 하고 싶어서 의사가 되었지만 나이는 이제 겨우 24살이다. 나이에 어울리지 않는 당당한 주장과 행동거지를 보면 쿠바를 선전하기 위해 선택된 뛰어난 인재를 보냈음이 틀림없다고 지레짐작하고 싶어지기도 할 것이다. 하지만 식사를 함께 해보니 어디에나 있음직한 극히 평범한 젊은 여성이었다. 의료원조에 대해서도 거리낌 없이 일상생활의 연장이라는 듯이 아주 담담하게 이야기한다. 그것만으로도 거꾸로 쿠바의 인재육성의 저력을 엿본 듯한 느낌이 들었다. 극히 평범한 젊은이를 여기까지 키워낸 이 나라의 의료교육 제도는 어떻게 되어 있는 것일까? 영국의사

파키스탄, 자바 등지에서 치료활동에 종사했던 알레니스 바로소 의사. '돈이 인간보다 가치를 갖는 시대가 되지는 않을 것이다, 다시 태어나도 의사가 되고 싶다'고 밝게 말한다.
사진제공 : 나카무라 야스오

들이 쿠바를 참고하고 있듯이, 앞으로 우리가 복지의료 사회의 방식을 생각하는 데에 뭔가 힌트가 숨어 있지는 않을까?

"그 나라 의료제도 현황을 알고 싶다."

이런 생각이 들자 안달이 나서 가만히 앉아 있을 수가 없었다. 바로소와 헤어진 지 한 달도 채 지나지 않은 다음 해 1월, 나는 마치 그녀를 뒤쫓기라도 하듯이 나리타 공항에서 비행기에 올랐다. 물론 미국이 여전히 경제봉쇄 중이므로 미국에서 직접 입국하는 건 불가능하다. 캐나다를 경유해서 이틀이나 걸린다. 쿠바는 지금도 카스트로가 군림하고 있는 사회주의 국가이며 누가 뭐래도 가난한 개발도상국이다. 우리와의 너무 심한 격차에 약간 문화적 충격을 받을지도 모른다. 하지만 그것을 웃도는 뜻밖의 발견과 사람들과의 만남을 즐길 수도 있지 않을까? 자, 서둘러 카리브 해의 섬나라 의료현황 견학여행을 떠나보자.

I. 단연 돋보이는 쿠바의 지역예방의료

쿠바는 가난하다. 하지만 유아사망률은 미국 이하이며 평균수명은 약 77살로 선진국과 견주어 조금도 뒤지지 않는다. 이것이 '쿠바인은 가난하게 살고 부자로 죽는다'라고 말하는 이유다. 이런 높은 의료수준을 도시의 변두리 지역부터 두메산골 마을까지 전국을 망라해서 지탱하는 예방의료 조직이란 어떤 것일까?

아바나 변두리 지역 풍경.

마을에서 환자와 함께 사는 패밀리 닥터

'프라이머리 케어'라는 말을 들어본 적이 있는가? 우리말로는 '일차진료'나 '초기진료', '기초진료' 등으로 옮겨지며 일반적으로는 '가벼운 병에 걸리거나 상처를 입었을 때 받는 진료'라는 뜻으로 사용되고 있다. 한 마디로 병이라 하더라도 가벼운 감기나 복통에서 암 수술, 전문적인 유전자 치료까지 천차만별이다. 한낱 감기 따위에 일일이 종합병원이 대응할 필요는 없다.

하지만 세계보건기구의 정의는 좀 더 심오하다. '건강상태의 개선에 필요한 모든 요소를 지역 수준에서 통합하기 위한 수단' '예방, 건강증진, 치료, 사회복귀, 지역개발 활동 등을 모두 포괄하는 종합의료의 기둥'이라고 되어 있다.

이런 일차진료 이념은 1978년 9월에 처음으로 탄생했다. 세계보건기구와 유니세프의 제창으로 세계 140개국 이상의 대표가 옛 소련 카자흐 공화국의 수도인 알마 아타에 모였다. 이 국제회의에서 '서기 2000년까지 모든 사람에게 건강을'이라는 목표가 정해졌는데, 이것을 실현하기 위한 세계전략으로 등장한 것이 바로 일차진료였다. 그리고 이 알마 아타 선언의 이념을 다른 어떤 나라보다도 철저하게 실천하고 있는 나라가 쿠바다. 예를 들면 쿠바는 1985년부터 '패밀리 닥터'라고 불리는 일차진료 전문기관을 전국적으로 정비하기 시작했고 알마 아타 선언이 목표로 삼았던 2000년에는 전 국민의

98% 이상이 커버되고 있다.

덧붙여서 1988년 11월에는 알마 아타 선언 10주년과 세계보건기구 창설 40주년 기념을 겸한 국제회의가 개최되었다. 회의는 '제2회 국제 세미나, 코뮤니티의 니즈에 대응한 일차진료와 패밀리 닥터'라는 이름이 붙여지고 당시 세계보건기구 사무국장인 나카지마 히로시 박사가 개회 선언을 했는데, 개최지는 쿠바였다. 제3회 국제 일차진료 회의는 그로부터 3년 뒤인 1991년 3월에 열렸는데, 이번에도 역시 개최지는 쿠바였다.

쿠바 특유의 패밀리 닥터란 어떤 제도이며 의사들은 과연 어떤 일을 하고 있을까? 수도 아바나의 옛 시가지에 있는 셀로 지구에서 1994년부터 지역의료에 종사하고 있는 펠릭스 산소 의사의 하루를 살펴보자.

패밀리 닥터들은 '콘술토리오'라고 불리는 자택 겸 지구의원에서 간호사와 팀을 이루어 약 120가구를 돌보고 있다. 인구밀도가 낮은 농촌에서는 담당하는 환자가 75가구까지 줄어들기도 하지만 시스템은 똑같다. 산소 의사의 부인 아이델리스도 다른 의원의 간호사이며 1층이 의원, 2층이 부부의 집이다. 의사와 간호사가 지구 내에서 함께 살고 있기 때문에 24시간 왕진이 가능하다.

정부가 집을 제공해주기는 하지만 쿠바의사들의 살림살이는 검소하다. 의사가 특권계급이 아닌 것이다. 쿠바의 평균 월급은 334페소인데 의사의 월급은 575페소다. 의료과학 박사라는 전문자격을 따면 최고 800페소까지 올라가지만 그래봤자 엔으로 환산하면 4천 엔(약 5만원)에 불과하다. 자가용은 당연히 소유하고 있지 않으며 전화조차 근처에서 빌려써야 한다. 식사도 배급수첩으로 서민들과 똑같은 것을 먹는다.

산소 의사는 아침 9시부터 진료를 시작하는데, 몹시 낡은 진료실에는 진찰대와 싱크대가 갖춰져 있을 뿐이다.

맨 먼저 찾아온 환자는 얼굴에 여드름이 난 10대 소녀.

"비누로 손을 깨끗이 씻으렴." 하고 싱크대에서 손을 잘 씻으라고 덧붙인다. 위생관리가 두루 잘 되어 있는 쿠바에서는 전염병이나 기생충도 거의 근절되어 다른 개발도상국만큼은 만연해 있지 않다. 선진국과 마찬가지로 암과 심장병이 2대 사인이다. 하지만 에이즈의 위험성은 있다. 산소 의사는 다음에 온 청년에게 일부일처제의 의의와 콘돔 사용법을 가르치고는 "조심하게."라고 타일렀다. 걸려본 적이 있는지 청년은 얼굴을 붉혔다.

약간 통통한 10대 소녀가 "두통과 복통이 좀처럼 낫질 않아요."하고 증상을 호소한다. "생리 전의 스트레스일텐데, 어쩌면 정맥동염 가능성도 있겠다. X레이를 찍고 골반 초음파 검사를 해보자꾸나." 하고 '폴리클리니코'에 보낼 의뢰서를 쓴다. 폴리클리니코란 보다 전문적인 치료를 행하기 위한 지구진료소다. 산소 의사의 지구의원은 플라자 데 라 레볼루시온 지구진료소에 속해 있는데, 산하에는 이런 의원이 32개 있다. 전문적인 상담이나 정밀검사가 필요하면 환자는 진료소로 가는데, 진료소 스탭도 정기적으로 지구의원을 방문해서 현장상담을 해주곤 한다. 양쪽의 팀워크는 긴밀하다.

그 지구진료소에서 전날 찍은 엑스레이 사진을 손에 들고 팔이 아프다는 여성이 찾아온다. 경제봉쇄를 당하고 있는 쿠바에서는 엑스선 필름도 공급이 부족하여 작은 플레이트밖에 사용하지 못하므로 진단이 힘들다. 산소 의사는 필름을 라이트에 비춰보면서 "척추의 틈새가 좁아져 있군요."하고 견인(牽引)을 권한다.

가슴이 아프다는 젊은 여성이 찾아온다. 청진기로 심장소리를 들어보지만 특별한 문제는 없다. 경제봉쇄 때문에 쿠바에서는 신장기능이나 콜레스테롤량을 측정하는 시약도 구하기 힘들다. 당뇨병을 진단하는 헤모글로빈 테스트도 할 수 없어서 임상진단에만 의존할 수밖에 없는 경우가 많다. 하지만 의약품 부족의 대안으로 한방약이 개발되고 있다. "근육통과 스트레스에 따른 불안증세로군요. 운동을 좀 더 열심히 하고 가슴에는 항염증제와 한방약을 바르세요."하고 처방전을 써준다.

한 사람당 20분 정도를 할애하면서 10명을 진찰한 다음, 산소 의사는 가까운 신발공장에서 단출한 점심을 먹는다. 오후에는 왕진을 간다.

"왕진은 환자들에게 요청받지 않아도 사실은 그들에게 필요한 것들을 찾아내는 가장 좋은 방법이죠."

산소 의사는 의료가방을 한 손에 들고 '타르헤타스'를 주머니에 넣고 거리로 나선다. 타르헤타스란 왕진 결과를 적어넣는 진료기록부를 말하며, 산소 의사가 실천하면서 연구해 개발한 것인데 높은 평가를 받아 그 뒤에 전국적으로도 도입되었다.

먼저 찾아간 곳은 10살짜리 손자와 함께 살고 있는 고령자 부부의 집이다. 아버지는 없다. 경제위기가 가장 심했을 때 수백 명의 쿠바인들이 곤경을 견디지 못해 직접 만든 뗏목을 타고 쿠바를 떠났는데, 소년의 아버지도 그런 사람 가운데 하나였다. 할머니는 그 일로 손자가 마음이 병들지는 않을지 걱정하고 있었다. 그래서 학교의 노트를 살펴본다. "어른이 되면 외국에 갈 수 있도록 운동선수가 되어서 금메달을 따고 싶다."고 적혀 있다. 산소 의사는 미소를 짓고는 "가족과 사랑을 나누는 것이 가장 중요합니다. 플로리다에 살고 있는 아버지에게 편지를 쓰라고 손자한테 권해주세요." 하고 조언한다. 이어서 할머니의 혈압을 잰다. 앞서 방문했을 때보다 높아져서 경계역(보더라인) 상태로 140, 90 이상이었다. 각 가정의 방문빈도는 가족구성원의 건강상태에 따라서도 달라지지만 일반적으로 1년에 두 번, 최소한 1년에 한 번 이상은 반드시 해야만 하게끔 정해져 있다.

"염분 섭취를 줄이시고 노인 동아리에 가입해서 운동을 좀 더 하셔야겠는데요." 하고 권한다. 쿠바에서는 매일 아침 건강을 위해 공원에서 체조나 태극권을 하고 있는 고령자들의 모습을 여기저기서 볼 수 있으며 그런 활동을 위한 클럽이나 노인 동아리도 있다.

흡연가인 남편이 얼굴을 빠끔 내민다. 그러자 갑자기 산소 의사가 호통을 친다.

"담배를 피우실 거면 사모님과 손자를 생각해서 옥상에 올라가 피우세요. 여기 있는 사람들이 모두 담배연기를 마시게 되잖습니까."

다음에 방문한 집은 나이많은 부부가 살고 있다. 부인은 기생원생 동물 감염증에 걸려 있다. 경제봉쇄로 노후화된 수도관의 교환부품이나 살균약을 구할 수가 없어 이런 병이 가끔씩 생긴다. 끓인 물을 마시라고 조언을 하고 있지만, 물을 끓이는 데에 필요한 연료도 충분히 조달할 수 없다. 게다가 혈압도 높다. 그래서 혈압강하제를 먹고 몸을 좀 더 많이 움직이라고 권한다. 남편은 반(反) 콜레스테롤 약제인 폴리코사놀을 복용하기 시작했다. 폴리코사놀이란 일명 PPG라고 불리는, 사탕수수를 원료로 쿠바에서 개발한 독자적인 약이다. 쿠바에는 이런 독특한 의약품이 많다.

마지막 왕진은 골치아픈 가정 문제가 있는 가족이다. 어딘지 정신이 이상을 일으킨 듯, 남편이 어느 날 갑자기 "네 놈들을 내버려두고 나가버리겠다."는 둥 횡설수설하기 시작했다고 한다. 하지만 산소 의사의 조언에 따라서 지구진료소 정신과 의사에게 다니기 시작한 뒤로는 회복되고 있는 추세다. 본인은 집에 없었지만 불안해하는 부인의 푸념을 충분히 듣고난 다음, "나중에 남편분하고 충분히 이야기할 시간을 내볼게요." 하고 위로해준다.

이런 왕진은 가정 내의 마음 건강에까지 두루 미친다. 이동하는 중에도 얼굴을 아는 아이들에게 말을 걸거나 주민들과 세상 돌아가는 이야기를 나누면서 지구 전체의 분위기를 살핀다. 의원으로 돌아오니 6시가 넘었지만 일은 아직 끝나지 않았다. 동료들과의 미팅이 있고 밤 9시 30분에 집에 돌아간 다음에도 아이들의 입원 준비가 그를 기다리고 있다.

대기실 벽에는 담당지구의 건강상황을 한눈에 파악할 수 있도록 포스터가 붙어 있다. 각 가구는 건강, 불건강, 급성병·만성병, 신체장애 등 4가지 타입으로 분류되어 있다. 세대의 약 40%는 건강하지만 7%는 식생활, 여가, 인간관계 등에 문제가 있다. 이런 상세한 진단결과는 분석 데이터로서 수집되어 지구의 의료문제 해결에 활용된다. 그것을 위한 미팅도 매일 아침 열린다. 오전 8시. 산소 의사는 지구의원으로 걸어간다. 좁은 대기실에 15명 정도의 의사, 간호사, 그리고 그가 담당하는 의대생들이 이미 모여앉아 그를 기다리고 있다. 지금 '담당하는 학생'이라고 표현했는데, 산소 의사는 패밀리 닥터로서의 본래 업무에 더해서 모교인 아바나 대학에서 학생들도 가르치고 있다. 우리로 말하면 비상근 외부강사 정도에 해당할 것이다. 하지만 여기 있는 학생들은 약간 다르다. 지금 아바나 의과대학에서는 모든 교수진을 제일선에서 일하는 현장의사로 꾸리는 대대적인 개혁이 진행되고 있는데, 산소 의사는 그 일에도 한몫을 하고 있는 것이다.

오늘 아침 주제는 '아이들의 폐렴 진단에 대해서'다. 먼저 몸풀기식으로 간호사와 의대생들에게 기초적인 질문을 한 다음 의사에게 전문적인 질문을 던진다.

"자신의 경험도 중요하지만 그것만으로는 충분하지 않습니다."라면서 웹사이트에 실린 전문가들의 견해를 공유하고 최근 다시 수정된 급성기관지염 치료 가이드라인을 발표한다. 쿠바에서는 경제위기 와중에 컴퓨터 네크워크가 발달하여 관계자 전원이 전자의료 정보를 교환할 수 있게 되어 있으며, 이런 식으로 정보는 제일선의 현장에 보급되어 활용된다.

지역의료로 경제위기의 시련을 견디다

자, 이렇게 패밀리 닥터의 하루를 간략하게 살펴보았는데 '과연 이것이 정말로 의료활동일까?' 하고 고개를 갸웃거리는 사람도 많을 것이다. '의학지식을 유지하려면 복잡하고 다양한 병상을 접해봐야 하는데 패밀리 닥터 제도는 의사로부터 그런 기회를 박탈한다. 비용이 높아지고 효율도 나쁘다.'

실제로 선진국으로부터는 이런 비판의 소리도 들려온다. 하지만 수많은 개발도상국의 정치가, 복지의료 행정 관계자, 연구자들이 이 제도를 높이 평가하고 있고, 쿠바가 1990년대 경제위기 속에서도 의료수준을 계속 유지할 수 있었던 것은 이 독자적인 일차진료 제도에 빚진 부분이 많다.

참고로 소련붕괴 직후에 쿠바가 직면했던 '스페셜 피리어드'라 불리는 경제위기에 대해 잠시 살펴보자. 그것은 GDP 마이너스 35~40%라는 근대의 역사에서는 세계 대공황을 제외하고는 없었다고 하는 사상 초유의 위기였다. 식료품부터 일상생활 물자에 이르기까지 모든 물자가 부족했고, 에너지 하나만 예를 들어보더라도 소련에서 수입되던 석유가 1987년에 780만 톤에서 1995년에는 300만 톤으로 61%나 떨어졌다. 교통은 마비되고 구급차도 달릴 수 없다. 하루에 16시간이나 정전이 계속되는 가운데 병원과 진료소 조업시간도 가차 없이 단축되었다.

정부는 의료서비스를 유지하려고 최선을 다했고 거액의 예산을 투입했지만 한계는 분명했다. 의료기재의 94%, 의약품 원재료의 85%가 소련에서 수입되고 있었는데 그것이 모조리 끊겼기 때문이다. 긴급치료에 대비해 엑스선 필름과 의약품 등이 비축되지만 이내 바닥을 드러내갔다. 수리부품은 조달 불가능하고 의료문헌도 구할 길이 없었다. 항생물질부터 거즈며 아스피린까지 아무 것도 없는, 그야말로 붕괴의 벼랑까지 내몰렸다.

엎친 데 덮친 격으로 가솔린 부족으로 청소차도 움직일 수 없어 아바나에서는 쓰레기 수거 차량이 200대에서 99대로 줄어들어 산더미 같은 쓰레기가 몇 달씩 방치되는 상황이 일상화되었다. 염소 살균처리 시설도 조업을 하지 못해 이전에는 국민의 98%가 염소 소독된 물을 마셨지만 1994년에는 그 비율이 26%로 급락했다. 위생상태의 악화로 급성설사나 기생충, 감염증에 의한 10만 명당 사망자가 1989년의 8.3명에서 1993년에는 13.8명으로 증가했다. 하지만 이런 비상사태 하에서도 건강지표는 그럭저럭 유지되었고, 그 중에는 유아사망률처럼 지표가 상향된 것까지 있었다. 그런 기적적인 성과는 때마침 경제위기가 시작되기 몇 해 전부터 전국에 배치되어가고 있던 패밀리 닥터 제도에 빚진 부분이 크다.

물론 자금부족으로 전국에 패밀리 닥터의 지구의원을 세운다는 프로젝트 수행은 좌절되었다. 하지만 정부는 임시방편으로 아파트나 일반주택을 진료소로 개축함으로써 대응했다. 비좁은 진료소에 의사가 몇 명씩이나 북적대는 비참한 상황도 있었지만, 한 사람도 해고하지 않고 오히려 더욱 많은 의사를 훈련시킴으로써 복지의료제도를 지켜냈다. 그리고 도심이나 농촌 마을에 들어가서 주민들과 함께 살면서 일하는 의사나 간호사들도 힘든 위기상황을 환자들과 더불어 나누었다.

사실은 산소 의사도 경제위기의 영향을 받은 한 사람이다. 정부는 성적이 우수한 의과대학 졸업생에게 가장 가난한 농촌 마을에서의 인턴십 연수를 명했는데, 거기에 산소 의사도 들어 있었다. 그리고 산티아고 데 쿠바 주와 올긴 주의 주민수가 200명밖에 안 되는 작은 촌락에서 2년 동안 의료활동을 했는데, 때마침 그때가 소련붕괴 후의 경제위기가 절정이었다.

그가 일하던 마을은 농촌이라고는 해도 커피가 유일한 소득작물이어서 그때까지 오로지 정부가 제공하는 식량에만 의존하고 있었다. 그래서 식량부족이 심각해지자 산소 의사와 마을 사람들은 이내 빼빼 말라갔고 굶주림을 견디기 위해 풀까지 뜯어먹는 상황에 몰렸다. 산소 의사는 말을 타고 왕진을 다녔는데 어느 날 아침 손발에 기묘한 감각이 느껴지면서 가까운 곳에 매여 있던 말이 보이지 않았다. 식량위기 중에 쿠바에서는 비타민B 부족으로 5만 명이나 되는 사람들이 일시적으로 실명했는데, 산소 의사도 그 가운데 한 명이었던 것이다.

비타민 보급과 영양개선으로 그 뒤에 시력장애는 서서히 회복되었지만 신경장애는 지금도 여전히 남아 있어 왕진 중에 가끔씩 손발에 마비증세가 일어난다고 한다. 하지만 산소 의사는 자신의 농촌체험을 후회하지 않는다.

"모든 의사는 반드시 농촌에서 일을 해봐야 합니다. 의학교에서는 의학을 배우지만 농촌은 코뮤니티를 배우게 해주니까요. 코뮤니티는 제 인생의 중심입니다."

혁명 이전부터 뛰어났던 쿠바의학

쿠바의 의료관계 시설은 작고 가난한 개발도상국이라고는 도저히 생각할 수 없을 정도로 훌륭하다. 주요시설을 대충만 훑어봐도 연구소 13곳, 종합병원 85, 외과병원 35, 소아병원 25, 산부인과의원 25, 정신병원 24, 지구진료소 470, 치과의원 165, 임산부센터 289, 혈액은행 27, 노인홈 143, 통원형 노인홈 201, 장애자시설 38 등의 숫자가 나열된다. 하지만 뭐라해도 가장 중시되고 있는 것은 역시 패밀리 닥터다.

"지금 보건복지부의 모든 프로그램은 각 코뮤니티의 패밀리 닥터를 기초로 하고 있습니다. 국민이 먼저 접하는 것이 패밀리 닥터이기 때문이고, 유아사망률이 내려간 것도 한 살도 채 되지 않은 갓난아기 때부터 환자의 생활상을 모조리 꿰뚫고 있기 때문입니다."

보건복지부의 오토 판토하 박사는 파워 포인트로 피라미드형 의료제도 그림을 가리키면서 이렇게 설명한다.

하지만 코뮤니티에 중점을 둔 일차진료 조직은 하루아침에 만들어질 수 있는 것은 아니었으며, 현재의 제도가 정착하기까지는 참으로 많은 시행착오가 있었다. 쿠바의 의료제도를 깊이 이해하기 위해서라도, 지역의료제도가 어떻게 발달하고 패밀리 닥터 제도가 왜 탄생했는지, 그 역사를 간단히 살펴보자.

'혁명 이전에도 쿠바의료에는 이미 수많은 선구적인 사례들이 있었다.' 그렇게 지적하는 연구자도 있듯이 1825년에 이미 아바나에서 가난한 사람들을 위해 의사들이 왕진을 하고 있던 기록이 남아 있기는 하다.(주1) 이 무렵부터 자원봉사로 무료 치료활동을 하는 것이

쿠바의 복지의료제도 개요

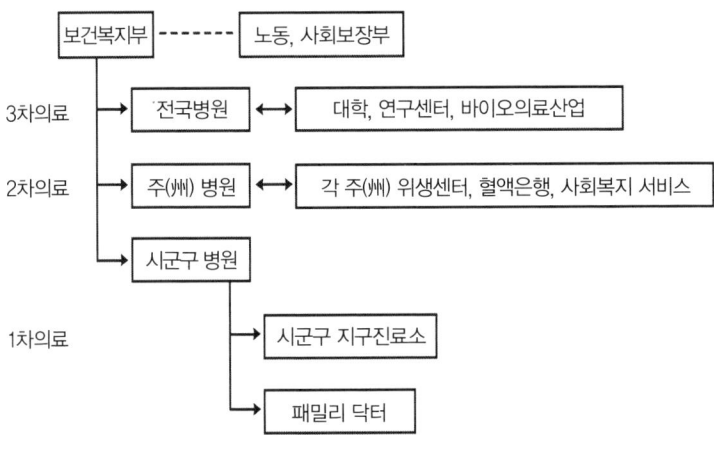

출처 : 쿠바의 프리젠테이션 자료를 토대로 지은이가 작성.

의사들의 책무로, 가난한 병자를 자택에서 치료하거나 자선병원에 입원시키거나 위생관리나 시장에서의 식품위생검사도 하고 있었다고 한다.

이런 의사들 가운데는 나중에 자연과학 아카데미의 초대 학장이 된 니콜라스 구티에레즈나 쿠바 약학의 선조가 되는 토마스 로마이가 있었다. 로마이는 전염병 방지에 공헌한 것으로도 알려져 있다. 로마이는 1804년에 천연두 백신을 도입한 이래 중앙 백신 관리소장으로 31년 동안 일했으며 그의 지도로 1804~1835년에 걸쳐 약 31만 명이 천연두 예방접종을 받았다. 1923년에 쿠바는 세계 최초로 천연두를 근절한 나라가 되었다.

1886년에는 산토스 페르난데스 박사가 루이 파스퇴르 박사에게 받은 광견병 백신을 접종하기 시작했고, 1904년에는 베르나르도 모아스 박사가 파상풍에 항독소요법(주2)을 도입했다. 1916년에는 군의장 오라시오 페레르 대령이 군대에 장티푸스 백신을 도입했고, 1950년대에는 조너스 소크 박사가 소아마비 백신 접종을 제도화했다. 국가 차원에서 최초로 소아마비를 뿌리뽑은 것도 쿠바였는데, 1962년의 일이었다.

역병학에서도 세계적인 업적이 있다. 바로 황열병 연구다. 수에즈 운하를 성공리에 건설한 프랑스인 기사 페르디낭 드 레셉스는 1881년부터 파나마 운하건설에 착수했지만 말라리아와 황열병의 맹위 앞에 1889년에 두손두발 다 들고 말았다. 파나마 운하는 그로부터 20년 이상이나 뒤인 1914년에 미국이 드디어 완성시키는데, 거기에는 쿠바의 황열병 연구가 유용했다. 당시 열대지방에서는 황열병이 맹위를 떨치고 있었다. 1898년 미서전쟁 때 쿠바에 침공한 미군의 앞길을 가로막은 것도 황열병이었다. 1,575명이 황열병에 걸렸고 그 가운데 231명이 목숨을 잃었는데, 그것은 전투에 의한 사상자를 훨씬 웃도는 수치였다.

물론 그때까지 미국은 몇 번이나 쿠바에 연구팀을 보내 병원균의 정체를 밝히려고 갖은 노력을 했지만 모두 헛수고였다. 하지만 세월을 거슬러 올라가서 20여년 쯤 전인 1881년에 워싱턴에서 열린 국제회의에서 쿠바의 카를로스 핀라이 박사는 황열병이 모기에 의해 매개된다는 것을 이미 발표했다. 미국이 계속 무시해왔던 핀라이 박사의 학설을 실마리로 삼아 인체실험이라는 비인도적인 희생을 거쳐 황열병의 감염경로를 실증한 것은 1902년이었다. 말하자면 쿠바는 파나마 운하건설에도 한몫 거든 셈이다.

패밀리 닥터와 관련한 보건의료 제도와 일차진료에도 선구적인 사례가 있다. 1930~1950년대에는 예방의료 계획이 보급되어 정부는 '구급치료소'를 세우고 가난한 사람들을 상대로 일차진료라고 부를 만한 치료활동을 벌이고 있었다. 혁명 직전인 1958년에는 상호부조 진료소가 아나바 시민의 거의 절반을 커버하고 있었다. 보건의료조합에 의한 종합적인 의료서비스도 행해져서 전국적으로 1백 개 이상의 상호부조 진료소와 조합이 있었다.

미국에서 예방의료 계획이 세워진 것은 1970년대에 들어선 다음이므로 쿠바의 대처가 얼마나 빨랐는지를 알 수 있다. 그리고 유아

사망률은 라틴 아메리카에서는 가장 낮았다. 하지만 이런 수치는 조심스럽게 받아들일 필요가 있다. 예를 들어 어느 논문은 이렇게 주장한다.

"미 국무부가 후원하고 있는 연구는 혁명 이전부터 쿠바가 이미 세계 최고의 건강한 나라 가운데 하나였음을 일부러 강조함으로써 혁명의 성과를 축소시키기 위해 의심스러운 데이터를 인용하고 있다. 훌륭한 의학의 전통이 혁명 이전부터 존재하고 있었음은 틀림없다. 하지만 그것은 아나바의 극소수 특권계급과 대부분 국민 사이에 존재하던 불평등, 특히 농촌 상황을 무시하고 있다."

이 지적은 옳다. 사실 병원 응급실이나 각 시·군에 설립된 구급치료소는 부상자에게 응급조치를 하는 것을 목적으로 하고 있었지만 그 수도 적었고 시설장비나 스탭도 불충분했고, 치료수준도 낮아서 일반 국민들이 이용할 만한 상태가 아니었다. 의료기관을 이용할 수 있었던 것은 국민의 단 8%뿐이었으며, 보건의료조합 역시 아바나, 산티아고 데 쿠바, 시엔푸에고스, 카마구에이, 산타 클라라 등 대도시에만 있었고 가입하고 있던 이들은 국민의 20%에 지나지 않았다. 말하자면 민간병원에서 만족스러운 치료를 받을 수 있었던 사람은 부자들뿐이었던 것이다.(주3) 각 시군구에는 적어도 1개의 보건소가 있긴 했지만 부정부패가 만연하여 위생관리나 전염병 방지기관으로서는 변변한 기능을 하지 못했다. 게다가 도시와 농촌에는 엄청난 격차가 있어서 1955년에 쿠바 농촌에는 병원이 딱 하나뿐이었다. 대부분의 국민은 치료나 예방이 가능한 병에 걸려 죽어갔다. 1천 명당 유아사망률은 적게 잡아도 60명이었고 평균수명은 겨우 61살이었다. '적게 잡아도'라는 표현의 배경을 아바나 의과대학의 호르헤 곤잘레스 학장은 이렇게 설명한다.

> "당시는 두메산골에서 읍내로 나오는 데에도 돈이 들었으므로 아예 출생신고가 되어 있지 않았죠. 사망신고를 하는 데에도 돈이 필요하구요. 실제 유아사망률은 그 두 배인 120명 이상이 아니었을까, 이렇게 추정하고 있습니다."

농촌의료에서 출발한 쿠바의 일차진료

말하자면 의학 자체는 앞서 있었다 하더라도 사회제도로서의 의료는 명백히 뒤떨어져 있었다. 바로 그런 이유로 혁명 정권은 빈곤 근절을 최우선 과제로 삼았다.

쿠바혁명의 독특한 점은 혁명 초기부터 농촌 의료를 중시해왔다는 것이리라. 다른 여러 사회주의 국가에서는 도시 노동자부터 의료 서비스가 먼저 제공되었지만 쿠바는 달랐다. 농촌이 가장 열악한 건강 상태에 신음하고 있었기 때문이다. 의료에서의 격차를 바로잡고 도시, 농촌, 두메산골을 불문하고 전 국민을 커버하는 무료 의료제도를 확립하고, 전염병을 막고 유아사망률을 낮추고 평균수명을 늘린 것이다. 게릴라들은 전투중인 1956년부터 농민들에게 무료의료를 제공해왔는데, 혁명 다음 달인 1959년 2월에 일찌감치 장대한 목표를 내걸고 농민기술·의료·문화지원국을 창설하여 가난한 농민들의 의료개선에 착수했다.

하지만 도저히 전 국민의 요구를 만족시킬 수는 없었다. 그래서 다음 해인 1960년 1월 23일에는 법 제723호를 제정하고 농촌사회 의료서비스를 창설했다. 두메산골에서 의료활동을 하기 위해 50개나 되는 농촌진료소와 몇 십 개나 되는 농촌의료 포스트에 보건전문가가 급히 파견되었다. 그리고 의학교 졸업생과 이제 갓 졸업한 신출내기 의사들에게 거액의 급료를 보장하는 대신에 최소한 6개월 동안 농촌에서 일할 것을 요구했다. 이것은 강제가 아니라 자원봉사였지만 새로 졸업한 의사 330명 가운데 318명이 신청했다. 그 다음 해인 1961년에는 386명이 참가하고 같은 해 농촌 치과 서비스법 제 717호가 만들어지자 거기에 더해 347명의 의사와 46명의 치과의사가 활동에 가담했다.

1960년 6월 1일에는 '복지의료는 국가의 책무이며, 모든 사람이 건강할 권리를 갖는다'라는 선언과 함께 그때까지 있던 보건의료조합과 민간병원을 활성화시키고, 의료비의 무료화와 전 국민에의 의료서비스 보급을 향한 개혁이 시작되었다. 다음 해인 1961년 8월 1일에는 건강복지부를 대신해서 새로이 보건복지부가 창설되고 민간병원과 상조협동조합, 민간 제약회사를 국유화하고 의약품 가격을 내렸다. 1967년에는 마지막 상호부조 진료소도 국영화되었다.

당연한 일이지만, 이런 급진적인 개혁은 반발을 불러왔다. 국유화가 마음에 들지 않는다면서 당시 6천 명 있었던 의사 가운데 3분의 2가 해외로 우르르 빠져나가버리고 국내에는 의사가 단 2천 명밖에 남지 않았던 것이다. 임기방편으로 혁명 정부는 멕시코나 다른 라틴 아메리카 의사들에게 도움을 청해야 했고 이런 고급인력 유출은 1960년대 전반에는 심각한 영향을 미쳤다. 예를 들어 1천 명당 유아 사망률은 1958년의 33.4명에서 1969년에는 46.7명으로 악화되고 말았다.

하지만 이것은 국유화를 추진한 혁명정권만의 책임이라고는 말할 수 없다. 카스트로는 당시 일을 이렇게 말하고 있다.

"미국의 목적 가운데 하나는 출국을 부추기는 것이었다. 그때까지는 결코 그런 짓을 하지 않았으면서, 그들을 유혹하여 미국에 가고 싶다는 사람을 모두 받아들였다. 우리들한테서 교사, 의사, 기사, 기술자 등을 빼앗아가기 위해서였다. 그러자 기술자들이 출국하기 시작했다. 고액의 급료로 유혹했는데, 그건 전례 없는 일이었다. 우리는 도전을 받아들였다. 그렇다면 출국은 막지 않겠다, 새로운 세대의 기술자와 전문가를 길러내자, 나간 사람들보다 더 뛰어난 기술자와 전문가를 길러내자는 것이었다. 우리는 남은 사람들로 대학을 발전시켰다."

손실을 메우기 위해 정부는 1961년에 아바나 대학 안에 있던 수도

원을 대학병원으로 전환함으로써 장래의 의사육성에 착수했다. 혁명 전과는 달리 학생들은 무료로 의학교에 입학할 수 있었지만 대신에 두메산골이나 농촌에서 1년 동안 봉사활동을 한다는 조건이 따라 붙었다.

쿠바를 대표하는 의료연구소인 '페드로 코우리 열대의학 연구소(IPK)'의 구스타포 코우리 소장도 당시 이 농촌 의료개혁에 참가했던 사람 가운데 한 명이었다. 박사는 1962년에 의과대학을 졸업한 뒤 카스트로가 게릴라전을 펼쳤던 시에라 마에스트라 산 속의 미나스 델 훌리오 부락에서 의료활동에 종사했다.

"원래는 23살에 대학 졸업 예정이었지만 바티스타 정권이 대학을 봉쇄해 버리는 바람에 26살에야 겨우 의사가 되었죠. 당시 쿠바에는 변변한 의료제도, 위생정책도 없었습니다. 체 게바라 부대의 본부가 있던 곳이 초·중학교 교사 양성학교로 바뀌어 1천 명의 학생이 공부를 하고 있었는데, 게릴라들이 사용하고 있던 병원도 있어서 저는 거기서 일을 하고 있었죠. 몹시 추운 어느 겨울날이었어요. 피델이 홀연히 나타나서 병원으로 걸어오더니 제 옆에 갑자기 털썩 주저앉아서는 '여어, 의사 선생, 안녕하신가' 하고 어깨를 두드리고는 농민들이 처한 상황이나 증상에 대해 열심히 질문을 해대기 시작하더군요. 당시에는 아직 황열병이나 말라리아, 설사가 만연하고 있어서 피델은 농민들을 무척 걱정하고 있었던 거죠. 문득 정신을 차리고 보니, 자그마치 5

시간이나 이야기에 열중하고 있었습니다. 그 뒤에 피델은 부족했던 뢴트겐 등의 기자재를 보내주었습니다. 지금 생각해도 그립고 아름다운 추억이죠."

여기서 피델이란 카스트로의 이름이다.

코우리 소장이 26살이었다면 카스트로도 35살이라는 젊은 나이였다. 카스트로와 함께 오늘날 쿠바의료의 주춧돌을 쌓아올린 사람들은 이상에 불타던 그런 젊은이들이었다. 그 뒤, 농촌사회 의료서비스에는 의과대학 졸업생 전원이 참가하게 되었고 1973년에는 참가자는 1,265명으로, 프로젝트 발족 당시의 4배까지 늘어갔다.

농촌사회 의료서비스는 시작할 당시에는 농촌의료 포스트라고 불리던 병원이나 진료소에서 행해졌는데 거기서는 치료뿐만이 아니라, 역병감시, 백신접종(주4), 건강진단, 위생교육 등의 종합적인 케어가 행해지고 있었다. 말하자면 의료, 복지, 교육을 통합한 건강한 코뮤니티 만들기라는 오늘날 쿠바 일차진료의 기본적인 틀은 농촌 복지의료의 전반적인 개선을 목표로 한 농촌사회 의료서비스에서 태어난 것이다.

보건의료 활동의 주역이 된 시군구 종합진료소의 창설

일본에는 농촌의료라면 나가노 현에 있는 사쿠(佐久) 시 종합병원이 먼저 떠오른다. 그 주춧돌을 놓은 고(故) 와카쓰키 도시카즈(1910~2006, 일본의 농촌의학을 확립한 외과의사. '농민과 함께' 정신으로 지역주민 속으로 적극적으로 뛰어들어서 주민과 하나된 의료실천에 힘썼다. '예방보다 치료'라는 신념으로 출장진료를 나서는 등, 의료 민주화를 지향한 의사로도 유명하다. - 옮긴이) 박사의 책을 읽어보면 2차대전 직후 일본 농촌도 비참한 상태에 놓여 있었음을 잘 알 수 있다. 소금섭취를 줄이자는 운동을 시작으로, 생활전반에 걸쳐 접근한 것도 쿠바의 그것과 참 비슷하다. 하지만 일본에서는 사쿠 병원의 선구적인 시도가 농촌의료에 그치고 말았던 것에 비해 쿠바에서는 농촌사회 의료서비스로 키워진 발상이 도시의료에도 영향을 미쳤다. 거의 때를 맞추어 각 시군구의 작은 마을에도 의료기관이 설치되는데, 거기서 전개된 것도 일차진료였다.

예를 들면 정부는 아이들, 여성, 장애자 등 대상자별로 복지의료 프로그램을 충실하게 짜갔는데, 그 중 최초는 1962년에 창설된 모자(母子) 프로그램이었다. 다음 해인 1963년에는 새로이 사회보장법(법제1100호)이 제정되어 모든 노동자의 사회보장이 정부의 책무로 담보되는데, 거기에는 당연히 의료도 포함되어 있었다. 병을 줄이고 국민의 건강을 증진하기 위해 임산부와 영양실조인 아이들을 대상으로 한 케어, 결핵, 한센병, 성병 박멸을 위한 백신접종, 헌혈 캠페인, 위생교육 실시, 쓰레기처리 서비스나 코뮤니티 청소작전 등등 다양한 프로그램이 펼쳐졌다. 하지만 이런 일은 의사만으로는 불가능하다. 그래서 코뮤니티에 뿌리를 둔 혁명방위위원회와 쿠바여성연맹 등 주민조직의 참가도 장려되어 사회복지사들도 연관되어 간다.

이만큼 규모가 커지면 지역차원에서 다양한 보건의료 활동을 통합할 필요가 생겨난다. 그래서 1964년에 '통합적 무니시피오 폴리클리니코' 라고 불리는 새로운 의료기관이 창설된다. 우리말로 옮기면 '시군구 종합진료소' 쯤 된다. 폴리클리니코라고 불리는 기관은 예전부터 있었지만 통원 가능한 근처의 환자로 이용자가 제한되어 있었다. 그래서 로베르토 페르난데스 박사의 리더십 아래에 아바나의 라 리사 구(區)의 알레이다 페르난데스 지구진료소 구조를 참고삼아 9평방 킬로미터, 4만 5천 명의 주민을 대상으로 시군구 종합진료소가 각지에 지어졌다.(주5)

단, 여기서 주목해야 마땅한 점은 이 종합진료소 역시 아바나가 아니라 지방에서부터 먼저 지어졌다는 점이다. 보건복지부의 오토 판토하 박사는 쿠바 중심에 있는 유네스코 세계유산으로 지정된 고도(古都), 트리니다드에 신설된 진료소에서 외과수술에 눈코 뜰 새 없이 바빴던 젊은 시절이 그립다는 듯이 말한다.

물론 병원은 2차, 3차단계의 치료를 행하고 있었지만 공장, 직장, 학교, 보육원 등 모든 보건의료 활동의 주역이 된 것은 바로 이런 시군구 종합진료소였다. 그리고 전염병이 잇따라 근절, 제압되어감에 따라 다양한 예방치료 프로그램도 삽입되어 1970년에는 초보적인 단계긴 하지만 ① 성인, 여성, 아이에의 포괄적인 케어, ② 위생과 역학감시, ③ 치과, ④ 의료스탭 훈련 등으로 각 종합진료소에서 일차진료 프로그램의 충실도 꾀해간다. 거기에 더해, 의료 데이터를 수집하는 통계정보 제도도 창설되어 진료소 단계에서의 보건의료 활동의 성과를 평가하는 데에 데이터가 활용되었다.

트리니다드에 신설된 시군구 종합진료소. 위 사진 가운데에 앉은 이가 젊은 시절의 오토 판토하 박사. 진료소는 먼저 지방부터 정비되어 갔다(사진 제공 : 판토하 박사).

예방의료의 모델이 된 코뮤니티 진료소

시군구 종합진료소 설치는 일차진료를 양적으로, 질적으로 크게 진전시켰다. 하지만 1970년대에 들어서자 여러 가지 한계가 드러났다. 가장 큰 이유는 사람들의 건강상태가 확 바뀐 것이었다. 아이들보다 성인들 병이 많아지고, 전염병이 뿌리뽑힘에 따라 만성질환이 차지하는 비율이 늘고, 사망률이 낮아짐에 따라 고령화도 진전되었다. 이런 사회변화에의 대응에 더해 크게 세 가지 결점이 나타났다.

첫째, 병원에서 일하는 의사에 비해서 일차진료에 종사하는 의사들이 하는 역할에 대한 인식이 낮았다. 의사교육도 대부분 지구진료소가 아니라 병원에서 행해졌고, 일차진료에 대한 의료교육이나 연구기회도 빈약했으므로 의사와 의료관계 기술자들 사이에서도 지구진료소에서 일하는 것에 대한 동기부여가 높지 않아 스탭이 안정되지 않았다.

둘째, 상명하복 관계의 폐해였다. 시군구 종합지구진료소에 의해 어느 정도 통합이 되긴 했지만, 여전히 의사와 치과의사의 팀워크가 불충분하고 병원과의 연계도 잘 이루어지고 있지 않았으며, 진료소 안에서조차 의사와 의료기술자들이 따로따로 활동했다. 일차진료 수준에서 문제가 해결되지 않으므로 결국은 병원의 전문의에게 소개장을 쓰게 된다. 환자도 좀 더 좋은 치료를 받을 수 있다고 생각해 병원으로 간다. 결과적으로 병원 응급실이 혼잡해지고, 병원측에서는 환자의 상태를 충분히 알 수가 없었으므로 환자들의 기대에 미치지 못해 불만을 초래했다.

셋째, 의사와 환자의 커뮤니케이션이 불충분해서 원래라면 좀 더 발휘되었을 코뮤니티의 잠재력이 아직 충분히 활용되지 못했다.

이와 같은 이유에서 일차진료 만족도가 전체적으로 낮았다.

과제는 해결되어야만 한다. 1974년 11월, 아바나 시내의 동부, 알라마르에 있는 교육지구진료소에서 마리오 에스칼로나 원장의 지도 아래, 일차진료를 위한 신모델로서 코뮤니티 지구진료소 모델이 실험되었다. 참고로 교육지구진료소란 의사와 의료관계 기술자의 교육기능까지 겸비한, 보다 충실한 진료소를 말한다. 지금 이 지구진료소에는 박사의 업적을 기념해서 그의 이름이 붙여져 있으며, 이 새로운 모델은 나중에 전국으로 퍼져서 코뮤니티 의료를 송두리째 뒤바꾸는 변화를 일으켰다.

예를 들면 상명하복 관계의 폐해를 극복하기 위해 '헬스 팀'이라는 개념이 도입되어 팀워크가 장려되었다. 팀은 내과의, 소아과의, 간호사와 같은 일차진료 팀만이 아니라 의료관계자 이외의 쓰레기 수거 작업원이나 사회복지사를 포함한 혼성 팀도 있으며, 그들이 일체가 되어 주민의 건강개선을 위해 움직이기 시작한 것이다.

건강개선을 향한 코뮤니티의 적극적인 참가와 의료교육으로 코뮤니티가 해낸 역할을 중시한 결과, 최종적으로는 표면에 내걸었던 '베이직 헬스 프로그램'이 실시되게 되는데, 거기에는 치료뿐만이 아니라 환경과 교육, 연구까지 포함되어 있음을 알 수 있을 것이다.

이 개혁의 가장 큰 성과는 자각증상이 없어서 진료를 받으러 오지 않는 사람이나 현재 걸려 있는 병만을 치료받기 위해 찾아오는 환자들의 '숨은 증세'를 진단하는 데에 눈을 돌렸다는 점이었다. 예를 들면 당뇨병 같은 만성병을 예방하는 데에는 한 사람 한 사람 환자의 생활습관을 지속적으로 추적하여 만성병으로 이어지는 리스크 요인을 관리할 필요가 있다. 잠재적인 증상을 고려한 결과 '사회적 질병'이라는 새로운 개념도 생겨나고, 고령자의료 등 이전에는 없었던 대처도 행해지게 되었다. 거기에 더해 의과대학의 교수들도 진료소의 활동과 협동하여 출장서비스를 하게 되고, 그것이 코뮤니티 단계에서의 예방치료 교육이나 연구활동을 진전시키는 일로 이어졌다. 하지만 이 새로운 모델도 여전히 문제가 있었다.

첫째, 코뮤니티 진료소의 서비스 내용이었다. 앞서 쓴 교육지구진료소라 불리는 진료소는 시설은 그럭저럭 정비되어 있었지만 아직 전체의 10% 정도로 그 수가 적었고, 일반 진료소의 설비와 서비스는 미비했다. 한술 더 떠서, 진료소에 비해 환자가 너무 많은 것까지 겹쳐 서비스의 내용이나 순서대기에 만족하지 못한 환자들이 당장 치료를 받겠다며 병원 응급실로 향했다. 전부는 아니더라도, 몇몇 진료소에서는 뢴트겐 등의 검사결과가 늦다는 점도 환자를 병원으로 발길을 돌리게 하는 일로 이어졌다. 응급실로 가면 '몇 시간 안에' 모든 문제가 해결된다고 여겨지고 있었던 것이다.

둘째, 다양한 의료분야가 발전한 반면에 전문화가 진전되어 포괄적인 치료를 제공할 수 없게 된 것이다. 이차진료 전문가는 늘었지만 일차진료를 맡기에 적합한 인재가 부족했다. 코뮤니티 의료는 예방에 중점을 두어야 함에도 불구하고 의료팀은 후속조치인 왕진을 하지 않았고 의사들은 의료기술을 중시하여 국민 개개인의 건강보다는 질병에 중점을 두고 있었다. 너무 극단적인 말 같지만, 코뮤니티 내의 건강상의 과제를 파헤쳐서 적극 예방하기보다는 수동적으로 '병에 걸리기'를 기다리고 있었다. 결과적으로 참된 건강증진을 향한 주민들의 라이프 스타일 변화는 달성하지 못했던 것이다.

일차진료 의료의 기둥, 패밀리 닥터

이런 반성을 토대로 마침내 패밀리 닥터 제도가 태어났다. 그때까지 지역의료는 지구진료소와 병원이 맡고 있었는데, 그 아래에 코뮤니티 의료가 하나 더 덧붙여지게 된 것이다. 앞에서 말했듯이 패밀리 닥터의 역할은 120세대, 700~800명과 얼굴이 보이는 범위에서 각 가족의 건강상태를 체크하고 증진하는 일이다. 하지만 패밀리 닥터 한 사람이 모든 것을 떠맡을 수는 없다. 그래서 같은 코뮤니티의 다른 패밀리 닥터나 내과의사, 소아과의사, 안과의사, 심리학자, 통계전문가, 사회복지사들이 베이직 워크 그룹을 만들어서 지원한다.

"10~12개의 지구의원을 단위로 베이직 워크 그룹을 편성하고 있습니다. 진료가 힘들 경우에는 그룹의 전문가가 자신의 경험을 패밀리 닥터와 공유합니다. 말하자면 패밀리 닥터가 학생이 되는 거죠."

표 1-1 베이직 헬스 프로그램

I. 국민 케어를 위한 프로그램
  - 아이들의 포괄적인 케어 프로그램
  - 여성의 포괄적인 케어 프로그램
  - 성인의 포괄적인 케어 프로그램
  - 포괄적인 치과 프로그램
  - 역학 컨트롤
II. 환경 케어를 위한 프로그램
  - 도시와 농촌의 위생, 식품 위생, 직장에서의 보건·의료
III. 서비스 최적화 프로그램
IV. 매니지먼트 프로그램
V. 교육과 연구 프로그램

판토하 박사는 팀의 중요성을 지적한다. 또한 자세한 검사와 입원이 필요하다고 판단되었을 때에는 병원에서 치료를 받게 되는데, 그 경우에도 패밀리 닥터나 간호사가 따라붙어서 담당 주치의와 직접 얼굴을 맞댄다. 긴급을 요할 때에는 환자가 병원 응급실로 가기도 하지만 대부분은 패밀리 닥터한테서 적절한 병원 소개장을 받는다. 그리고 패밀리 닥터는 입원중인 환자의 회복상황을 체크하고 퇴원한 뒤에도 케어를 계속한다.

장기적인 후속조치도 최선을 다한다. 1년에 적어도 두 번은 환자와 만나는 데에 더해, 같은 의사가 같은 환자를 계속 진찰하고 관찰하므로 태어날 때부터의 임상기록이 남아 있다. 실전 속에서 태어난 이런 지속적인 접촉과 리스크 평가는 스페인어로는 '디스펜사리자시온$dispensarización$' 이라고 부른다고 한다.

1999년에 유엔개발계획의 지원으로 행해진 연구는 '패밀리 닥터 제도는 의료복지제도의 가장 중요한 개혁이며 일차진료의 기둥이 되었다' 고 높이 평가하고 있다. 물론 이 말은 패밀리 닥터 제도가 완벽하게 완성된 모델이며 더 이상 개선의 여지가 없다는 뜻은 아니다. 그럼에도 패밀리 닥터 제도는 옆의 표에 보이는 것처럼 많은 성과를 올렸다. 이 새로운 개혁은 1948년 1월 4일, 아바나의 디에스 데 옥투브레 구에 있는 라우톤 지구진료소에서 로드리게스 아베리네스 원장 이하, 10명의 의사와 10명의 간호사들에 의해 파일럿 프로젝트로 시작되었다. 하지만 그 뒤에는 지구진료소와 마찬가지로 지방에서부터 먼저 건설되어갔다고 한다.

표 1-2 패밀리 닥터 프로그램의 성과

- 96% 이상의 국민에 대한 지속적인 접촉과 리스크 평가
- 자궁암, 유방암, 대장암, 직장암, 폐암, 피부암, 전립선암 등의 조기발견 증가
- 병원 통원환자나 응급치료실 이용도의 감소(1980년 21.7%에서 2000년 13.2%)와 일차진료 방문증가(1980년 73.2%에서 2000년 86.2%)
- 침대 점유율(1980년 80.4%, 1990년 78.5%에서 2005년 68.4%까지)과 병원 입원기간 감소
- 입원환자의 일관된 감소(1985년 16.0명/100명에서 2005년 10.1/100명)
- 재택치료의 증가(1997년 전기에 9만 2,178건)
- 태교 프로그램에 임신여성 95%가 조기 등록
- 99.9%가 병원에서 출생
- 1천 명당 유아사망률(1985년 16.5명에서 2005년 6.2명)과 5세 미만 사망률(1985년 19.6명에서 2005년 8.0명) 감소
- 출산시 저체중률이 1985년의 8.2%에서 2005년의 5.4%까지로 하락
- 생후 4개월째 유아에 대한 모유영양 포기확률 증가
- 13번의 백신으로 막을 수 있는 병으로부터 보호되는 아이의 면역수준 95.5% 이상
- 10대 청소년 프로그램의 창설과 기능강화
- 가족계획과 성교육에 관련된 활동에 따른 긍정적인 성과
- '노인클럽' 창설과 기능의 성장을 유지. 현재 전국에 1만 4천 곳
- 평균수명이 76살 이상까지 연장
- 침요법, 지압요법, 그밖에 '녹색의학'의 새로운 치료도구의 적용과 확대
- 국민의 위생습관 개선
- 의료서비스에 대한 큰 만족

출전 : 20years of Family Medicine in Cuba, 및 Annual Health Statistics Report, 2005에서 지은이 작성.

"그 뒤, 아바나의 플라자 데 라 레볼루시온 지구진료소의 코스메 오르드네스 원장 밑에서 전문적인 패밀리 닥터를 위한 교육도 시작되고, 그것을 받아 1985년부터 시작했습니다. 처음엔 동부의 오리엔테, 중부의 에스캄브라이 산지, 서부의 시에라 델 오르가노스 산지와 농산촌부터 건설을 시작해, 그것이 완전히 끝난 다음에 도심의 건축에 착수했죠."

판토하 박사의 설명에 따르면, 패밀리 닥터의 뿌리는 라우톤 지구진료소에 있다. 그래서 새로운 모델창설에 관련된 당시 관계자가 있다는 NGO인 패밀리 의료협회를 찾아가보기로 했다.

사람 건강의 90%는 환경이 결정한다

패밀리 의료협회는 1994년에 설립된, 의료관계에서는 가장 새로운 단체인데 약 1만 6천 명의 회원을 갖고 활발하게 활동하고 있다. 협회의 회장인 클라리벨 프레소노 박사는 라우톤 지구진료소의 실험이 시작된 직후부터 참가하여 이후 거기서 13년 동안이나 쭉 일해왔다. 박사는 패밀리 닥터가 탄생하기 전, 모색기 때의 일을 이렇게 회상했다.

"패밀리 닥터 전문교육이 처음 시작되었을 때, 때마침 의과대학에 입학했습니다. 그것은 아주 큰 도전이었죠. 새로운 전문분야의 끝에는 무엇이 있을지도 알 수 없었습니다. 지구진료소에는 의학적인 치료뿐만 아니라 심리적, 사회적인 문제를 안고 그 해결을 구하러 찾아오는 사람도 있다는 건 알고 있었습니다. 그래서 지금의 패밀리 닥터가 그렇듯이, 우리도 코뮤니티 안에서 의료활동을 벌였습니다. 사회적인 활동이나 개인의 왕진도 행했습니다. 하지만 가족이나 코뮤니티라는 틀 안에서 환자들을 접할 준비가 갖춰져 있던 건 아니었죠. 우리가 받은 교육은 아직까지는 생물학을 중시하고 있었습니다. 프로그램이 정말로 잘 기능해서 다양한 건강문제를 다룰 수 있는가, 환자들이 받아들여 줄까, 하고 누구나 의문을 갖고 있었습니다."

하지만 이내 프레소노 박사는 자신의 일의 의의를 실감하는 어떤 경험을 했다.

"마침 우리가 사무실에서 라틴아메리카 의사의 날 파티를 열고 있는데 젊은 여성 하나가 밖에 서 있었습니다. 아무 말도 하지 않았지만, 통증으로 몸을 숙이고 웅크리고 있었죠. 자궁외임신이다, 바로 그렇게 확신했어요."

프레소노 박사는 그녀를 바로 병원으로 데려가서 외과의사를 찾아갔다.

"부탁이네, 나의 진단을 믿어줘. 목숨이 달려 있어."

하지만 프레소노 박사가 아무리 진단이유를 설명해도 외과의사는 믿으려 하지 않고 검사실에서 처음부터 검사를 시작하려 했다. 하지만 환자의 용태가 급변했다. 프레소노 박사의 진단은 정확했다. 긴급수술이 이루어지고 재빠른 판단이 목숨을 구했다.

"나중에 외과팀은 제 진단을 의심한 것을 사과했습니다. 그때 저는 제가 어엿한 한 사람의 의사가 되었다고 느꼈을 뿐만 아니라, 제도로서의 패밀리 닥터의 역할도 인정받았다는 생각이 들더군요. 그리고 패밀리 닥터에 대한 주민들의 만족이 전국에 이 프로그램이 퍼지는 촉매제가 되었죠."

실제로 다음 해인 1985년에는 패밀리 닥터 프로그램이 130만 명에게 치료활동을 행하게 되고, 2005년에는 국내의 의사 7만 594명 가운데 3만 3,769명이 패밀리 닥터로서, 그리고 의사 수에 거의 맞먹는 수의 간호사와 함께 전 국민을 커버하기에 이르렀다.

"여전히 헐뜯는 사람이 있긴 하지만 패밀리 닥터 제도는 의학계에서 완전히 인정받고 있습니다. 명문 외과대학의 어느 교수도 '패밀리 닥터만이 병원의 벽을 뛰어넘는 서비스가 가능하다'고 주장하고 있습니다. 말하자면 생물학은 사람의 건강상태의 8%밖에 결정하지 않습니다. 나머지를 결정하는 건 가족, 코뮤니티, 환경 등 그밖의 요소입니다."[주6]

프레소노 박사의 지적을 협회의 다른 스탭도 보충한다. 릴리암 히메네스 박사가 "예전엔 저항감을 갖고 있던 의사들도 지금은 성과를 인정하고 있죠."라고 지적하자, 호르헤 라몬 의사도 "새로운 프로그램으로 출산 때부터 지켜본 아이가 건강하게 자라나는 모습을 볼 수 있다는 건 참으로 인상적이었어요."라고 말한다. 두 사람 모두 라우톤 지구진료소에서의 실험에 참가했던 당시 멤버이기도 하다.

그리고 패밀리 닥터 제도는 주민참가형 복지의료라는 새로운 단계에의 길도 열었다고 한다. 치료의 기본이 각 개인이 아니라 가족으로 여겨지게 됨으로써, 환자가 가족이나 코뮤니티, 환경 속에 놓인 생물심리사회적인 존재로 존중되면서 치료를 받게 되었던 것이다. 패밀리 닥터들은 정기적으로 지구의 과제를 분석하고 코뮤니티의 건강상황을 진단하며 주민들도 이런 지구의 건강진단에 활발하게 참가하고 있다.

"일차진료는 세계 50개국 이상에서 꾸려져 있지만, 쿠바 예방의학의 가장 큰 특징은 주민참가입니다."라고 호르헤 라몬 의사는 주장한다. "하지만 그때에 가장 중요해지는 것은 패밀리 닥터의 능력을 높이는 것이에요. 이 레벨에서 가장 종합적인 진단과 치료솜씨가 요

지방에서부터 먼저 정비되어간 패밀리 닥터 의원. 처음에는 1층이 진료실, 2층이 의사의 집이었지만 나중에는 3층에 간호사의 집이 부설된 형태로 개선되었다.

구되니까요. 그래서 협회는 보건복지부와 연계해서 의료기술을 향상시키기 위한 다양한 프로그램을 개발하고 있죠." 협회의 릴리아 곤잘레스 사무국장이 덧붙여 말한다.

쿠바에서는 대학을 졸업하고 의사가 되면 먼저 일반의사라는 자격을 갖는다. 하지만 의학교육은 거기서 끝나지 않는다. 패밀리 닥터 밑에서 최소 2년간 연수를 하면 '기초종합의료 의사' 자격을 얻을 수 있고, 더욱 전문성을 높여서 특정분야의 전문가가 되고 싶은 사람은 의료과학 석사나 박사 자격을 딴다. 협회의 릴리아 사무국장이나 보건복지부의 판토하 박사에 따르면, 패밀리 닥터의 능력향상에 힘쓴 결과 약 80%의 병은 지구진료소와 지구의원 단계에서 처리할 수 있게 되었다고 한다.

일본의 의료제도는 결핵이나 폐렴 등의 감염병이 많았던 시대에 디자인된 것이며 생활습관병 예방이나 건강증진에의 대응은 이제 막 진행되기 시작했다. 하지만 쿠바에서는 이미 20년이나 이전부터 예방의학에 대처하여 패밀리 닥터라는 독특한 제도를 낳았다. 하지만 예방의료로 모든 병을 낫게 할 수는 없다. 치료할 수 없는 나머지 20%의 병에 쿠바는 어떻게 대응하고 있을까?

주1 – 의학역사가인 그레고리오 델가도 가르시아의 보고에 따른다.
주2 – 코흐 연구소의 기타사토 시바사부로가 '파상풍균의 약독성균을 투여한 동물의 혈청에는 파상풍균을 무독화하는 작용이 있다'는 것을 발견하여 혈청요법의 가능성을 시사했다. 나중에 에밀 폰 베링(Emil Adolf von Behring, 독일의 세균학자. 혈청요법, 특히 디프테리아에 대한 그 요법의 응용에 관한 연구와 의학에 새로운 분야를 개척한 업적으로 1901년 노벨 생리·의학상을 받았다. – 옮긴이)과 기타

사토 시바사부로가 파상풍 독소나 디프테리아 독소로 면역한 혈청이 이들 독소를 중화한다는 것을 발견하고, 혈청요법의 기초를 쌓은 베링은 이 공적으로 노벨상을 받았다.

주3 – 예외는 있었다. 예를 들면, 쿠바의 주요산업은 사탕수수였는데 제당공장에는 병원이 있고, 공장 노동자들은 다른 국민들보다 두터운 케어를 받고 있었다.

주4 – 예를 들면 이전에는 동부 주(州) 주민 2백만 명 사이에 말라리아가 만연했는데 1962년에는 전국 말라리아 근절 캠페인이 확립되어 5년 후에는 박멸되고 있다. 말라리아 근절을 위해 DDT가 살포되는데 나중에 위험성을 알자 미국에서 금지되기 2년 전인 1970년부터는 이것을 금지하고 있다.

주5 – 시군구 종합진료소는 당시에 다음과 같이 정의되었다. ① 모든 가족을 커버하는 서비스를 통해서 일정 지구내의 주민의 건강증진, 케어, 회복을 꾀하는 의료기관 ② '헬스 에어리어'라 불리는 일정 지구 내에 코뮤니티로 퍼져가는 다이나믹한 기초적 의료 서비스의 제공을 지향하는 기관

주6 – 프레소노 박사의 '생물학'이라는 표현은 이상하게 들릴지도 모르겠는데, 지금으로부터 35년도 더 이전에 다음과 같은 발언을 했던 사람이 있다. "의사는 단지 기술자이기만 해서는 안 된다. 종래의 의사는 너무나도 '생물학적'이었다. 좀 더 '인간적'인, '사회적'인 의사가 되어주기를 국민은 바라고 있다."

사실 이것은 일본 농촌의학의 제창자인 고(故) 와카쓰키 도시카즈의 명저 『마을에서 병과 싸우다』(1971)의 맺음말에 나오는 말이다.

II. 외화획득 수단 - 전문의료와 의약품

세계 어디에도 없는 독특한 백신과 의약품. 세계 각지에서 전문의료를 찾아서 방문하는 환자들. 쿠바가 선진국보다 나았으면 나았지 떨어지지는 않는 전문의료의 발전에 성공한 이유는 무엇일까……

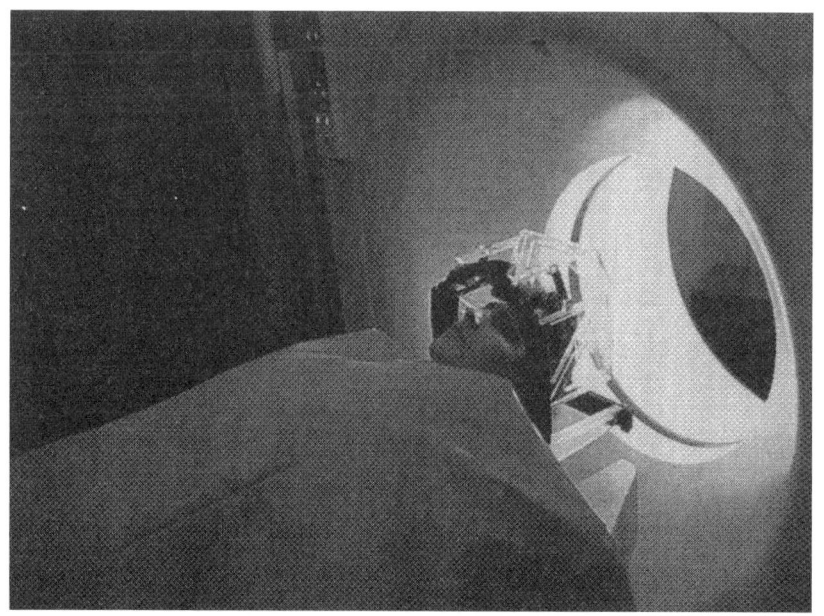

국제신경회복센터는 뇌외과수술이나 재활을 통해 파킨슨병 등의 난치병 치료에 정평이 나 있다.(사진: 센터자료)

1. 쿠바의 하이테크 의료

지역자원을 활용한 독특한 의약품 개발

쿠바에는 지역자원을 이용한 독특한 의약품이 있다. 예를 들면 제 1장에서 소개한 폴리코사놀, PPG도 그 중 하나다. 카스트로는 이렇게 소개한다.

> "우리가 개발한 가장 중요한 제품으로 항 콜레스테롤제가 있다. 그것은 효과적이고 아주 유망한 것이다. 트레이드 네임은 아테로믹솔인데, 통칭 PPG라고 부르고 있다. 이미 국내에서는 사용되고 있지만 몇 억 명이 그것을 기다리고 있다. 이것을 만들 수 있었던 건 쿠바뿐이다. 헤아릴 수 없을 만큼의 테스트를 거쳤는데, 콜레스테롤과 혈압, 정맥류 등 순환기 계통 질병에도 효과가 있고 심장병과 관련된 질병에도 효과가 있다."

PPG는 국립과학연구소장과 다르메르 연구소장을 겸임하는 카를로스 마누엘 박사 팀이 유전자 조작기술을 이용해서 만들어낸 것인데, 쿠바는 세계적으로 손꼽히는 사탕수수의 주요 산지이기도 한 만큼 밀랍(꿀찌끼를 끓여서 짜낸 기름 - 옮긴이)을 원료로 사용하고 있다. PPG는 나쁜 콜레스테롤을 줄이고 좋은 콜레스테롤을 늘린다. 게다가 플라즈마 지방도 줄이므로 유럽이나 라틴 아메리카에서는 고지방혈증약으로 인정받았으며 혈소판 응고를 억제하는 효과도 있고 심장병 치료에도 유용하다.

일반적인 콜레스테롤 강하제로서는 스타틴계 약제가 이용되는데 다량으로 복용하면 심부전이나 근육통, 신경장애, 암 등의 부작용이 있다. 하지만 PPG는 동물실험과 임상실험을 수없이 거친 다음, 2천 명 이상의 환자에게 투여해왔지만 어떤 부작용도 없는 것으로 알려져 있다. 아니, 엄밀하게 말하면 부작용은 있다. 신체 전체에 활력이 솟으므로 성욕도 높아져 버리는 것이다. 몇몇 나라에서는 본래의 약효보다도 부작용 쪽으로 매출이 늘고 있다고 한다.

하루 한 알, 5밀리그램을 먹기만 하면 동맥경화나 심근경색이 낫는 데다가 성욕감퇴에도 위력을 발휘하여 라틴 아메리카에서 화제가 되었고 오스트레일리아, 캐나다, 멕시코, 중국, 대만 등에도 수출되고 있다. 하지만 미국 식품의약국은 전혀 평가하지 않고 미국 내에서는 판매되고 있지도 않으므로 우리에게도 알려져 있지 않다.

지역자원을 이용한 약제로는 '비망' 도 있다. 체내에서는 세균이나 바이러스로부터 몸을 지키기 위해 백혈구가 활성산소를 만들어내고 있다. 하지만 이것도 너무 늘어나면 지방, 단백질, 효소, DNA에 해를 끼쳐 암이 되기 쉬워진다고 한다. '비망' 은 이런 산화 스트레스를 줄인다. 항염증제, 진통제 효과도 있으며, 제약화학센터의 소장 알베르토 누네스 박사 말에 따르면 몇 천 건의 임상사례에서 에이즈나 암치료에도 효과가 있는 것이 밝혀졌다고 한다. '비망' 의 원료 역시 쿠바 특산품인 망고 껍질로, 원래는 피날 델 리오 주에 사는 가난한 농민 에르텔리오 파에스가 가정요법으로 사용해온 것이었다. 불임증을 비롯해 다양한 약효가 있다는 것에서 이것에 착안한 연구소와 보건복지부가 전문적으로 연구하여 약제로까지 발전시켰다. 그밖에도 항암 효과가 있는 푸른 전갈의 독을 희석한 '에스코 아주르' 등 다양한 의약품이 개발되고 있다.

유일무이한 오리지널 백신

백신개발에서도 독자적인 노선을 걷고 있다. 예를 들면 B형간염이라는 골치아픈 병이 있다. 진행을 방치하면 간경변이나 간암으로 발전하며 근본적인 치료가 극히 곤란하고 결정적인 치료법도 없다. 세계보건기구에 따르면 지금도 전세계에서 해마다 52만 명이 이 병으로 목숨을 잃고 있기도 하다. 쿠바에서도 1992년 이전에는 해마다 2천 명 이상이 이 병에 걸렸다. 하지만 지금은 50명 이하로까지 줄어들었고, 5살 이하 아이들은 1999년 이후 한 명도 걸리지 않았다. 유전자공학·생명공학 센터가 개발하여 1987년 이래 제조하고 있는 'B형간염 대항백신'(HEBERBIOVAC-HB) 예방접종을 받고 있기 때문이다.

"지금 B형간염은 근절을 향하고 있습니다. 우리들의 주력 수출품이며 센터에는 그밖의 백신이나 치료약, 진단약 등 18가지 제품이 있습니다."

센터의 페드로 로페스 임상실험소장은 말한다.

이 백신은 세계보건기구도 관심을 보여 2000년 11월에 인증팀이 유전자공학·생명공학 센터를 방문했으며, 다음 해에 곧바로 인증을 받아 2006년 현재, 영국이나 캐나다를 포함해 20여개국에 수출되고 있다.

마찬가지로 세계보건기구로부터 인증을 받은 것으로는 수막염 B형 대항백신인 'VA-MENGOC-BC'도 있다. 카를로스 핀라이 연구소의 콘셉시온 캄파 소장 팀이 개발한 것인데, 1990년대 초반부터 10~16살의 10만 6천 명에게 이중맹검법(더블 블라인드 테스트)이 행해져서 그 효과는 실증이 끝났다. 모든 3개월짜리 유아에게 접종해 수막염이 93%나 감소했다. 지금은 수막염 B형균에 대해 효과가 있는 세계 유일의 백신으로 평가받고 있으며 1990~1991년에 콜롬비아에서 수막염이 유행했을 때에도 이 백신으로 퇴치한 적이 있다. 1987년부터 수출이 시작되었으며, 브라질, 우루과이, 볼리비아, 파라과이, 니카라과 등 라틴 아메리카 여러 나라뿐 아니라 아시아나 아프리카 여러 나라에도 등록되어 있다.

이 백신은 구미에서도 관심을 불렀다. 미국에서도 해마다 약 3천 건의 수막염이 발생하고, 그 중 300명이 죽어가는 상황이었으므로 1999년에 메이저 제약회사인 스미스 클라인 비첨 PLC 사가[주1] 핀라이 연구소와 판매협정을 맺었다. 물론 거기까지 이르기는 쉽지 않아서 미국 재무부로부터 허가를 얻는 데만 2년씩이나 걸렸다. 카스트로는 이렇게 말한다.

"생명공학이나 약품공업 분야에서 우리는 커다란 진보를 달성했다. 예를 들면 수막염 B형 백신은 세계의 많은 나라들을 골머리를 앓게 하는 병의 유일한 백신이며 우리나라의 중요한 외화 수입원이다. 하지만 미국은 어떤 시장에서도 이 백신을 팔지 못하게끔 도발해왔다."

미국은 일단 허가는 했지만 쿠바가 외화를 벌어들이지 못하도록 '스미스 클라인 사의 시설 내에서만 백신을 생산하고 또한 임상실험 기간에만 쿠바에 대금을 지불하라' 는 조건을 달았다.(주2) 그럼에도 불구하고 수막염 B형 백신은 생명공학 입국을 향한 작은 날갯짓이 되었다. 중요한 외화획득원이 되었을 뿐만 아니라 소련붕괴 이후 서방세계와 새로이 경제의 다리를 놓는 데에도 힘을 보탰다.

마라도나도 찾아왔던 헬스 케어

외화획득에 공헌하고 있는 것은 의약품만이 아니다. 라틴 아메리카는 물론 유럽으로부터도 해마다 5천 명 이상의 환자가 치료를 받으러 쿠바를 찾아온다. '축구신동' 이라 불렸던 슈퍼스타 디에고 아르만도 마라도나도 그 가운데 한 명이다. 왕년의 스타도 오랫동안의 잘못된 식습관 때문에 눈뜨고 볼 수 없을 정도로 비만해지고 코카인 등 약물중독으로 2003년에는 위독한 상태에 빠지기까지 했는데, 그런 마라도나가 요양처로 고른 나라가 바로 쿠바였다. 마라도나는 아르헨티나 출신이지만 다리에 카스트로의 문신을 새겨넣을 정도로 카스트로에게 매혹되어 있다고 한다. 심장질환 치료와 중독 재활치료를 받고 다이어트에 성공한 그는 2004년에는 스무 살난 쿠바 여성과 결혼까지 했다.

이런 투어는 '헬스 투어리즘'이라 불리며 조금씩 바람이 불기 시작한 것은 1980년이었는데 소문이 차츰 퍼져나가 1990년대에는 1,800명이 찾아와 200만 달러를 뿌리게 되었다. 그래서 외화획득에도 일조하자고 1994년에 설립된 관광공사 쿠바나칸이 전문 투어를 짜게 되고나서부터 1996년에는 2천만 달러, 1998년에는 3천만 달러, 2002년에는 약 4천만 달러로 해마다 수출액이 늘고 있다. 보건복지부는 투어의 외화 획득력을 6천만 달러로 추정한다.

투어가 인기를 얻는 건 쿠바 이외에서는 받을 수 없는 전문치료를 선진국보다 훨씬 싼 값에 받을 수 있기 때문이다. 예를 들면 흔히 야맹증으로 알려져 있는 색소성 망막염은 3,500명 중에 한 명은 시력을 잃는 무서운 병으로 지금까지 유효한 치료법이 없었지만, 아바나의 변두리 지역인 베다도에 있는 카밀로 시엔푸에고스 안과병원에서 외과치료를 받을 수 있다.

난치병으로 알려진 다발성 경화증이나 뇌세포 이식에 의한 파킨슨병의 치료도 앞서 있고, 재활에서도 많은 실적이 있다. 가장 화제를 불러모은 것은 1990년에 자동차 사고로 식물인간 상태에 빠져 자국 의사들이 가망이 없다며 치료를 포기했던 어느 스페인 여성이 국제 신경회복 센터에서 수술과 재활 치료를 받았더니 2개월 후에는 걸을 수도 있고, 말도 할 수 있게 된 케이스다.

이식수술도 정평이 나 있다. 아바나의 말레콘 거리에는 거대한 23층짜리 빌딩이 우뚝 솟아 있다. 예전의 은행을 혁명 후에 개축한 에르마노스 알메이헤이라스 병원이다. 전문의 280명, 간호사 650명, 최신 의료기기를 갖춘 쿠바 최대의 종합병원인데 심장, 심폐, 신장, 췌장, 간, 각막, 골수 등 다양한 고난도 이식수술이 이루어지고 있다. 심장이식은 1985년 12월에 처음으로 실시된 이래 5년동안에만 70건의 이식과 3건의 심폐 이식수술을 행하고, 88%의 생존율을 올린 실적을 갖고 있다. 장기이식은 거부반응을 어떻게 피하느냐가 관건인데, 성공률이 높은 것은 모노크로날 항체를 이용하고 있기 때문이다. 항체란 인체에 바이러스나 세균 등의 이물질이 침입해왔을 때에 몸을 지키는 '면역기능'의 중심 역할을 맡은 물질인데, 모노크로날 항체란 이것을 인공적으로 제조한 것이다.

인공제조법이 발견된 것은 1975년인데, 식중독균의 검출 등 위생 분야에서도 활용할 수 있기도 해서 전 세계의 생명공학 약품의 거의

색소성 망막염을 전문적으로 수술하는 카밀로 시엔푸에고스 병원. 아바나의 변두리 지역에 자리하고 있다.

3분의 1은 모노크로날 항체다. 쿠바도 1981년 후반부터 모노크로날 항체에 착안해서 1994년에는 분자면역센터를 설립해서 증산체제에 들어갔다. 이것 역시 외화획득의 주력제품 가운데 하나이며 현재 세계 35개 이상의 국가에 수출되고 있다. 독자적인 심장발작 치료제나 화상 치료제도 있다. 다시 카스트로의 설명을 들어보자.

"화상을 입은 피부에 사용되는 표피성장인자는 아주 비싼데, 우리는 이 기술도 제압했다. 경색이 일어난지 6시간이 지나도, 그것을 막을 수 있는 스트렙토키나제도 개발되어 있다. 이 심장발작 치료제를 유전자공학으로 생산하고 있는 것은 전 세계에서 쿠바가 유일하다. 타국의 것은 유전자 조작이 아니라서 이것만큼의 효과는 없고 비용도 몇 배나 든다."

쿠바 최대의 종합병원 알메이헤이라스 병원에서는 심장이식을 비롯한 고도의 외과수술도 행해지고 있다.

표피성장인자(表皮成長因子)란 1962년에 스탠리 코엔 박사가 마우스의 타액선에서 발견한 세포의 성장과 증식에 중요한 단백질인데, 쿠바는 유전자 공학을 이용해 이것을 동물실험용으로 대량생산해왔다. 그것이 화상 치료제 개발로 이어졌다. 예전에는 옛 동유럽권에만 수출되었지만 소련붕괴 후로는 세계적으로 널리 판매되고 있다.

진단용에도 탁월한 기술이 있어서 에이즈, B형간염, 헤르페스, 샤가스병(주3), 뎅기열, 한센병, 선천적 결함 등의 진단에는 효소면역흡착제인 SUMA가 활용되고 있다. 이것 역시 1984년에 소아병원에 도입되고부터 이내 전국에 보급된 오리지널 제품이다. 보통 에이즈 따위를 진단하는 데에는 일라이저법이 이용되는데, SUMA는 그것의 단 10분의 1의 시약량이면 충분하다. 1988년부터 브라질, 스페인, 콜럼비아, 옛 소련권 여러 나라에 수출되고 있다.

이와 같이 쿠바에서 개발, 생산된 의약품을 살펴보면 항생물질, 진통제, 혈관확장제, 마취제, 항응혈제, 비타민제, 근육이완제 등등 평범한 의약품에서 콜레라, 혈우병, 광견병, 파상풍, 디프테리아, 백일해, C형간염 백신, 에이즈나 암치료약제 인터 로이킨2(주4), 알츠하이머병 치료약 등, 세계 각지에서 환자를 불러들일 만한 의료수준을 갖추고 있음을 알 수 있다.

12명의 미친 젊은이

가난한 개발도상국이면서도 첨단의료 면에서 쿠바가 여기까지 진전을 이룰 수 있었던 이유는 무엇일까? 한 가지 이유는 혁명 초기부

터 경제발전의 토대로써 의사와 연구자를 육성하는 데에 힘을 쏟아
왔다는 점이다.

"쿠바의 미래는 교육과 과학에 달려 있다. 우리 조국의 장래는
과학의 그것이어야만 한다."

1960년에 카스트로는 이렇게 선언하고 과학기술을 발전시키기 위해 1861년에 설립된 '쿠바과학아카데미'를 재편성하고 심지어 새로운 과학연구기관으로 1965년에 전국과학연구센터를 설립했다.

"그것이 쿠바 최초의 과학연구센터였습니다. 거기서부터 쿠바의 과학이 시작되었죠. 과학자는 이전부터 있었지만, 제도로서의 과학은 없었습니다."

페드로 코우리 열대의학 연구소의 구스타포 코우리 소장은 이렇게 말한다. 코우리 소장은 시에라 마에스트라 산 속에서의 자원봉사를 끝낸 뒤 연구에 더욱 정진하기 위해 카스트로의 부름에 응해 12명의 동료들과 함께 센터에 합류했다.

"우리는 스스로를 '미친 의사들'이라고 불렀죠. 그도 그럴 것이, 의학뿐만 아니라 수학에서 물리까지 미친 듯이 공부했거든요. 그리고 1968년에 저는 센터 부소장에 임명되었습니다."

자신과 자신의 아이를 먼저 실험대상으로 삼아 세상에 단 하나뿐인 백신을 개발한 콘셉시온 캄파 박사.

    단 12명으로 시작한 전국과학연구센터는 그 뒤 우수한 연구자를 배출해가는데, 수막염 B형 백신을 개발한 콘셉시온 캄파 박사도 그 가운데 하나였다. 박사는 아바나 대학에서 약학을 공부한 뒤, 그 천재다운 면모를 유감없이 발휘해 최연소 과학자 가운데 한 명으로서 1970년대에 많은 연구 프로젝트를 진행했다. 박사의 지휘 아래 핀라이 연구소는 쇄신되어 많은 백신을 만들어내는 데 성공했다. 박사는 중산계급 출신이지만 가난한 이들을 향한 상냥한 마음을 갖고 있다. "문맹근절을 위한 식자 캠페인이 벌어졌을 때 저는 아홉 살이었는데, 그때 옆집에 문맹인 여성이 살고 있어서 읽고쓰는 법을 가르쳐 줬죠."라고 말한다.

    나는 그를 네 번쯤 만나봤는데 참으로 겸허한 인격의 소유자로, 수막염 B형 백신 임상실험을 할 때도 자신과 자신의 아이를 맨먼저 실험대상으로 삼았다고 한다. 예방의료와 마찬가지로 첨단의료의 주춧돌 역시 코우리 박사나 캄파 박사처럼 이상에 불타는 순수한 젊은 이들이 쌓아올려온 것임을 알 수 있다. 하지만 쿠바가 첨단의료로 한층 더 비약하는 데에는 어떤 불행한 사건을 또 하나 겪어야만 했다.

주1 - 현재는 영국계 그락소 스미스 클라인 PLC에 흡수. 세계에서 두 번째로 큰 제약기업으로 전 세계 제약시장의 7%를 점유하고 있다.
주2 - 심지어 2004년 7월에는 캘리포니아에 있는 생명공학 기업인 캔서백스가 폐암세포에 대해 면역계를 자극하는 쿠바산 백신의 시험허가를 미국정부로부터 처음으로 받았다. 캔서백스의 직원은 국제회의에서 쿠바의 연구성과를 보고나서 이 허가를 받으려고 노력했는데, 이것도 2년이란 시간이 걸렸다.
주3 - 일명 아메리카 트리파노소마증. 흡혈성 곤충인 침노린재(Reduviidae)가 매개하는 원충에 의한 감염병으로 안검종창(腫脹), 발열, 림프절이나 간, 비장이 비대해지는 증상이 일어나고 만성화하면 심근이나 소화기에 이상을 일으킨다.
주4 - 면역반응과 관련한 펩티드 단백성 물질. T세포를 활성, 증식시킬 뿐만 아니라 B세포나 NK세포의 활성화, LAK세포의 유도 등의 활성을 갖는다.

2. 뎅기열과 쿠바의 생명공학 전략

미국의 바이오 테러로 34만 명이 병에?

  뎅기열이라는 병이 있다. 말라리아와 마찬가지로 열대나 아열대 지역 특유의 감염병이다. 뎅기열을 옮기는 이집트숲 모기나 흰줄숲 모기는 원래 빈 깡통에 고인 물에서도 발생하므로 시내에서도 유행하고 말라리아보다도 한층 경과가 좋지 않다. 앞으로 지구온난화 때문에 뎅기열 위험지역이 명백하게 넓어질 것이라는 경고도 있다. 감염되면 격렬한 두통과 더불어 뼈와 근육의 통증에 시달리며 섭씨 38~40도의 고열이 계속된다. 사망률은 1% 이하지만 중증 출혈성 뎅기열에 걸리면 사망률도 10%로 확 올라가고 처치가 늦어지면 40~50%가 사망하는 무서운 병이다.

  쿠바에서 뎅기열 유행기록은 1828년으로까지 거슬러올라가며 1977년에도 유행한 적이 있지만, 출혈성 뎅기열은 80년간이나 증례가 없었다. 그런데 1981년 5월부터 10월에 걸쳐 갑자기 대대적으로 유행해서 34만 4,203명이 해를 입었다. 한창 때는 매일 1만 명이나 환자가 나올 정도였으며, 정부는 곧바로 방제약인 말라티온 액을 긴급수입하고 매개모기의 박멸작전을 개시했다. 병원만으로는 도저히 부족해서 기숙사를 가진 많은 학교를 격리병동으로 삼아 병의 확대 방지에 노력했다. 하지만 10,312명이 중증 출혈성 뎅기열의 해를 입고 158명이 희생되었다. 그 중 101명은 연약한 아이들이었다. 도대체 출혈성 뎅기열이 왜 갑자기 대대적으로 유행한 것일까?

페드로 코우리 열대의학 연구소장인 구스타포 코우리 박사는 이렇게 설명한다.

"범미주보건기구 데이터에 따르면 1981년 이전의 출혈성 뎅기열의 보고사례는 라틴 아메리카 전역에서도 불과 60건밖에 없습니다. 게다가 유행한 것은 출혈성 뎅기열을 일으키는 동남아시아에서 온 바이러스 타입인 DEN1과 DEN2였죠. 심지어 아바나, 시엔푸에고스, 카마구에이 등 세 군데에서 동시 발생했습니다. 뎅기열은 모기가 매개하므로 발생원이 분명히 있어야 하는데 약 300킬로미터나 떨어진 곳에서 동시다발적으로 발생할 줄은 생각도 못했습니다."

카스트로는 1981년 7월 26일의 혁명기념일에 "이 병이 CIA에 의해 국내에 침투된 의혹이 있고, 살충제의 수출을 미국에 요구했지만 거부당했다."고 연설하고 있다. 물론 다음날인 7월 27일에 미 국무부는 CIA 관련설을 부정했다. 하지만 코우리 박사는 예리하게 눈을 가늘게 뜨고 이렇게 말을 잇는다.

"저는 뎅기열을 유전자적으로 조사해 그것이 뉴기니 산임을 밝혀냈죠. 그리고 3년 후인 1984년에 뉴욕에서 쿠바 외교관을 살해한 범인이 체포되었을 때, 뎅기열을 갖고들어온 것을 자백했습니다."

코우리 박사가 말하는 범인이란 미국에 망명한 쿠바인으로 반(反)카스트로 테러리스트 그룹인 「오메가7」의 리더 에두아르도 아로세나다. 아로세나는 살인죄로 재판에 회부되었는데 공판 중에 "몇 종류의 세균을 갖고들어가는 임무를 띠고 쿠바를 방문한 적이 있다"고 무심코 말실수를 해버렸다.

"소련과 쿠바 경제에 타격을 주기 위해 바이오 테러를 저지를 예정이었다. 하지만 결과는 기대하고 있던 것과는 달랐다. 소련군에게만 사용될 줄 알았는데 쿠바인에게 사용되고 말았다"고 그는 후회하고 있다. 덧붙여, 최근에 정보가 공개된 기밀문서에서 미 육군이 1956년과 1958년에 조지아 주와 플로리다 주에서 특별히 사육한 모기떼를 풀어서 생물무기가 될 수 있을지 어떨지를 연구하고 있었음이 명백해졌다. 그리고 이 실험에서 사용된 것은 뎅기열을 옮기는 이

표 2-1 쿠바가 주장하는 미국의 바이오 테러

1962년	뉴캐슬병(닭이 걸리는 병)
1971년	아프리카 돼지 콜레라
1979년	사탕수수 창병 · 담배 창미병
1980년	담배 창미병
1981년	급성 출혈성 결막염
1996년	오이 총채 벌레(농업 해충)

집트숲 모기였다. 이런 증언이나 문서는 뎅기열이 CIA에 의해 퍼뜨려졌다는 혐의를 짙게 한다. 하지만 확증은 없으며 진실은 지금도 알 수 없다.

뎅기열 이외에도 표 2-1에 제시했듯이, 바이오 테러를 미국으로부터 받아왔다고 쿠바는 주장하고 있지만, 미국은 미국대로 1982년에 쿠바를 테러국가 목록에 올리고 있다. 양국간의 대립은 우리의 상상을 뛰어넘을 정도로 심하다. 하지만 진위여부는 제쳐두고, 이 불행한 사건은 쿠바에 커다란 축복을 가져왔다. 뎅기열이 한창 유행할 때 과학자들이 생명공학을 이용하여 불과 6주만에 치료약인 인터페론을 만들어냈다. 묘하게도 같은 해 5월에 쿠바는 고품질 인터페론의 개발에 처음으로 성공했는데, 뎅기열 대책에 그것이 활용되었던 것이다.

인터페론 생산으로 세계를 리드

인터페론이란 바이러스 증식을 막는 힘을 가진 단백질이며, 모든 척추동물은 자신의 몸을 지키기 위해 인터페론을 만들어내고 있다. 1954년에 그 존재가 발견되자 예방접종, 혈청요법, 화학요법, 항생물질을 잇는 획기적인 발견으로 주목을 받았다. 하지만 인간의 백혈구에서 소량 채취하는 것만으로도 막대한 수고와 비용이 들기 때문에 당시는 도저히 실용화로는 이어질 수 없다고 여겼다.

하지만 생명공학의 진전으로 상황이 180도 바뀌었다. 1972년의 유전자조작 첫 실험에 이어 다음 해인 1973년에는 미국이 대장균의 특정 유전자를 추출하는 증식실험에 성공한다. 그리고 1979년에는 세계 최초로 유전자조작 대장균을 이용해서 인터페론이 만들어진다. 이후 유전자조작 기술을 이용한 대량 생산술의 개발이 미국이나 유럽에서 경쟁적으로 행해져 옛 소련의 과학자들도 연구에 착수하고 있었다.

1980년 11월, 휴스턴에 있는 앤더슨 병원의 암 전문가인 랜돌프 리 클라크 원장이 쿠바를 방문해 암이나 바이러스병의 획기적인 치료약으로서의 인터페론의 최신정보를 전해주었다. 원장으로부터 직접 이야기를 듣고 관심을 가진 카스트로는 당장 마누엘 리몬타와 빅토리아 라미레스 등 두 명의 박사를 앤더슨 병원에 파견했다. 두 사람은 현지에서 미국보다 핀란드가 더욱 연구가 진전되어 있음을 알았다. 카스트로 자신도 모스크바의 생물유기화학 연구소를 방문하여 인터페론의 연구상황을 자신의 두 눈으로 똑똑히 지켜보았다. 그리고 확신을 굳힌 카스트로는 유전자 조작에 의한 제조기술을 연구시키기 위해 1981년에 옛 소련과 핀란드에 여섯 명의 쿠바 과학자를 보냈다.

이것이 성공을 거두었다. 뎅기열이 발생함으로써 인터페론을 당장 긴급증산해야만 했던 쿠바에서는 전국과학연구센터가 중심이 되어 생명공학을 추진할 특별기관으로, 12명의 연구소장으로 구성된 바이오로지컬 프론트를 조직했다. 프론트에는 쿠바 과학아카데미 학장, 고등교육부 장관, 보건복지부 장관, 설탕부 장관도 이름을 올렸으며, 이 새로운 조직에 의해 뎅기열이나 급성 출혈성 결막염의 치료약으로써 인터페론 생산시설 증축계획이 세워졌다.

　유전자 조작기술을 이용한 인터페론 생산은 1980년 후반에 들어서면서 여러 선진국으로 퍼져갔다. 하지만 그때까지는 핀란드에 뒤이은 주요 생산국은 쿠바였다. 이 사실이 거의 알려져 있지 않은 데에는 이유가 있다. 쿠바는 유럽, 라틴 아메리카, 아시아, 아프리카에도 판매하려고 1986년에 오스트레일리아의 약품기업과 협정을 맺었다. 하지만 미국의 압력으로 2년 뒤에 그 협정은 일방적으로 파기되었고 그 뒤로는 옛 소련을 중심으로 한 공산권 국가 이외에는 수출할 수 없었다.

중앙계획경제 밑에서 시작한 생명공학 개발

　그 뒤로도 인터페론 연구는 계속되었다. 처음에는 아바나 서부의 기존 연구소에서 이루어지고 있었는데 생명공학 산업발전의 발판으로써 1982년에는 바이오 연구센터가 설립되었다.

　생명공학 산업을 육성함으로써 수입 의약품에 의존하지 않고 선진국의 다국적 기업으로부터 자립한다는 것은 공업 입국을 향한 쿠바 나름의 전략이었다. 생명공학 산업은 중화학 공업과 달리 인프라가 그리 많이 필요하지 않고 이익률도 높다. 가난한 개발도상국으로서는 올바른 선택지에 초점을 맞췄다고 할 수 있을 것이다. 하지만 생명공학 산업을 발전시키려면 지식과 기술이 꼭 필요하다. 많은 연구자가 옛 소련에 유학하고 있었으므로 연구개발도 옛 소련의 과학기술에 의거하는 부분이 많았다. 옛 소련에서도 유전자조작 세균을 이용한 인터페론, 인슐린, 성장 호르몬 등의 생산기술의 개발연구가 진행되고 있었다. 하지만 옛 소련 체제 아래서는 어떤 연구도 구체적인 수출제품으로 결실을 맺지 못했다.

중앙계획경제 아래서 연구개발을 진전시킨 점에서는 쿠바 또한 다르지 않다. 하지만 쿠바는 소련과 달리 기술혁신을 활성화시켜 산업으로 육성시키고 해외시장에 판매하는 기업가 정신이 있었다. 장기적인 연구개발 계획을 세우고 뛰어난 인재를 우선부문에 배치한다. 이런 전략은 생명공학 산업을 발전시키는 데에 크게 유용했다. 그리고 인재육성에도 힘을 쏟았다. 불과 12명으로 시작한 전국과학연구센터는 1983년에는 1천 명의 스탭과 350명의 전문가를 배출할 정도로까지 성장했으며 전국에서 33,506명이 생명공학 분야에서 일하게까지 되었다.

1981년에는 미래의 인재육성을 위한 전문 고등학교도 신설되었다. 입시과목은 물리, 화학, 생물, 수학이며 1984~85년 학기에는 6천 명이 응시했는데 겨우 200명밖에 합격하지 못했을 정도로 엘리트 학교로, 대학이나 연구소에서 초빙해온 특별강사가 교단에 섰다. 이런 노력이 생명공학의 산업화에 반드시 필요한 인재확보로 이어졌다.

또한 연구자들은 옛 소련이나 핀란드만이 아니라 동독, 일본, 미국, 캐나다, 프랑스, 영국, 스위스 등에 유학하여 최첨단 생명공학을 배웠다. 그리고 유전자조작 기술, 분자 바이러스학, 모노크로날 항체 생산, 면역화학, 조직배양 등의 전문지식을 갖추고 쿠바로 돌아

옴으로써 옛 소련에서 배운 기술을 더욱 진전시킬 수 있었다.

처음에는 사람의 백혈구를 이용해서 생산되었던 인터페론도 1985년 이후에는 유전자조작 세균과 효모균을 이용해서 생산하게 되고, 프랑스의 파스퇴르 연구소를 비롯한 유럽의 여러 연구소와의 협동 연구도 진전되어갔다.

1986년 7월에는 바이오 연구센터를 대신해서 유전자공학·생명공학 센터가 문을 열었다. 심각한 자금난 속에서도 1억 5천만 달러 이상을 투자하여 일본제 주사형(走査形) 전자현미경, 고해상도 투과 전자현미경, 자외가시분광 광도계, 단백질 순화기, 원심 분리기, 이온질량 분석기, 전기요동 설비, 감마 카운터, DNA 신시사이저 등의 최신식 설비를 갖추었다. 이리하여 몬산토 사(작물보호, 종자개발, 생명공학 기술개발 등의 농업 솔루션을 제공하는 다국적 농업기업. – 옮긴이)의 그것을 제외하고는 세계 최대 규모의 생명공학 연구소가 카리브 해에 탄생했다. 그 능력은 옛 소련을 능가한 것은 말할 것도 없고, 서방 여러 선진국과도 대등하게 경쟁할 수 있을 정도의 것이었다. 요약해서 말하자면 쿠바의 근대 생명공학 산업은 미국으로부터의 바이오 테러에 대항하기 위한 부득이한 자위수단에서 시작되었다고 말하지 못할 것도 없다. 하지만 미국은 소련붕괴 후의 경제봉쇄 강화라는 짐을 다시금 쿠바에게 지워간다.

생명공학 입국을 목표로 한 고투 – 카스트로의 도박

소련 붕괴와 경제봉쇄 강화의 영향은 무시무시했다. 대외무역의

80%, 수입 식재료의 3분의 1이 단숨에 사라졌기 때문이었다. 1990년 8월, '평화시의 스페셜 피리어드'가 발표되고 위기를 극복하기 위해 정부는 긴급 프로그램을 세웠다. 종래의 5개년 계획은 1개년 계획이 되고, 또한 상황에 따라 매달 조정되게 되었다.

하지만 이 위기가 한창일 때에도 GNP의 1.5%를 과학연구를 위해 매년 투자하고 연구자들을 스웨덴, 스페인, 독일 등지로 계속 유학을 보냈다. 거기에 더해 1992~96년에 걸쳐서 쿠바판 실리콘 밸리라고 불러야 할 생명공학 거점을 아바나 서부에 건설하기 위해 총액 10억 달러나 되는 거금을 쏟아부었다. 수입할 수 없게 된 의약품을 대체하고, 가장 절박한 과제인 식량증산을 기술면에서 지지하며, 거기에 더해 새로운 외화획득으로 이어질 수 있을 제품을 만들어낼 것으로 기대되었던 것이다. 핀라이 연구소장인 콘셉시온 캄파 박사는 당시의 일을 이렇게 회상한다.

"어느 날, 7만 달러나 하는 최신형 초원심분리 기계가 있으면 좋겠다고 피델에게 말했던 것을 기억하고 있어요. 사실은 10대가 필요했는데, 차마 그렇게는 말할 수가 없어서 대수를 줄여서 말했죠. 이야기를 듣더니 2, 3분 후에 피델이 대답하더군요. '아니 안 되지, 캄파 박사. 당신은 10대가 필요한 거잖소' 라구요."

그것은 그야말로 카스트로의 도박이라고 불러야 할 것이었다. 캄파 박사 등 바이오 프론트 멤버들도 모든 낭비를 줄이기 위해 협동

연구 체제를 구축하고 과학아카데미나 농업계연구소와 한 달에 한 번은 회합을 거듭했다.

그 노력은 결실을 맺었다. 생명공학 제품의 수출은 1990년부터 시작되었다고 여겨지는데 정확한 수출액은 국가기밀로 취급되어 외부인에게는 정확하게 밝히지 않는다. 각종 보고수치도 연간 4,500만~2억 9천만 달러로 일정하지 않다. 물물교환 형태를 띠고 있는 경우도 많다. 하지만 1990년대 초기에 이미 생명공학 산업은 연간 7억 달러 이상의 가치를 가져왔다고 평가하는 전문가도 있다.

생명공학 거점은 쿠바에서는 '과학의 기둥'이라 불리는데 유전자공학·생명공학센터, 전국과학연구센터, 핀라이 연구소, 페드로 코우리 연구소 이외에도 분자면역학센터, 전국바이오제품센터, 면역학검정센터 등 52개의 연구기관이 몰려 있다. 1만 2천 명 이상이 일하고 있으며 그 가운데 7천 명이 과학자나 기술자이며 150가지 이상의 연구 프로젝트가 동시다발로 병행되어 진행되고 있다. 가난한 개

생명공학 거점에 있는 국제 신경회복센터. 82개국에서 환자가 난치병 치료를 위해 찾아온다. 지은이가 취재한 날은 때마침 파나마 대통령이 시찰방문 중이었다.

발도상국이면서 1천 명당 과학자 수는 1.8명이며, 그 수는 EU의 그것과 맞먹는다. 생명공학 분야에서는 5백여 개의 특허를 갖고 있는데 그 중 26개는 미국이 내준 것이다. 라틴 아메리카 최대의 의약품 수출대국이며, 그들의 고객 리스트에는 선진국을 포함해 50개국 이상이 늘어선다. 게다가 이란, 중국, 인도, 알제리, 브라질, 베네수엘라, 말레이시아 등의 개발도상국과 기술제휴를 맺고 각국의 생명공학 산업의 설립을 지원하고 있다. 인도에서는 쿠바와 파트너십으로 B형간염 백신이 생산되고 있으며, 중국에서도 액체 인터페론을 생산하는 프로젝트의 최종단계에 이르러 있다. 옛 소련, 유럽, 오스트레일리아와도 합병사업, 계약제조, 연구 등의 협력협정을 맺고 있다. 카스트로의 예견대로 생명공학은 그때까지의 사탕수수를 대신해서 그야말로 국가의 기간산업으로 자리잡은 것이다.

돈벌이와는 거리가 먼 생명공학 개발

하지만 그럼에도 불구하고 쿠바는 역시 보통의 자본주의와는 다른 부분이 있다. 각 연구소가 서로 경쟁을 하고 있지 않은 것이다. 유전자공학·생명공학 센터의 창설자 가운데 한 명이기도 한 페드로 로페스 임상시험부장이 "쿠바 생명공학의 특징 가운데 하나는 모든 조직의 단결입니다. 어떤 과정에도 많은 센터가 관계하고 협동하고 있다는 점이죠. 그것이 타국과 비교해서 강점입니다."라고 말하면 카스트로는 더욱 급진적으로 이렇게 주장한다.

"자본주의에서는 모든 연구센터가 서로 싸우고 있다. 하지만 우리나라에서는 모든 연구센터가 서로 협력하고 있다. 자본주의에서는 모든 병원이 경쟁하고 서로 싸우고 있고, 그것은 의사들도 마찬가지다. 하지만 우리나라에서는 모든 병원이 서로 밀접하게 협동하고 있다. 의사도 과학자도 누구나 서로 협력하고 있다. 이런 예외적인 상태가 과학을 발전시키고 있는 것이다. 다른 어떤 제도도 과학자들 사이에 그런 단결이나 협력을 추구할 수 없다. 사회주의만큼 과학기술을 발전시킬 수 있는 제도가 그밖에 달리 있을까."

카스트로의 지적은 자본주의 국가가 품고 있는 한 가지 모순의 정곡을 찌르고 있다. 그렇긴 하지만 약간 현실을 무시한 주장일 것이다. 연구자들은 생명공학 산업을 기간산업으로 육성해가려면 국제 비즈니스 사회에의 가입이 불가결하다는 현실을 인정하고 있다. 유전자공학·생명공학센터의 카를로스 보로토 부소장은 "마켓을 지키려면 특허가 불가결하다."고 동료들과 토론하고 있는데 카스트로가 연구실에 들어왔을 때의 일을 이렇게 말한다.

"이 특허는 뭔가. 자네들은 머리가 이상한 것 같네. 우리가 특허를 좋아하지 않는다는 것을 잊었단 말인가."

하지만 보로토 부소장은 이렇게 반박했다.

"피델, 제3세계 여러 나라에 의약품을 기부하기 위해서라도 먼저 우리나라를 보호할 필요가 있다구요."

부소장은 자본주의의 룰을 배우게 하기 위해 동료를 캐나다에 유학시켜 MBA(경영학 석사)를 따게끔 했다. 그리고 센터의 주력제품을 판매하는 전문기관으로서 1991년에 에베르 비오테크를 부설하고 있다. 에베르 비오테크는 60개국과 거래관계를 맺고 연간 3천만 달러의 매출을 올리고 있다는 점에서 다국적 기업 같다는 소리를 듣기도 한다고 한다. 하지만 에베르 비오테크의 부소장인 카를로스 마누엘 박사는 다국적 기업과는 발상부터가 근본적으로 다르다고 부정한다.

"우리는 다국적 기업과는 본질적으로 달라요. 왜냐하면 우리는 국가와 같은 깃발 아래에서 일하고 금전적인 목표보다는 오히려 사회적이고 인간적인 목표를 공유하고 있으니까요. 백신 개발의 목적은 돈을 버는 것이 아니라 목숨을 잃는 아이들 수를 줄이는 데 있지요. 물론 무료로 백신을 줄 수는 없고 팔아야만 하지만, 돈은 생명공학 산업의 목적이 아니라 어디까지나 수단에 불과합니다."

3. 전 세계 사람들을 위한 백신

세계 최초의 인공 합성항원 백신

　헤모필루스 인플루엔자b라는 병균이 있다. 우리에게는 그리 친숙하지 않을뿐더러, 이름을 들으면 유행성 병의 일종이 아닐까 생각할지도 모르겠다. 하지만 인플루엔자와는 전혀 다른 것이다. 예전에는 이 균이 인플루엔자의 원인이라고 여겨졌기 때문에 이런 모호한 이름이 붙었다. 이것은 참으로 성가신 병균인데, 성인이 되면 면역이 생기지만 영유아에게 폐렴, 후두개염, 뇌나 척수막의 수막염 등의 중증 질환을 일으킨다. 병이 낫더라도 지적장애나 청각장애 등의 후유증이 남고 제대로 처치하지 못하면 죽기도 한다. 아바나 대학 합성항원연구소장 비센테 베레스 박사는 병균을 이렇게 설명한다.

> "전세계에서 5살 이하의 어린이가 걸리는 전염병의 거의 절반을 이 균이 일으키고 있지요. 그리고 전세계 어린이들의 단 2%만이 이 병으로부터 보호받고 있습니다."

　물론 통틀어서 2%라 해도 나라마다 상황은 다르다. 이전에는 선진국에서도 해마다 약 2만 명이 감염되고 그 가운데 3분의 2가 수막염에 걸렸다. 미국에서도 어린이의 세균성 수막염의 가장 일반적인 요인이며, 5살 이하 아이 200명당 1명이 걸리고 해마다 600명이 죽고 있다. 하지만 1990년에 백신이 개발되어 감염률은 98%, 5살 이하의 영유아의 그것은 99%나 줄었다. 사실상 퇴치되었다고 해도 좋을 것이다. 백신이 있고, 그것만 쓰면 나을 수 있는 병이 된 것이다. 그럼에도 불구하고 지금도 세계적으로 해마다 3백만 명 이상이 이 병에 걸리고 70만 명에 이르는 아이나 50만 명에 이르는 유아가 죽어가고 있는 건 왜일까? 그것은 백신을 한 번 투여하는 데에 5달러나 들고, 또한 효력을 완전히 발휘시키려면 1년에 3번씩이나 접종을 해야 하기 때문에 가난한 개발도상국에서는 도저히 엄두를 내지 못하기 때문이다.

쿠바도 지금으로부터 15년 전에는 그랬다. 소련붕괴 후의 심각한 경제위기 속에서 병이 생겨도 백신을 구할 수 없었다. 경기회복과 더불어 1999년 1월부터는 마침내 예방접종을 시작하지만 당시에도 한 번 투여하는 데에 3달러씩이나 하는 백신을 해외에서 계속 사들이는 건 힘겨웠다. 어떻게든 싼 값에 대량생산할 수 있는 방법이 없을까? 쿠바는 방법을 모색하고 있었다. 그리고 4년 뒤인 2003년 11월에 아바나에서 열린 국제 바이오 테크놀로지 회의 기조 연설에서 베레스 박사는 이렇게 말했다.

"6년이 걸렸지만 새로운 백신이 드디어 완성되었습니다. 내년 1월부터는 국가예방접종 프로그램에 도입될 겁니다. 가장 중요한 점은 그것이 아이들의 건강으로 이어진다는 사실입니다. 다국적 기업의 값비싼 백신에 의존할 수밖에 없었던 가난한 나라들도 이제 그리 비싸지 않은 대체수단을 얻게 되었습니다."

심지어 새로운 백신은 그저 값만 싼 것이 아니라 자연다당류를 이용한 세계 최초의 인공 합성항원 백신이었다.

캐나다와 협동개발된 신기술

이 백신의 어디가 새롭고 획기적인 대체물인지 잠시 보충설명을 해보자. 세계에서 최초로 백신을 발명한 사람은 영국의 시골마을 동네의사인 에드워드 제너(1749~1823)인데 그때까지의 인류사는 그야말로 병원균과의 싸움이었다. 특히 천연두는 세계적으로 불치의 병, 악마의 병으로 불리며 모든 사람들의 공포의 대상이었다. 천연두가 지구상에서 근절된 것은 지금으로부터 불과 30여년 전인 1980년이었다.(주1)

제너가 백신을 발명한 계기는 '우두에 걸린 사람은 그 다음에는 천연두에 걸리지 않는다' 라는 농민들 사이에서 옛날부터 전해내려오는 구전이었다. 천연두에 비하면 우두는 훨씬 가벼운 병이다. '그렇다면 혹시?' 하고 제너는 8살난 소년에게 우두를 주사해보았다. 소년은 이내 우두에 걸렸지만 6주 뒤에 나았다. '그렇다면?' 하고 마침내 천연두를 접종해보았다. 하지만 소년은 병에 걸리지 않았다. 인류가 백신을 처음으로 손에 넣는 순간이었다. 하지만 이 기적의 발견은 좀처럼 인정받지 못했고 마을 사람들은 "우두를 주사맞으면 소가 된다."면서 무서워했다.

　왜 백신이 바이러스나 세균에 효과가 있을까? 이 근거를 이론적으로 해석하여 백신의 어버이가 된 사람이 루이 파스퇴르(1822~1895)다. 인간은 바이러스나 세균이 몸 안에 침입하면 '이물질'로 인식하여 저항물질을 만들어내는 구조를 갖추고 있다. 면역구조의 중심을 이루는 항체반응이다. 이 반응을 일으키는 물질을 '항원'이라고 부른다. 하지만 이 항원은 독성을 약하게 한 병균을 통해서도 생겨난다. 병에 걸리지 않을 정도로 약하게 만든 바이러스나 세균을 미리 체내에 넣어두면 항체가 생겨서 진짜 병원균이 침입해와도 싸울 수 있다. 이것이 예방접종의 기본원리다.

　같은 이유로 헤모필루스 인플루엔자b균 백신도 먼저 균을 배양해서 항원을 만드는 일에서 시작한다. 그런데 2살 미만의 영아는 단백질 성분을 포함하지 않은 항원만으로는 면역반응이 일어나지 않는다. 그래서 미리 따로 준비해둔 단백질과 항원을 결합하는 처리가 필요해진다. 지금 선진국에서 널리 이용되고 있는 것은 이 결합형 백신이다. 제조과정이 복잡하기 때문에 아무래도 값이 비싸지고 생균을 이용하고 있기 때문에 약간이지만 감염 리스크도 남고 만다. 하지만 쿠바가 개발한 이 새로운 백신은 화학합성 항원만으로 항체가 생기기 때문에 값이 싸며 동시에 안전하기도 하다.

　쿠바에서는 경쟁 대신에 협동작업을 통해 생명공학 연구가 진행되고 있다고 앞에서 말했다. 이 백신개발도 그런 한 가지 예라고 할 수 있다.

"그건 우리나라에 축적된 지성의 선물입니다. 백신 개발에는 300명 이상의 기술자와 다양한 생명공학 기관이 참가하고 있습니다." 하고 베레스 박사가 설명하듯이, 박사의 합성항원 연구소가 합성항원 개발에 몰두하면, 항원기능을 발휘시키는 단백질 캐리어는 핀라이 연구소가 맡고, 두 화합물의 결합 프로세스 연구는 유전자공학·생명공학 센터가 맡으며, 전국 바이오제품센터는 백신을 투여량만큼 병에 넣어서 제품화한다. 그리고 'Quimi-Hib'라는 상품명으로 마케팅 전략을 맡는 것은 에베르 비오테크다. 참고로, 이 백신개발에는 국내에서의 연계 플레이에 더해 국경을 넘은 협동연구도 하나 맞물렸다.

일은 1994년에 오타와에서 열린 국제 탄수화물 회의에서 베레스 박사가 오타와 대학의 레오 로이 교수와 만난 것에서 시작되었다. 로이 박사는 프랑스계 캐나다인이고, 베레스 박사도 옛 소련이나 프랑스에서 화학을 공부한 인연이 있었다. 박사는 로이 교수를 다음 해인 1995년에 아바나에서 개최된 국제회의에 초대했고 그리하여 두 사람의 협동연구가 시작되었다.

연구의 요지는 그때까지 쿠바에서 진행되어온 항원의 인산염 결합 과정을 단순화하는 참신한 방법을 어떻게 발견할 것인가에 있었다. 그리고 2년의 연구 끝에 마침내 답을 찾아냈다. 로이 박사의 설명을 들어보자.

"한 번에 결합시키는 것이 아니라, 마치 지퍼처럼 인산염을 차례차례 이어서 결합시키는 방법을 생각해냈죠. 이 지퍼 결합기술은 그때까지의 기술보다도 단순하고 경쟁력도 있는 참신한 발견이었습니다."

두 사람은 이 발견을 오타와 대학과 아바나 대학의 공동지적재산으로 삼았다.

어떤 백신이든 제품화하기 위해서는 임상실험이 필요하다. 합성항원 연구소에서의 토끼실험을 통해서 합성항원으로도 항체반응이 일어나고, 또한 생겨난 항체가 헤모필루스 인플루엔자b균에 효과가 있다는 것도 알고 있었다. 하지만 인체에의 최종 테스트가 남아 있었다.

베레스 박사는 그때 일을 이렇게 상기한다.

"우선 제가 최초의 자원자가 되었습니다. 1주일 뒤에 항체반응이 일어나지 않아서 불안해졌지만 2주째에는 마침내 좋은 반응을 얻었지요."

더블 블라인드 테스트 임상실험은 페드로 코우리 열대의학 연구소와 유전자공학·생명공학 센터가 팀을 이루어 1999년부터 7번을 했는데, 그 중에서도 카마구에이 주에서 했던 유아를 대상으로 한 실험은 박사의 인생에서 가장 감동적인 것이었다고 한다.

부모의 승낙을 얻어서 약 1,100명의 유아가 2개월, 4개월, 6개월째에 접종을 받고 거기에 더해 18개월째의 아장아장 걷게 된 단계에서도 재접종을 받았다. 2003년 5월까지 얻어진 결과는 항체반응

99.7%라는 경이로운 수치였다. 그 해 11월 6일, 새 백신은 쿠바에서 등록되었다.

제3세계 아이들의 생명을 지키기 위한 싸움

지금 새로운 백신은 유전자공학·생명공학센터의 근대적인 설비에서 생산되고 있다. 연간 필요 예상량은 약 350만 투여량이지만, 이미 100만 투여량 이상이 생산되었고 장기적으로 해외판매까지 고려하여 몇 억 투여량의 생산준비가 이루어져 있다. 하지만 아바나 대학과 오타와 대학은 개발도상국에 대해서는 판매 로열티를 포기하고 있다. 베레스 박사는 이유를 이렇게 말한다.

"그렇게 정한 것은 제3세계 아이들을 지키기 위한 우리의 싸움의 일부이기 때문입니다. 만약 아이들을 배려하지 않는다면 그건 미래를 염려하지 않는다는 말이지요."

지금 세계에서는 폐렴구군으로도 해마다 300만 명의 아이들이 목숨을 잃고 있다. 백신은 있지만 미국산 백신은 4번의 투여량에 250달러씩이나 한다. 도저히 살 수 있는 물건이 아니다. 그래서 쿠바는 값싼 폐렴구균 백신 개발에도 몰두하고 있다.

쿠바 국내의 전염병 감염률은 다양한 백신개발에 의해 꽤 억제되고 있다. 세균성 수막염은 0.3%, 장티푸스는 0.1%, 파상풍과 말라리아는 완전히 근절되었고 뎅기열 유행도 그쳤다. 인플루엔자와 폐렴

개발도상국 의료문제에 대해 열변을 토하는 구스타포 코우리 열대의학 연구소장.

은 아직 약 8%의 사망률을 보이지만, 그것을 빼면 전염병에 의한 사인은 0.9%에 지나지 않는다. 이것이 바로 '쿠바인들은 살아 있을 때에는 가난하지만 죽을 때는 부자와 똑같은 병으로 죽는다'고들 하는 이유다.

"그것은 모든 아이들에게 13종의 백신접종을 하고 있기 때문입니다. 저는 45개국을 방문한 적이 있는데 어느 나라에도 이것만큼의 보호제도는 없었습니다." 하고 열대의학 연구소의 구스타포 코우리 소장은 가슴을 편다.

그리고 국내의 전염병을 거의 제압한 다음, 그 여력을 다른 가난한 개발도상국 여러 나라로 향하고 있기도 하다. 전국과학센터와 핀라이 연구소가 합동으로 콜레라 백신을 개발, 생산하여 모잠비크에서 시험중이라고 한다. 쿠바에서 콜레라는 이미 19세기에 근절된 병이다. 그런데도 왜 많은 시간과 돈, 노력을 들여서 국내에서는 불필요한 백신개발에 힘을 쏟고 있는 것일까? 그 의문에 코우리 소장은 이렇게 답한다.

"그것이 제3세계를 위한 백신이기 때문이죠. 지금 전 세계에는 해마다 1,300만 명 이상이 전염병으로 죽어가고 있는데 그 3명 중 1명은 감염병에 의한 것입니다. 인플루엔자, 폐렴, 에이즈, 말라리아, 결핵, 홍역 등이죠. 우루과이에서 수막염이 갑자기 발생했을 때도 우리나라와는 외교관계가 일체 없었지만 무료로 백신을 보냈습니다. 세계에 이런 대처를 하고 있는 국가는 달리 없다고 생각하는데요."

코우리 소장은 벽에 걸린 젊은 카스트로의 낡은 사진을 손으로 가리키면서 말을 이었다.

"이 연구소가 생겼을 때 찾아온 피델에게 '우리들의 원칙은 인류의 행복을 위해 일하는 것이다. 여기는 쿠바만을 위한 연구소가 아니다. 전 인류를 위한 연구소다'라고 말했죠. 저는 세계를 위해 일하는 데에 아주 충만감을 느끼고 있습니다."

코우리 소장이 '이 연구소가 생겼을 때'라고 표현했는데, 여기에는 약간 보충설명이 필요할 것이다. 지금 페드로 코우리 열대의학 연구소는 5.2헥타르나 되는 드넓은 부지에 10층짜리 건물이 서 있고, 700명의 직원을 거느린 최고의 전염병 전문 연구소다. 하지만 연구소의 역사는 구스타포 소장의 아버지였던 페드로 코우리가 아바나 대학 내에 열대의학 연구소를 창설한 1934년까지 거슬러 올라간다.

그때부터 연구소는 말라리아, 사상충(絲狀蟲, 필라리아), 간장간질증(肝臟肝蛭症), 아메바증(대장 부위가 기생충에 의해 감염되는 질환 – 옮긴이), 장내기생충 등의 연구에 몰두하여 다른 라틴 아메리카 여러 나라와 미국으로부터도 학생들이 유학을 올 정도로 획기적인 성과를 올리고 있었다. 하지만 1964년에 페드로 코우리가 사망하자 연구원도 14명에 불과할 정도로 쇠퇴해 있었다.

그것을 되살려낸 것이 혁명정권이었다. 긴급을 요하는 국내의 의료문제가 대충 매듭지어지자 1979년에 구스타포 코우리 박사를 새로운 소장으로 맞아들이고, 보건복지부 산하의 부속기관으로서 연구소를 재구축한 것이다. 새로 태어난 코우리 연구소는 세계 여러 나라와 유엔개발계획(UNDP), 세계은행, 세계보건기구 등과의 협동연구체제도 갖추고, 이전의 전통을 계승하면서 1980년 이래로 72개국으로부터 유학생 1,800명을 포함해 2만 명 이상의 학생들을 교육해 왔다.

> "열대의학 연구소는 라틴 아메리카는 물론, 그밖의 나라들로부터도 칭찬받고 있습니다. 그리고 하버드에 있는 병원 하나보다도 훨씬 적은 경비로 중요한 기초연구를 행하고, 백신개발을 지원하고, 전 세계에서 찾아오는 몇 천 명이나 되는 연구자를 지도해왔습니다. 모든 것은 코우리 소장의 지도력 덕분이죠."

코우리 박사의 친구이기도 한 하버드 메디컬 스쿨의 폴 파머 교수는 이렇게 평가한다. 하버드 메디컬 스쿨과의 교류도 예전에는 왕성하게 이루어지고 있었다. 하지만 부시 정권이 들어서자 미국시민의 학술교류를 위한 도항허가가 폐지되었기 때문에 지금은 메일밖에 주고받지 못하는 상태가 되었다고 한다.

덧붙여서 일본과 비교하면 시설 자체는 입에 발린 말로도 훌륭하다고는 도저히 말할 수 없다. 회의실 의자도 군데군데 녹슬어 있다. 하지만 그런 나의 속마음을 꿰뚫어보기라도 한 듯이 코우리 소장이 말했다.

"지금 당신이 앉아 있는 그 의자에는 사흘 전에는 니카라과의 보건복지부 장관이 앉아 있었답니다. 그리고 니카라과의 복지의료정책을 어떻게 개선할 것인가를 논의했습니다. 인류사를 되돌아보면 영웅으로 여겨지는 알렉산더나 나폴레옹도 몇 만 명의 사람들을 죽였습니다. 나폴레옹의 묘지도 찾아가봤지만 히틀러와 뭐가 다를까 하는 생각이 들었습니다. 인간은 좀 더 진지해져야 합니다. 예를 들면 아프리카 대륙은 귀금속의 보물창고지만 어떤 나라에서는 40% 가까이 에이즈로 죽어가고 있습니다. 에이즈의 상황은 정말로 위기적입니다. 만약 어떤 손을 쓰지 않으면 아프리카는 에이즈로 망하고 말겠죠. 그것은 인류에 대한 암살입니다."

구스타포 코우리 소장은 강한 어조로 에이즈의 위기에 맞서야 한다고 호소했다. 그렇다면, 쿠바는 에이즈에 어떻게 도전하려 하고 있을까?

주1 – 세계 최초로 사용된 생물화학 무기는 천연두다. 1763년에 북아메리카에서 영국군을 이끌었던 애머스트 장군이 인디언들에게 모포를 선물했는데, 거기에는 천연두 부스럼 딱지가 미리 묻혀져 있었다.

4. 연애대국 쿠바의 에이즈 퇴치전략

수입 혈액제제를 모두 폐기

한때는 인류를 멸망시킬 병으로 여겨지며 두려움의 대상이었던 에이즈도 방지 캠페인의 노력이나 치료약이 개발된 덕분에 억제되어 가고 있다. 하지만 코우리 열대의학 연구소장이 지적했듯이, 그것은 선진국 여러 나라에 한정된 일이다. 세계적으로는 지금도 여전히 맹위를 떨치고 있고 환자는 4천만 명에 이른다고 한다. 가장 만연하고 있는 곳은 사하라 사막 이남의 아프리카인데 감염률이 35%인 보츠와나에서는 아이들의 90%가 에이즈에 걸려 서른 살까지밖에 살지 못한다고 한다. 그 뒤를 잇는 곳이 카리브 해 지역이며 예를 들어 아이티의 에이즈 감염률은 4~5%에 이른다. 하지만 쿠바는 에이즈 방지에도 분투하고 있다. 15~49살의 감염률이 0.03%%로 세계에서 가장 낮은 나라가 쿠바다.

"쿠바는 에이즈를 완전히 제압하고 있습니다. 감염이 전혀 퍼지지 않고 있으니까요."

2003년에 덴버에서 열린 미국 과학진흥협회 연차총회에서 이렇게 말한 것은 1995년부터 쿠바에의 인도적 지원에 애쓰고 있는 미국의 비영리기구(NPO) 「쿠바 에이즈 프로젝트」의 바이런 백스델 박사다.

아프리카 여러 나라에서는 모자(母子) 감염이 에이즈 억제에 큰 걸림돌이 되고 있다. 하지만 쿠바에서는 양성반응이 모친에게 나오면 곧장 항 에이즈제인 아지도타이미딘(azidothymidine, AZT)으로 치료하고 제왕절개로 분만시키기 때문에 출산과정에서 바이러스에 감염되는 일은 없다.

"양성반응이 나온 모친 전원을 제왕절개를 하는 건 미국에서는 생각도 할 수 없습니다."

백스델 박사는 쿠바의 방지대책에 혀를 내두른다. 그렇다면, 쿠바는 어떻게 이런 완벽한 대응책을 취할 수 있었을까?

에이즈가 처음으로 등장한 것은 지금으로부터 30년 전, 로스앤젤레스에 사는 동성애자 남성으로부터 사례가 보고된 1981년의 일이었다. 당시는 실태를 아직 제대로 알지 못해서 '에이즈' 라는 단어를 사용하는 것조차 터부시되었고, 레이건 당시 미국 대통령은 공개연설에서 그 단어를 입에 담는 것을 꺼리기도 했다. 이런 편견 때문에 에이즈에의 대응책이 더 늦어지기도 했다. 사건은 세계 각지에서 일어났는데 대응이 가장 형편없었던 나라는 일본이다. 가열처리제제가 개발된 후에도 2년 4개월 이상이나 비가열제제를 계속 사용해 1,500명이나 피해자를 내고 말았다.

하지만 쿠바는 달랐다. 국민을 지키기 위해서 일찌감치 행동을 개시했다. 1983년 8월에 보건복지부 내에 '국가 에이즈방지 관리위원회'를 설치했다. 위원회는 기존 혈액제제를 폐기함과 동시에 수입을 금지하고 국산 제제 제조에 착수한다. 동시에 환자를 조기 발견하는 역학감시 체제도 정비했다. 1985년 12월에는 '국가 에이즈방지 관리계획'을 세우고 200만 달러의 예산을 투입해 75만 개의 일라이저법 진단 키트(주1)를 국내의 모든 혈액은행과 42개 있는 진단센터에 도입하고 헌혈 체크도 시작하고 있다.

이런 약간 호들갑스러울 정도라고 말할 수 있는 쿠바의 위기관리는 한 사람의 중심인물을 빼고는 말할 수 없다. 바로 페드로 코우리 열대의학 연구소 부소장인 호르헤 페레스 박사다. 박사도 코우리 박사나 캄파 박사와 마찬가지로 혁명이 키운 양심적인 지식인이다. 박사는 모르모트나 개구리를 해부하면서 심장병 의사의 꿈을 키우던 소년이었다. 하지만 혁명이 소년의 인생을 바꾸었다. 박사의 아버지는 자동차 운전사였는데, 당시 바티스타 정권의 부패에 이의를 제기했다는 이유로 경찰에 체포되어 투옥되고 말았다. 이 불행한 경험이 박사의 관심을 정치로 이끌었고, 불과 14살의 나이에 혁명군에 참가해 공군 파일럿 훈련을 받았다. 하지만 끝내 의사의 꿈을 버리지 못한 박사는 식자교육운동에 참가한 뒤 아바나 의과대학에 입학해 페드로 코우리 연구소의 연구원이 되었다.

1983년 8월에 워싱턴에서 열린 전미건강기구의 국제회의를 통해서 에이즈 문제의 심각성을 알게 된 페레스 박사는 구할 수 있는 에이즈 문헌을 모조리 구해서 읽고는 최신정보를 얻기 위해 해외에 직원을 파견하는 등 에이즈 방지에 온힘을 쏟았다. 하지만 박사의 이런 노력에도 불구하고 쿠바도 에이즈 발생 자체는 막지 못했다. 1985년 12월, 모잠비크에서 귀국한 남성이 에이즈 환자 1호가 되고 말았던 것이다. 환자는 이미 입원해 있었지만 진단결과를 알면 자살할지도 모른다는 우려 때문에 본인에게는 병명을 알려주지 않고 있었다. 하지만 인간미 넘치는 페레스 박사는 사실을 알리고 "그렇다고 인생이 끝장나는 건 아니오."라고 격려했다.

환자 전원을 사나토리움에 강제수용

하지만 치료한 보람도 없이 환자는 다음 해인 1986년 4월에 죽는다. 그 달에 쿠바 정부는 국내에 에이즈 감염자가 이미 있다는 것, 그리고 감염 제1호 환자가 사망했음을 공표하고 전세계에 물의를 일으킨 독특한 '대(對) 에이즈 전략'을 전개하기로 했다.

그 전략을 상징하는 것이 아바나에서 몇 킬로미터 떨어진 교외의 해변에 자리잡은 로스 코코스라는 사나토리움이다. 그라운드의 잔디는 말끔하게 깎여 있고, 건물 페인트도 새로 말끔히 칠해져 있어 일종의 고급 리조트처럼 보이기도 한다. 에이즈 환자는 여기서 무료로 치료받고 있다. 입원 중에도 평소처럼 월급이 나오고 쇠고기, 아이스크림, 우유 등 고단백 고칼로리 영양식도 제공되고 있다. "이런 일은 쿠바 이외에는 전례가 없다." 1993년에 사나토리움을 방문한 미국 공중위생협회 시찰단은 이런 말로 놀라움을 표했다. 당시는 소련붕괴 후의 경제위기가 한창일 때였지만, 그럼에도 쿠바 정부는 에이즈 방지와 치료를 포함한 복지의료제도의 유지에 최선을 다하고 있었던 것이다. 하지만 일반 병원과 다른 점이 하나 있었다. 환자는 문병객과 면회는 할 수 있지만 집으로 돌아갈 수 있는 건 주말뿐이며, 여생을 여기서 보내는 것이 의무화되어 있다는 점이다.

페레스 박사가 세운 국가 에이즈방지 관리계획은 다음 4가지 프로그램에 토대한 것이었다.

① 많은 국민에게 에이즈 검사를 실시
② 사례를 역학적으로 연구하고, 파트너를 특정
③ 양성환자는 사나토리움에 입원시켜 전문적인 치료와 교육을 행하여 에이즈 감염을 방지
④ 방지를 향한 교육과 유효한 정책의 개발

표 2-2에 나타냈듯이 1986년부터 해외에서 귀국한 병사나 관광업, 해운업, 수산업, 항공산업에 종사하는 노동자, 헌혈자 전원을 대상으로 정부는 대대적인 검사를 실시해간다. 검사를 받을 건지 말 건지는 어디까지나 본인의 의지에 따르고, 검사를 받았는지 어쨌는지도 타인에게는 밝히지 않는 등의 배려가 이루어지는데, 나중에는 임신 초기 3개월인 여성, 입원환자, 수감자, 성병 환자로 검사대상이 확대되고 의심스러운 경우에는 파트너도 체크를 받았다. 그리고 양성반응이 나오면 임부에게는 인공유산을 권하고 환자 전원을 사나토리움에 강제수용했다.

이렇게 통제색이 강한 정책은 쿠바와 같은 사회주의 나라이니 가능하다고도 말할 수 있다. 정부는 막대한 검사 데이터를 집약할 수 있고, 그것이 감염봉쇄에 일조하기도 했다. 하지만 세계의 인권옹호단체는 맹비난을 퍼붓는다. 예를 들면 세계보건기구의 에이즈 글로벌 프로그램을 창설한 미국의 고(故) 조너선 맨 박사는 사나토리움을 '멋진 형무소'라고 부르면서 기본적인 인권을 무시한 정책이라고 혹평했다. 미국에서는 에이즈 환자는 건강보험을 잃거나 보험을 갖고 있더라도 일자리를 잃거나 주택까지 잃을 두려움이 있음에도 불구하고 쿠바의 방식은 미국적 가치관에서 보면 도저히 받아들일 수 없는 정책이었던 것이다.

표 2-2 쿠바 에이즈 대책의 역사

1986년 1월 : 국립 에이즈 연구소 개설
1986년 4월 : 산티아고 데 라스 베가스 에이즈 사나토리움을 개설. 환자 전원을 인터페론으로 치료하지만 행동은 제한
1986년 5월 : 헌혈자 전원과 1981년 이후 아프리카에 있었던 헌혈자 전원을 에이즈 검사
1986년 6월 : 에이즈 예방 캠페인 개시. 관광업에 종사하는 사람에게 검사를 권장
1986년 9월 : 1975년 이후 아프리카에서 일했던 사람들 전원에게 에이즈 검사를 실시
1986년 12월 : 국산 에이즈 진단 키트 생산 개시
1987년 : 성병을 가진 환자나 임신 1기인 여성의 검사를 의무시. 양성인 경우에는 인공유산을 권장
1988년 : SUMA 기술을 이용한 국산검사 키트를 도입

하지만 백스델 박사가 "페레스 박사는 에이즈에 대한 사람들의 두려움과 편견을 말끔히 털어주었다."고 높이 평가하고 있듯이, 비판을 받은 쿠바의 정책은 그 뒤로 새로운 방향으로 전개된다. 예를 들면 환자와 면회하려면 친족이나 친구들은 일부러 아바나까지 가야만 했다. 그래서 페레스 박사가 자택 가까이에 사나토리움을 짓자고 제안하여 전국 13개 주에 사나토리움이 개설되었다. 거기에 더해 정신과 의사, 사회복지사, 공중위생 전문가와 함께 환자의 직장복귀나 학교에의 복학이 가능한지 어떤지를 조사, 연구한다. 예상과 반대로 환자는 동료와 가족에게는 감염을 퍼뜨리지 않았다.

"말하자면 에이즈도 전염병의 일종이며 교육만 받으면 대부분의 환자는 타인에게 병을 옮기지 않는다는 것을 알았던 거죠."

페레스 박사의 강력한 주장에 따라 1993년 12월부터는 통원치료 프로그램이 시작되고 강제수용은 1994년에는 종말을 고했다. '에이즈와 더불어 어떻게 살 것인가', '약물요법을 어떻게 받을 것인가', '타인에게 옮기지 않으려면 어떻게 해야 하는가' 등에 대한 카운슬링이나 교육을 적어도 3개월 동안 사나토리움에서 받은 다음, 본인이 통원치료를 희망하면 전문가와 패밀리 닥터의 정기진단이나 특별한 영양보조식품을 받아가면서 자택 요양이 가능해졌던 것이다. 1995년 말에는 760명의 에이즈 환자 가운데 192명이 말기 증상을 보이지 않아 이 통원치료 프로그램에 등록되었다.

에어컨이 완비된 쾌적한 사나토리움에 머무는 환자도 있었지만 결과적으로는 입원환자는 꽤 줄어들어 2003년 9월에는 양성환자 60%가 통원치료를 택했다.

"이 자유선택이 가능해진 뒤로는 검사를 받으러 오는 사람도 많이 늘었죠."라고 페레스 박사는 그 성과를 인정하고 있다.

자력으로 에이즈 치료약을 개발

이야기를 돌리자. 사나토리움 정책은 비판을 받기도 했지만, 그것에는 쿠바 나름의 부득이한 내부 사정도 있었다. 첫째, 예전부터 감염 위험성이 있는 환자는 사나토리움에서 격리치료하는 관습이 있었고, 에이즈 환자도 똑같은 예로 취급되었다는 점. 둘째, 당시에는 사나토리움이 환자에게 제공할 수 있는 유일한 대책이었다는 점이다. 선진국에서는 에이즈의 조기치료에 AZT 등의 약제가 일반에게 주어진다. 하지만 대부분의 치료약은 미국의 제약회사가 특허를 갖고 있어서 값도 비싸고 가난한 나라는 좀처럼 수입할 수 없다.

쿠바의 경우는 심지어 경제봉쇄까지 겹쳐서 더더욱 힘들었다. 보건복지부는 1996년에 치료와 모자감염 예방용으로 치료약을 구입하여 1997년부터는 임신 중인 모든 양성 환자에게 ZDV를 제공하고 있는데, 1인당 연간 치료비가 14,000달러나 들었다. 연간 평균급여가 달러로 환산하면 240~360달러밖에 되지 않는 나라이므로, 이것이 얼마나 엄청난 액수의 치료비였는지는 짐작할 수 있을 것이다. 또한 혈중 바이러스량 진단 기기나 CD4 검출기를 확보하기도 힘들었다.

CD4란 면역기능을 담당하는 헬퍼 T세포의 표면에 있는 단백질인데, 바이러스가 이것과 결합하여 침입해 세포를 죽인다. 그러므로 CD4의 수를 세는 것이 치료에는 꼭 필요하지만 그 기기를 구할 수가 없었다.

경제봉쇄는 하이테크 기재뿐만 아니라 일상의 성생활에도 어두운 그림자를 드리웠다. 쿠바의 콘돔 수요는 연간 1억 2500만 개인데 1995년에는 2,300만 개밖에 입수할 수 없었다. 구입처는 주로 인도인데 미국에서 얻을 수 있는 것보다 3배나 비쌌다.

하지만 이런 물자부족 속에서도 의사들은 인터페론 투여의 임상연구를 계속해서 치료수준의 향상에 악전고투했다. 1997년 봄에 쿠바를 시찰한 미국의 팀은 이런 감상을 말하고 있다.

> "쿠바에서의 에이즈 치료수준은 타국과 동등하거나 그것을 능가하고 있다. 경제봉쇄에도 불구하고 양성환자 전원이 CD4 수치를 측정받고, 최신 프로테아제 저해제를 포함한 항 바이러스 치료제가 쓰이고 있다. 현재 미국에서 이루어지고 있는 치료수단을 모두 사용하고 있다."

치료약의 국산화를 목표로 1993년에는 백신개발에 착수해서 7종류나 되는 독자적인 치료백신을 만들어내는 데에도 성공했다.(주2) 2001년 봄부터는 모든 환자에게 약물요법이 실시되었고, 2003년 말에는 결핵치료를 받고 있는 중이라 에이즈 약물요법을 받지 못했던

그림 2-1 에이즈 사망 환자의 추이

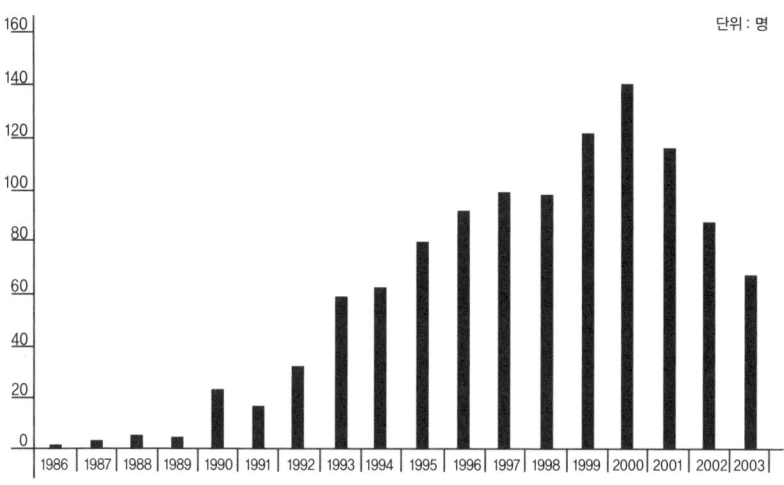

출전 : 페드로 코우리 연구소

표 2-3 에이즈 치료약의 개발

1987년 : ZDV를 치료약으로 권장
1988년 : 국가 에이즈환자 센터를 페드로 코우리 열대의학 연구소 내에 창설. 아지도타이미딘 치료를 개시
1989년 : 에이즈 바이러스 분석작업 개시
1993년 : 항 에이즈 백신 개발을 개시
1996년 : 국산 항 에이즈 백신의 제1차 임상시험 개시
1997년 : 양성인 임신 여성 전원에게 모자 감염을 막기 위해 아지도타이미딘 제공
1998년 : 국가에이즈 · 성병예방센터를 개설
2001년 : 환자에 대해 국산 항 에이즈 백신으로 치료 개시

9명을 뺀 1,292명의 양성 환자 전원에게도 치료약이 제공되었다. 이전의 평균 여명은 1.2년이고 사망률도 25%였지만, 그것이 7%까지 떨어지고 게다가 입원환자도 점점 줄어들어갔다. 1인당 연간 치료경비 역시 811~4,388페소(31~169달러)로 이전의 82~450분의 1로 줄어들었다.

관광외화라는 마약과 주민총참가에 의한 예방전략

"하지만 결과적으로는 에이즈와의 싸움에서 이기지 못했습니다. 관광이 최대의 위협입니다. 다른 어떤 부문보다도 관광부문에서 에이즈가 증가하고 있습니다. 별다른 이유도 없으면서 사람들은 콘돔을 사용하려 하지 않습니다. 에이즈를 남의 일이라고 생각하고 있는 겁니다. 사과처럼 달콤해보이는 여성이 독이 있을지도 모른다는 사실을 모르는 거죠." 하고 페레스 박사는 한탄했다.

1989년에는 에이즈 환자가 600명 이하였지만, 2002년 7월까지는 양성 환자가 4,214명까지 늘어났다. 게다가 대부분이 국내 감염으로, 가장 영향을 받은 것은 15~24살의 젊은이들이었다.

15년 전에 쿠바를 찾는 관광객은 연간 몇 천 명에 지나지 않았지만, 지금은 200만 명이 넘는다. 소련붕괴 이후 외화획득의 기둥으로써 관광산업에 힘을 쏟고 있는데 모든 여행자가 눈부신 카리브 해의 태양과 살사에 매혹되어 찾아오는 건 아니다. 해변에는 젊은 쿠바 여성을 옆에 낀 수많은 유럽의 중년남성이 떼지어 몰려든다.[주3]

관광객과 1시간만 보내도 한달 월급보다 많은 돈을 벌 수 있으므로 정부의 거듭된 단속에도 불구하고 성매매는 끊이지 않았으며, 그래서 에이즈만이 아니라 성병도 상당히 늘어났다.

거의 매일 밤 손님을 찾아서 아바나 만에 접한 말레콘 거리를 어슬렁거리는 여성은 "먹을 것을 살 돈이 필요해서요."하고 성매매 이유를 설명한다. 이전에는 거의 모든 생필품이 정부로부터 공급되었지만 경제위기로 배급량이 격감했다. 경제회복 후에도 관광객이 사용하는 통화인 'CUC'가 아니면 살 수 없는 물건이 늘어났다. 지금까지 에이즈와의 싸움에서 쿠바가 승리를 거둘 수 있었던 것도 개인의 자유보다 공익을 중시하는 사회였기 때문이었다. 하지만 자유화의 물결은 막을 수 없다. 이 난감한 상황을 쿠바는 주민참가형 예방 캠페인으로 맞서간다.

어느 토요일 아침, 아바나에 있는 셀로 지구의 중앙공원에서 아바나 의과대학 학생들이 댄스와 게임을 가르쳐주고 있다. 모두들 진이나 T셔츠를 입은 편한 옷차림이다. 두 대의 앰프에서는 흥겨운 살사 음악이 흘러나오고, 아이들이나 청소년들에 섞여서 의학생들도 함께 춤을 추고 있다.

1시간 정도의 댄스가 끝나자 제1장에 등장한 펠릭스 산소 의사가 "섹스에 관심이 있는 사람들은 벤치로 모이렴. 너희들의 질문에 답을 해주마." 하고 불러모은다. 젊은이들이 모이면 의대생이 천천히 콘돔 상자를 열고 섹스에 대해서 설명을 시작한다. 입을 사용해서 어떻게 손가락에 콘돔을 씌우는지를 보여주자 한 무리의 꼬마들이 흥미진진해 하면서 흉내를 내고 싶어한다. 아직 사춘기도 채 되지 않은 소녀가 콘돔을 갑자기 잡아채서는 허리띠 밑에 그것을 붙이고 사람들 앞에서 자랑해보인다. 산소 의사는 그 곳에 있던 모든 사람들에게 콘돔을 건네주고는 아이들이 놀 수 있도록 나머지는 불어서 터뜨려보였다.

이런 식의, 아이들과 젊은이들이 하나가 되는 명랑한 이벤트가 쿠바식 코뮤니티에서의 에이즈 교육이다.

국가 에이즈방지 관리계획은 원래부터 예방을 중시하고 있었지만 성매매 증가를 계기로 더욱 예방책을 중요시한다.

그 중 하나는 인재육성이다. 전문적인 3차치료는 연구소 단계에서 행해지는데, 사나토리움이나 주 병원, 시군구 병원에서의 이차치료, 패밀리 닥터에 의한 일차진료도 대처 가능하도록, 본격적인 교육이 페드로 코우리 열대의학 연구소에서 1998년부터 시작되었다. 2001년 전반까지는 700명 이상이 교육을 받았고, 의과대학에도 에이즈 치료강좌가 개설되어 2003년 9월까지는 국내의 169곳 모든 시군구

에이즈 교육의 성과를 말하는 마리아 빅토리아 의사. 피날 델 리오 시내의 패밀리 닥터 의원에서.

단계에서 의료 관계자가 교육을 받았다. 그리고 임상 데이터도 컴퓨터상에서 데이터 베이스화되고, 페드로 코우리 열대의학 연구소에 집적된 제도도 정비되었다. 검사도 계속되며 그 수는 매년 약 150~160만에 이른다.

1996년에는 아바나에 전국 성병・에이즈방지센터가 창설되어 코뮤니티 수준에서 안전한 섹스방법이 보급되고 에이즈 환자들도 자신들의 경험을 각 집회나 진료소, 사나토리움에서 공유해간다. 텔레비전에서도 에이즈예방 프로그램이 방영되어 양성 검사결과가 나온 환자가 인터뷰에 등장했다. 원래 부끄러움을 잘 타지 않는 국민성도 있겠지만 이런 일이 가능한 것도 에이즈에 대한 편견이 사라졌다는 증거라고 말할 수 있을 것이다.

미국 국립 알레르기 감염병 연구소의 모니카 루이스는 쿠바의 대처를 다음과 같이 평가한다.

> "그것은 나라가 위험관리의 기둥이 될 수 있다는 사례입니다. 각국의 대응은 다양했지만 쿠바의 사례는 정치적인 의지가 있어야만 한다는 것을 보여주고 있습니다."

유엔 에이즈합동 계획의 피터 피오트 박사도, "쿠바가 국민에게 에이즈 검사를 하거나 감시를 하고 있을 때 우리의 견해는 크게 달랐습니다. 하지만 거기에는 존경할 만한 가치가 있습니다." 하고 나중에 그 선견지명을 평가하고 있다.

에이즈 방지는 자금이나 인프라도 당연히 필요하지만, 먼저 정치적인 대응책의 유무에 성패가 달려 있다. 정부가 확고한 신념만 갖고 있다면 쿠바처럼 가난한 나라라도 에이즈 예방은 충분히 가능하다. 그 사례를 다양한 예방책을 통해서 구축해보인 페레스 박사는 이렇게 말한다.

"오랫동안 맡았던 환자는 친구같은 존재이며, 환자가 죽는 것은 가족을 잃는 것과 같습니다. 쿠바는 경제위기로 힘들었지만, 훨씬 더 슬픈 일은 교육과 치료를 받지 못하는 많은 나라를 에이즈가 황폐화시키고 있는 것입니다. 제약회사는 인민의 목숨 위에 부를 쌓아올리고 있습니다. 그들도 이익을 올려야만 한다는 건 알고 있지만, 그것과 이것은 별개입니다."

그러므로 쿠바는 성과를 자국 내에 그치지 않고 타국과 공유하려 하고 있다. 2004년에 아바나에서 열린 카리콤(CARICOM, 카리브 지역 경제 공동체)에서는 저렴한 쿠바산 에이즈 백신을 판매하고, 예방과 치료 전문가를 파견하는 것에 더해, 각국에 에이즈 예방 트레이닝 센터를 건설하고 심지어 쿠바 내에서도 매년 50명의 유학생을 무료로 교육하고 싶다는 제안을 하여 열렬히 받아들여졌다.

지금까지 보아왔듯이, 쿠바의 에이즈 대책도 그밖의 다른 병과 마찬가지로 코뮤니티에 뿌리를 둔 예방대책과 고난도 하이테크 기술을 구사한 백신이라는 얼핏 이질적인 2단 구조의 대응책이 얽혀 있다. 그리고 경제위기는 이것과는 다른 하이테크와 로테크의 뜻밖의 조합을 쿠바의료에 가져왔다.

주1 – 일라이저법(ElISA=면역효소 항체법). 혈액 속에 항체가 없으면 음성으로 에이즈 바이러스에 감염되지 않았다는 말이 된다. 양성반응이 나오면, 감염되어 있을 가능성이 있다.

주2 – 먼저 만들어진 것이 zidovudine(ZDV)이며 이것에 lamivudine(3TC), stavudine(D4T), zalcitabine(DDC), didanosine(DDI)와 indinavir(IDV)의 생산이 이어졌다. 현재는 nevirapine(NVP), abacavir(ABC), efavirenz(EFV), nelfinavir(NFV)가 평가되고 있다.

주3 – 성매매는 여성만이 아니다. 현지 여행사 직원은 젊은 일본 여성 여행자가 '쿠바의 흑인 숫총각을 사고 싶은데, 가격이 어느 정도인지' 묻는 질문에 곤혹스러웠던 적이 있었다고 한다.

III. 대체의료와 전자정보 네트워크

GNP 마이너스 35%. 세계공황에 버금가는 경제위기 속에서 쿠바의 의료를 지킨 것은 대담한 대체의료의 도입과 리눅스 OS를 통한 그 기술의 보급이었다.

오픈 소스로 전세계에 의료정보를 무료로 계속 발신해온 쿠바는, 또 하나의 웹2.0 혁명의 진원지일지도 모른다…….

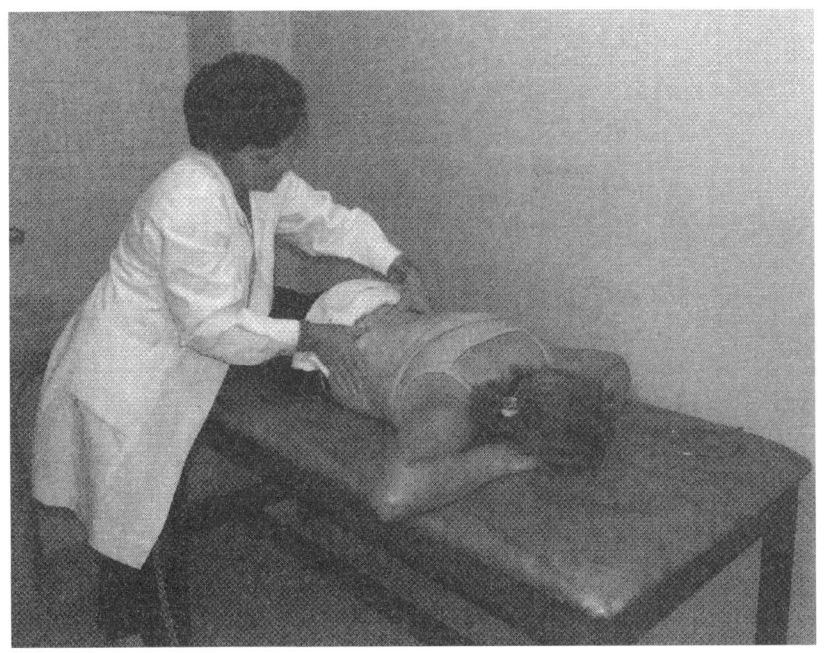

마사지 치료를 받는 환자. 플라자 데 라 레볼루시온 지구진료소의 풍경.

1. 침뜸, 허브, 자연식, 기공, 요가

경제붕괴 속에서 태어난 대체의학

　자석을 붙인 소파에 체격이 좋은 아주머니가 느긋하게 앉아 있다(다음 쪽 사진 ①).

　"매일 20분은 이렇게 하고 있어요. 발에 종양이 생겨서 아파서 잠을 못 잘 정도였는데, 덕분에 편하게 잠들 수 있게 되었죠." 이 자석은 미사일 선단에 붙어 있던 것을 군에서 조달한 것이라고 한다.

　병실에서 간호사가 물에 갠 진흙을 주걱으로 발에 칠하고 있다(다음 쪽 사진 ②). 다 칠하자 환자는 환부를 양지바른 창을 향하더니 말리기 시작한다.

　"발을 삐어서 진흙요법을 받고 있어요. 이 진흙에는 유황 성분이 들어 있어서 여드름이나 헤르페스 치료에도 효과가 있죠."

　옆 병실 벽에는 '기'의 흐름을 묘사한 경락도가 붙여져 있고 귀와 어깨, 등, 허리 등에 몇 개의 침을 꽂은 환자가 침대에 누워 있다(다음 쪽 사진 ③). 그 옆에는 간호사가 다른 환자의 귀의 뜸자리에 정성껏 침을 꽂고 있다. 경락도나 음양을 뜻하는 '태음대극도'는 병실만이 아니라 대기실이나 복도 여기저기 벽에 붙여져 있다.

　아바나에서 자동차로 동쪽으로 2시간. 항구도시 마탄사스 시에 있는 이 자연·전통의료전문 진료소가 설립된 것은 1994년의 일이다.

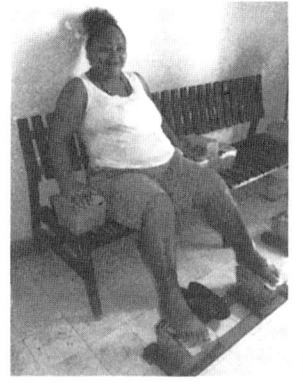

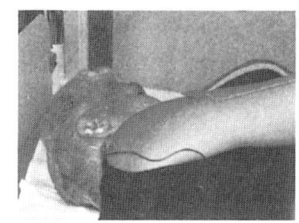

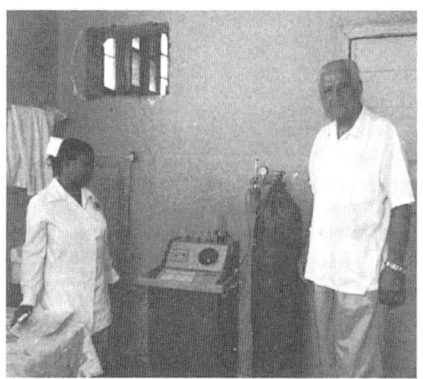
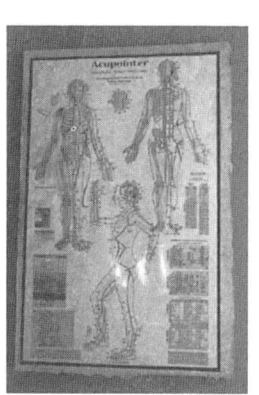

오존요법에 쓰이는 오존생성장치를 설명하는 아코스타 박사 (오른쪽). 입이나 항문, 혈액을 통해 주입하며, 당뇨병, 천식, 면역에 효과가 있다고 한다.

기의 흐름을 묘사한 경락도.

진료소 설립에 관여하고 지금도 이 진료소에서 일하고 있는 우벤티노 아코스타 박사(76살)는 이렇게 말한다.

"처음에는 곤혹스러웠죠. 원래 저는 마탄사스 주에 있는 대학병원의 비뇨기과 과장이었거든요. 하지만 자연·전통의료만을 전문으로 하는 진료소를 전국 각 주에 설립하라는 지시를 받고 마르코스 디아스 박사 등과 함께 새로운 의료분야의 개발에 몰두했습니다. 그리고 진료소는 자연·전통치료의 최초의 모델이 되고, 고혈압 환자를 28%에서 24%로, 당뇨병은 5%에서 3%로 줄일 수 있었습니다."

아코스타 박사는 대체의료의 개척자로 저명한데 지금은 피날 델리오, 비야 클라라, 올긴, 산티아고 데 쿠바 등 각 주에 똑같은 진료소가 있고, 게다가 병원에서 긴급치료를 받거나 근처의 진료소에서 건강진단을 받는 중에도 대체의료에서의 치료가 이루어지고 있다고 한다. 예를 들면 아바나 시내의 오르토페디코 병원에서도 골다공증이나 관절염 치료에 진흙요법, 마사지, 침요법이 사용되고 있다. 피부과 병동에서는 심한 화상에서 여드름까지, 해초를 활용한 치료가 행해지고, 진찰을 기다리는 동안 통증을 누그러뜨리기 위해서 간호사가 뜸자리를 누른다.

쿠바에서는 '지압'이 일상용어처럼 사용되고 라디오나 텔레비전에서는 뜸자리에 대한 프로그램도 방송되고 있다. 초등학교에서는 아이들이 알로에, 캐머마일, 민트 등의 재배 방법이나 약용식물의 다양한 용도를 배우고 있다. 전국 각지의 병원이나 진료소에는 허브 약품을 취급하는 전문약국도 있다.

다양한 임상실험도 진행되고 있다. 오르토페디코 병원의 연구조사에 따르면 골관절염, 십이지장 궤양의 통증을 멎게 하거나 수술의 마취제 대체품으로 침치료가 시험되어 2000년에는 아바나에서만 해도 1,412번의 수술에 침치료가 이용되어 성공을 거두었다고 한다. 아바나의 디에스 데 옥투브레 지구진료소에는 호메오파시에 의한 고혈압 치료연구가 4개월간 실시되었는데 호메오파시 요법만으로도 82%가 정상수준으로 혈압이 떨어졌다. 참고로 호메오파시란 19세기 초반에 독일의 의사 자무엘 하네만이 창안한 요법인데, 원액을 조금씩 희석해가면서 원래 분자가 없어질 정도로 희석하면 최강의 의약품이 만들어진다는, 근대과학에서는 도저히 이해할 수 없는 '무한소(無限小)의 법칙'에 바탕을 두고 있다.

정신병 치료에도 대체의료가 활용되고 있다. 아바나의 정신병원 특별치료부에서는 이 분야의 제1인자인 페드로 사스토리케스 부장과 케소니아 로페스 박사가 '통합적 에너지 평가'라고 불리는 신경학적 진단법을 개발했다. 환자의 감정과 육체면에서의 병의 관련성을 알고, 의사가 최선의 대체요법을 결정하는 데에 일조하고 있다고 한다.

2000년에는 아바나에서 '제1회 얼터너티브 의료국제회의'(BIONAT2000)가 개최되었다. 이 회의 개최에 관여한 이가 아코스타 박사와 함께 대체요법의 개발에 관여한 국제신경회복센터의 마르코스 디아스 동양의학부장이다. 현재 자연전통의료협회 회장을 맡고 있는 박사는 대체의료가 등장한 당시 상황을 이렇게 기억한다.

"갑자기 우리 지구를 통틀어서 모르핀이 딱 2회분밖에 없는 상황에 처했지요. 침요법을 마취에 사용해서 수술하는 것말고는 달리 아무 방법이 없었던 겁니다. 서양의학과 비교하면 경시되고 있긴 했지만, 대체의료가 존재했던 게 다행이었죠."

침이나 지압은 베트남이나 중국에서 동양의학을 배운 의사들이 귀국 후에 보고듣거나 체험한 것을 전한 데에서 사람들의 관심을 끌기 시작했다. 디아스 박사는 주식이라고 해봤자 부이용(쇠고기를 재료로 진하게 끓인 고기국물)이나 허브 스프밖에 없는 가운데, 설탕물을 마셔서 주린 배를 달래고 기운을 유지하면서 매일 16시간동안, 평균 80명이나 되는 환자에게 침을 놓았다. 모르핀뿐만 아니라 진통제, 항염증제, 항생물질, 비타민제 등등이 아무 것도 없는 가운데, 침마취를 함으로써 심장병과 당뇨병의 합병증, 급성천식 환자 등을 구해냈던 것이다.

당시는 물도 부족하고 정전이 12시간이나 계속되어 교통도 마비되었기 때문에 중국에서 200만 대나 되는 자전거가 긴급수입되었다. 평소라면 사이클은 건강에 아주 좋은 운동이다. 하지만 굶주린 사람들에게는 도저히 권할 만한 것이 아니다.

"칼로리가 대폭 떨어져 있는데 운동량이 늘어난 것이므로 모두 건강상태가 아주 위험해졌습니다. 식사를 아예 못하거나 변변히 먹지도 못한 채로 출근하기 위해 몇 킬로미터를 걷거나 자전거를 타거나 하고 있었던 겁니다."

경제위기의 영향은 현재는 많이 완화되었다. 그렇지만 지금도 사라진 건 아니다.

"예를 들면 얼마 전에 내시경이 고장났습니다. 간단히 수리할 수 있을 거라 생각하시겠지만 이 끄트머리의 작은 부품은 미국제예요."

사소한 부품까지도 미국에서는 수입할 수 없고, 해외에서 구입할 수는 있다 해도 봉쇄가 없었을 때보다 시간이 서너 배는 더 걸린다. 이런 의약품이나 물자부족 속에서 쿠바인들이 만들어낸 것이 서양의료와 대체의료를 통합한 시스템이었다.

근대의료와 대체의료의 통합

1991년 알프스의 빙하 속에서 5300년 전의 신석기시대의 냉동시체가 발견되었다. '아이스맨'이라고 이름붙여진 이 남자의 시체에는 기묘한 특징이 있었다. 검사를 해보니 동맥경화나 요추관절염, 소화기 질환 등의 병력이 있었음이 판명되었는데, 몸의 열다섯 군데에 뭔가를 찔렀던 흔적이 있고, 그 가운데 아홉 군데가 뜸자리와 일치했던 것이다. 시체를 연구한 독일의 프랑크 바르 박사는 "지금 아이스맨이 침을 놓아달라고 하더라도 이것과 같은 뜸자리에 침을 놓을 것이다."라고 말하고 있다. 아무래도 인간은 석기시대부터 침치료의 원리를 알고 있었던 것 같다.

대체의료는 의약품에 너무 의존했던 근대의료를 반성하고 묻혀 있던 세계 각지의 전통적인 요법을 재평가하는 운동으로 1980년대에 미국과 영국 등에서 시작되었다. 중국의 한방이나 인도, 티베트의 아유 베다로 대표되듯이, 세계 각지에는 다양한 전통적인 요법이 있다. 쿠바에도 허브를 의약품으로 이용해온 오랜 전통이 있으며 1960년부터 의사들이 침을 사용하기 시작했다. 하지만 혁명 후의 의료제도는 어디까지나 서양의료를 모델로 발전해왔기 때문에 허브나 침요법은 주류가 되지 못해 체계적으로 활용되지 않았다.

보건복지부가 최초로 전통의료에 관한 계획을 세우고 허브요법을 과학적으로 연구하게 된 것은 1980년대 후반 이후였다. 그리고 긍정적인 결과를 얻은 데에다, 소련권 붕괴와 미국의 경제봉쇄의 강화가 계기가 되어 전통의료는 더욱 각광을 받게 된다. 1991년에 보건복지부는 '2000년을 목표로 한 국민의 건강증진에 대한 의료 가이드라인'을 작성해서 종래의 복지의료 제도를 개혁하기 위한 다섯 가지 전략을 세웠는데, 그 가운데 하나로 전통적인 약초(허브)요법의 중시를 내세웠다.

다음 해인 1992년에는 레온시오 파드론 박사의 지도 아래 보건복지부 안에 자연·전통의료 추진을 위한 전문 부국이 설치된다. 2006년부터 파드론 국장의 업무를 물려받은 난시 카브렐라 박사는 이렇게 말한다.

"저는 원래 미생물학이 전문이라 항생물질을 연구하고 있었죠. 그리고 약제내성균 문제를 해결하기 위해 자연·전통의료에 관심을 가졌어요."

카브렐라 박사가 말하는 약제내성균(藥劑耐性菌)이란 쉽게 말해 '항생물질로는 죽지 않는 균'이다. 일본에서는 1952년에 처음으로 약제내성을 가진 적리균이 발견되었는데, 1960년 중반에는 일본 적리균의 80%가 약제내성균이 되고 말았다. 메티실린 내성황색포도구균, 반코마이신 내성황색포도구균, 다제내성결핵균 등, 차례로 새로운 약제내성균이 출현하고, 결핵 등 이미 치료법이 확립되고 극복되었다고 여겨졌던 병도 치료가 곤란해지고 있다. 대체요법은 극히 현대적인 과제인 것이다.

"이전부터 원주민도 허브를 이용해왔고, 호메오파시도 19세기부터 쓰이고 있었습니다. 그 뒤, 아시아에서 동양의학 기술도 들어옵니다. 경제위기 이후에는 그것들이 각지에서 연구되었습니다. 하지만 공식적으로 실시하는 계획은 없었죠. 그래서 1995년에 전국의료제도에 자연·전통의료를 넣으라는 지침이 내려지

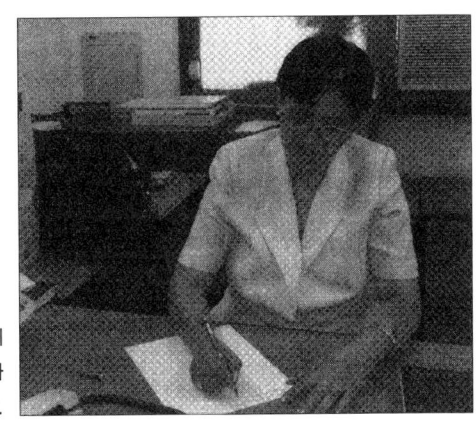

인터뷰 도중에도 틈틈이
결재 서류에 사인을 하는 카브렐라
자연·전통의료국장.

고 1997년에는 '자연·전통의료전국개발·보급계획'을 세웠습니다."

이 계획은 대체의료를 이렇게 정의하고 있다.

"전문적 의료에의 자연·전통의료의 통합은, 단순히 경제적 요인에 의한 과제해결을 위한 대체수단으로서가 아니라, 그 과학적 메리트에서 전통적인 과학으로서 항구적인 기초연구가 이루어져야만 한다. 그것은 전통적인 아시아의 침, 뜸, 마사지, 운동, 최면이나 릴렉스 기술, 자연식, 다이어트 요법을 포함, 신성한 방법으로 병이나 상처를 막고, 치료하고, 건강을 증진하는 의학이다."

계획은 ① 인재육성, ② 연구개발, ③ 전국 의료제도에의 통합, ④ 자연·전통적 의약품의 생산, 공급과 추진방향을 정하고, 각 부문에서 앞으로 짜여져야 할 상세한 실시계획을 내세웠는데, 그 범위는 허브, 침, 호메오파시에 더해 온열요법(유황온천 입욕과 광물진흙욕), 신경·미네랄요법, 자연식품, 요가, 전자기 레이저 치료, 오존치료, 자기(磁氣)의 활용 등 아주 폭이 넓다.

대체요법 박람회

2004년 7월에는 올긴 주의 마리아나 그라할레스 코에조 의과대학에서 「제5회 국제전통 자연의료 · 생명 에너지 회의」가 열렸는데, 그 테마를 살펴보면 그야말로 대체의료의 박람회라고 말할 수 있음을 알 수 있다.

자연 · 전통요법이라는 표현이 상징하듯이, 대체의료는 크게 나누어 경제위기를 계기로 부활한 전통적인 것과 해외에서 도입된 요법의 두 가지가 있다. 온열요법이나 허브요법은 전자로, 국내에 40개 이상 있는 온천은 스페인 식민지 시대인 17세기부터 알려져 있었다. 하지만 만성 류머티즘이나 피부병에 효과가 있다고 재평가되어 보건복지부가 온천의 미네랄 성분의 특성과 임상효과를 연구하기 시작했다. 허브도 텔레비전이나 라디오를 통한 보급계발 캠페인과 더불어 자연 · 전통의료국이 중심이 되어 재배방법이나 활용법을 제시하고, 과학적 연구를 진전시키고 있다. 1992년 이후 보건복지부는 233개의 약품과 15개의 약리활성 분말도 승인하여 32개의 연구실과 86개의 약국에서 자연약품이 생산되고 있다. 약용식물의 재배나 생산은 고용창출로도 이어지고 있다.

동양의학으로부터 수입해온 것이지만 현재 쿠바에는 의과대학 정식 수업과목에 침치료가 들어 있듯이, 프로그램을 통해서 전국의 패밀리 닥터에게 보급되어 있다. 전문교사를 양성하기 위한 커리큘럼을 살펴보면 자율신경계의 움직임부터 뜸과 다이놀핀(대뇌에서 분비되는 호르몬의 일종. - 옮긴이) 등의 신경전달 물질과의 관계, 자연치유론, 기(氣), 도(道), 음양오행설, 오장육부론, 맥진, 경락 등의 이론면에서부터, 쑥을 이용한 뜸이라든지 레이저를 이용한 침치료, 귀,

얼굴 등의 국소적인 뜸과 신체 전체와의 관계 등 내용이 아주 충실하다.

　인도의 요가도 보급되어 있다. 인도의 고전『배가버드 기타』가 19세기 중반에 번역되고, 인도 출신의 요기인 요가난다 파라마한사가 미국에서 시작한 자기실현협회 쿠바 지부도 1957년에 만들어졌다. 현재 요가보급에 힘쓰고 있는 곳은 에두아르도 피멘텔 회장이 이끄는 쿠바 요가협회인데, 1999년에 아바나 시와 공동으로 요가 페스티벌 '우리들 마음의 경제봉쇄를 철폐하다'를 개최했고, 그때 열린 국제회의에서는 미국의 요가교사인 마리 페퍼드가 워크숍을 행하기도 했다. 이것이 상당히 좋은 평가를 받아 참가한 의사나 보건복지부 관료는 "우리가 목표로 하는 예방의료나 지속가능한 의료제도에 요가가 어떤 식으로 조화롭게 섞여들 수 있을지 흥미롭다."고 말했다고 한다.

　텔레비전이나 라디오에서도 요가 프로그램이 방송되고 지구진료소에도 요가교실이 있다. 아코스타 박사도 마탄사스의 자연 · 전통

아바나 시내에 있는
전통적인 허브약품 취급 전문약국.

의료에서도 치료의 일부에 요가를 이용하고 있고, 명상이나 기공이 스트레스 해소에 유용하다고 평가한다.

자연식에 주목하다

　수입된 것 중에는 자연식 '마크로비오티크(Macrobiotique, 채식, 유기농 작물을 이용한 식사 등 식생활을 이용한 장수 건강법. – 옮긴이)'도 있다. 마크로비오티크란 조지 오사와(마크로비오티크의 창안자인 사쿠라자와 유키카즈의 미국식 이름. – 옮긴이)가 퍼뜨린 자연식 운동이다. 핀라이 연구소의 콘셉시온 캄파 소장은 경제위기가 한창일 때에 영양실조로 신경증이 발생한 일을 계기로 병과 먹거리의 관계에 관심을 갖게 되어 자연식 연구를 시작했다. 연구소에서는 이탈리아나 일본의 마크로비오티크 전문가가 지도를 행하고 있다. 연구소의 영양학 전문가 카르멘 폴라타 박사는 이렇게 말한다.

> "요즘 병은 동물성 지방을 많이 섭취하고 채소나 콩은 잘 섭취하지 않는 식생활과 관계가 있습니다. 건강한 먹거리를 고르는 것이 마크로비오티크의 원칙입니다. 당뇨병에서는 1년에 아이의 혈당치가 69% 떨어지고 성인이라도 24%가 떨어지는 성과를 얻었으며, 환자의 81%가 약을 끊고 입원을 하지 않아도 되게 되었습니다."

　쿠바에서는 많이 걸리는 순서대로 병증을 꼽으면 당뇨병이 8위를

제5회 국제전통 자연의료·생명 에너지 회의의 테마

항목	내용
신경치료의 실천과 매커니즘	통증을 억제하고 신경기능을 조화시키기 위해서 침 치료와 비슷한 침을 이용한 새로운 신경치료법
신체 에너지	신체 에너지의 물리적인 형상과 자연·전통요법의 치료 매커니즘과의 관계
바이오 에너지 심리학	바이오 에너지 필드, 특히 중국의료에서의 마음과 몸의 연관에 대한 과학적인 접근
중국의료에 의한 중독치료	약물, 알코올, 담배의존증의 치료로서의 귀의 5군데 뜸의 활용
정신신경면역학과 기공	기공에 의해 뇌 내에서 생산된 신경자극물질의 건강에의 효과
추나와 사시	중국의료에서 이용되고 있는 마사지를 유아들 사시 치료에 활용
호메오파시의 과학적인 기초	검사하여 알아낼 수 있는 바이오 에너지와 호메오파시의 힐링 효과
애버리지니의 전통의료와 오스트레일리아의 허브	설사, 열, 전염병, 기생동물, 간염, 말라리아 등의 질병을 치료하기 위해서, 오스트레일리아의 애버리지니(오스트레일리아 원주민) 치유사가 이용하는 다양한 식물들의 역할
요가의 활용	요가의 역사와 인스트럭터 양성에서의 쿠바 요가협회의 역할

주) 추나는 중국은 물론, 국제적으로도 주목받고 있는 손만을 사용하는 자연요법으로, 뭉침이나 통증 해소는 물론, 후천성 사시, 눈의 피로 등에도 효과가 있다고 여겨지고 있다.

차지하는데 마크로비오틱을 실천함으로써 그것이 줄어들었다고 한다.

"천식 환자도 이미 1,500명을 치료하고 있는데 80%에게 효과가 나타났고, 어떤 환자는 네 종류의 약품을 복용하고 있었는데 반 년만에 1.4종류, 1년만에 0.8종류까지 줄어들었습니다."

마크로비오틱은 보건복지부가 힘을 쏟아 보급하는 데까지는 이르지 못했지만 캄파 소장은 '약과 음식은 같은 것'이라는 의식동원(醫食同源)의 관점에서 이렇게 주장한다.

"진정한 보건복지부는 결국 농업부라고 말해도 과언은 아닙니다. 왜냐하면 건강은 먹거리에서 비롯되니까요."

나는 핀라이 연구소에 딸린 자연식 레스토랑에서 이탈리아산 매실장아찌를 대접받은 적이 있는데 플라자 데 라 레볼루시온 지구진료소의 페드로 폰스 부원장도 이런 발언을 하고 있다.

"일본의 식생활은 아주 훌륭합니다. 콜레스테롤도 적고 심장에도 좋지요. 그래서 우리도 채소식 보급운동을 하고 있습니다. 미국조차도 일본 식단에 주목하고 있습니다. 하지만 일본은 기껏 있는 전통을 잃고 식생활이 미국화, 맥도널드화하고 있다죠."

대체의료 철학

하지만 미국은 패스트푸드 대국인 동시에 대체의료 선진국이기도 하다. 일본에서 대체의료 선진사례로 소개되는 것은 대부분 미국의 예다. 하지만 앞의 제5회 국제회의에 참가한 미국의 시찰단원은 다음과 같은 소감을 남기고 있다.

"쿠바에 와보기 전까지만 해도 의료분야에서의 업적을 극히 조금밖에 몰라서 제도는 소련형일 것이라고 생각했습니다. 저는 패밀리 닥터인데, 쿠바 의료제도의 기초가 코뮤니티의 진료소에 있고 서양의학과 전통의학이 통합되어 어디서든지 자연·전통 의료를 이용할 수 있는 것을 눈으로 보고 아주 깊은 감명을 받았습니다."

대체의료는 2003년 단계에서도 이미 병원의 25%와 응급외래의 22%에서 이용되고, 침마취만으로도 치과에서는 29%, 외과에서는 8.7%가 활용되고 있는데 카브렐라 국장은 그 뒤로도 해마다 발전하고 있다고 말한다.

"바로 얼마 전에도 전국 각 주의 실태조사를 다녀왔는데 화학약품보다 좋은 치료결과를 얻었으므로 적극적으로 보급하고 있습니다. 일차진료 단계에서도 거의 30%는 사용되고 있습니다. 유방암 수술처럼 힘든 수술에도 9.6%는 침마취를 사용하고 있고 치과에서는 35%가 대체요법입니다."

플로리다의 마이애미에서 대체의료에 힘쓰고 있는 침구사 랠프 알렌 델은 쿠바의 침구보급에도 관여해왔는데, 미국과의 차이를 이렇게 지적한다.

"쿠바인들은 배운 것을 재빨리 흡수하고 창조적으로 살리기 때문에 원래 그것이 제 아이디어였다는 것도 잊어버릴 정도입니다. 게다가 모든 것을 최대한으로 활용하고 있죠. 10년 전에 제가 기증한 한 권의 책이 마탄사스의 진료소에서는 교과서가 되었지요. 여기엔 쓸모 없는 게 없습니다. 쿠바가 낳은 의료는 다른 나라들에서도 받아들여질 수 있는 모델입니다. 심지어 쿠바에는 진짜 의료가 있습니다. 왜냐하면 여기서는 병을 낫게 하는 것이 비즈니스가 아니니까요."

쿠바가 대체의료에 몰두하기 시작한 직접적인 계기는 소련붕괴와 미국의 경제봉쇄다. 그것 때문에 이전에는 풍부했던 의약품과 의료기기가 없어졌기 때문이었다. 하지만 경기가 회복된 뒤에도 보급이 진전되고 있는 이유는 딱 하나, 바로 생태(에콜로지)와 자연치유력을 중시하는 대체의료의 철학이 쿠바의 의료사상과 딱 맞아떨어지기 때문이다. 지금까지 몇 번이나 등장해온 '의료는 돈벌이 수단이 아니다' 라는 철학을 대체의료 현장에서도 듣게 되었다.

"선진국에서 부자는 의약품을 사용할 수 있지만, 아주 고가입니다. 값싼 대체의약품은 우리들 개발도상국에 좋은 진료라고 생각합니다. 인간은 자연의 일부입니다. 인간에게 중요한 것은 자연 의약품이죠. 그리고 가장 중요한 건 예방이구요. 라이프 스타일이 좋아지면 병이 생기지 않습니다."

카브렐라 국장이 개발도상국을 위한 대체의료의 필요성과 중요성을 지적하고, 아코스타 박사도 태음대극도를 가리키면서 이렇게 주장한다.

"쿠바 건국의 아버지 호세 마르티는 예전에 이렇게 말했습니다. '라 메호르 메디시나 에스 라 케 프레비에네*La mejor medicina es la que previene*', '최고의 의료는 예방이다' 라는 뜻입니다. 인간은 자연의 일부입니다. 식물도 자연의 구성요소 가운데 하나입니다. 그러므로 인간이 자연의 식물을 사용하는 것은 아주 자연스러운 일입니다. 서양의 아로패틱(대증요법) 의료는 대성공을 거두어 많은 병을 낫게 했습니다. 하지만 물론 한계도 있습니다. 양쪽을 모두 적절하게 함께 사용하면 더욱 좋은 결과를 얻을 수 있는 거지요."

자연 의약품은 비재생 물자에 대한 의존도가 낮고 사람이나 환경에게 해도 적다. 서양의료의 장점을 살려나가면서 전통의료와 통합한다는 쿠바의 대처는 제약회사를 제외한 전 인류를 위해 유용한 일일 것이다. 사실 쿠바의료는 개발도상국의 '본보기'가 되어가고 있다. 유엔은 세계에서 가장 중요한 5대 프로젝트의 하나로 쿠바의 자연·전통의료의 개발을 선택했다.

2. 쿠바의 의료정보 혁명

종이 없는 사회가 낳은 컴퓨터 네트워크

　인터넷에서 「그란마」라는 단어를 치면 쿠바 공산당 기관지 「그란마 인테르나시오날」 웹 페이지가 나온다. '그란마' 란 스페인어로 '할머니' 라는 뜻이다. 1956년 12월, 멕시코에 망명해있던 카스트로는 체 게바라 등 81명의 동지들과 함께 「그란마 호」에 올라타고 쿠바에 재상륙해서 혁명을 성공시켰고, 그것을 기념하여 이 낡은 중고 요트의 이름을 기관지명으로 붙였다.(주1) 하지만 소련붕괴로 쿠바는 심각한 종이부족에 직면한다. 제지용 펄프수입은 0, 종이나 종이상자도 계약수입량 22만 톤이 400톤밖에 오지 않았다. 그래서 「그란마」조차도 제대로 발행되지 못하게 되었다.

　의료수준을 유지하려면 전문지식이 꼭 필요하다. 어떤 연구나 발견이 이루어지고 어떤 최신기술이 개발되고 있는가, 전 세계의 최신기술정보나 지식을 모아서 의사와 연구자, 의대생들이 서로 공유하는 일이 꼭 필요하다. 그것은 쿠바도 마찬가지다. 정보수집을 향한 대처는 모스크바 의학연구·정보연구소의 협력을 얻어 아바나 대학 의학부나 공중위생부가 의료관련 서적이나 잡지를 수입하는 일에서 시작되었다. 1965년에 보건복지부는 전국 의료과학 정보센터를 설립하고 1969년에는 각 주 단계에서도 의료정보센터가 세워지고, 이

후로 의료문헌의 수집과 출판을 한꺼번에 받아들여간다. 센터는 대량의 의학잡지와 전문서를 수입·배포함과 동시에 25개의 의학잡지를 출판하여 의료관계자나 의대생들에게 세계의 최신 의학지식을 제공해왔다.

하지만 경제위기 속에서 센터의 경비는 100만 달러에서 3만 5천 달러까지 삭감되고 출판용 종이부족까지 겹쳐서 그 기능이 사실상 마비되고 말았다. 돈도 없고 종이도 없다. 이 비상사태에 대한 대책으로 센터가 생각해낸 것이 종이 대신에 전자매체로 정보를 제공하자는 것이었다.

환경문제와 정보공학의 1인자인 쓰키오 요시오(月尾嘉男) 도쿄대 명예교수는 축소문명론을 제창하고 있는데, 그 열쇠의 하나로 IT(정보기술)에 주목하고 있다.

"정보통신 기술은 인류가 지금까지 손에 넣은 기술 중에서 편리성 향상과 자원과 에너지의 소비가 비례하지 않는 최초의 기술이다. 종래의 신문과 전자신문을 비교하면, 동일한 기사를 입수하기 위한 에너지는 5%밖에 되지 않는다. 이 숫자는 전자서적에서는 2.5%로까지 격감하고, 종이소비량의 약 15%를 차지하는 신문용지도 절약할 수 있다. 24시간, 최신정보를 어디서든 입수할 수 있는 수단이 환경에의 부담도 덜고 산림자원 보호에도 공헌한다(쓰키오 요시오, 『축소문명의 전망-천년 이후를 지향하며』, 2003)."

쓰키오 명예교수의 지적대로 컴퓨터가 보급되기 시작한 1980년대에는 정보화 사회의 도래와 더불어 종이 없는 사회가 실현된다고들 했다. 하지만 실제로 일어난 일은 종이가 없어지기는커녕, 프린터에 의한 대량의 종이낭비였다. 그런데 쿠바는 상황이 정반대였다. 쿠바는 개발도상국이므로 컴퓨터도 선진국만큼 보급되어 있지 않고 전화회선도 발달해 있지 않다. 전자메일은 1981년부터 소련과 이어져 있긴 했지만 소련이 붕괴하기까지는 중앙집권형 경제체제가 깔려 있기도 해서 정보기술은 그리 중시되지 않았다. 하지만 예기치 못했던 종이 없는 사회의 도래에 직면하여 정보화 사회를 개발시키지 않으면 안 되게 된다.

  이 어려운 과제에 도전한 것은 국내외에서 연구경험을 쌓은 재기발랄한 젊은이들이었다. 아바나의 변두리 마을인 베다도의 낡은 저택 1층에 여기저기서 OA 관련부품을 끌어모았지만 그들이 손에 넣을 수 있었던 것은 20MB와 40MB 하드디스크와 회선속도 2,400bps 모뎀과 믿을 수 없을 정도로 구닥다리인 컴퓨터뿐이었다. 하지만 고심 끝에 1992년에 최초의 전자의료정보 네트워크(INFOMED)가 탄생했다. 미국에서는 군사기술이 민간에게 개방된 것이 계기가 되어 1990년대 중반 이후에 인터넷이 폭발적으로 보급되어가는데, 쿠바에서는 의료정보의 제공이라는 의료기술이 계기가 되어 정보화 사회가 탄생했다. 앞에서 소개한 그란마의 웹 페이지가 시작된 것은 1996년 4월 1일이었는데, 그것도 전자의료정보 네트워크를 베이스로 개발된 것이었다.

"아무튼 종이가 없으니 여기저기서 컴퓨터를 긁어모아서 네트워크를 만들면 어떻겠냐고 제안했죠. 그것말고는 도저히 방법이 없었거든요. 하지만 위기상황 속에서도 미래를 예측하고 있었기 때문에 성공했다고 생각합니다."

네트워크 개발을 담당한 전국 의료과학 정보센터의 콜라보레이션 센터 소장인 페드로 울라는 당시 일을 이렇게 회상한다. 각 주의 의료정보센터에는 16비트 정도의 구식 컴퓨터가 몇 대 있을 뿐이었다고 한다. 엎친 데 덮친 격으로 쿠바는 미국에서 경제봉쇄를 당하고 있었기 때문에 윈도우도 매킨토시도 사용할 수 없다.

"그래서 OS는 리눅스를 사용했습니다. 누구나 사용할 수 있는 프리웨어였으니까요. 패키지 제품이 아닌 것이 훨씬 창조성을 발휘할 수 있습니다. 지금은 전 세계 인터넷의 60%는 리눅스가 차지하고 있고, 아파치(주2)도 겸용하고 있습니다."

콜라보레이션 센터 소장 페드로 울라. 1980년대부터 대학에서 정보학을 연구하고 있었는데, 1991년에 전국의료과학정보센터로 옮겨와 컴퓨터 네트워크의 시작을 제창했다. 지금은 아바나 대학 정보학부에서 학생들도 가르치고 있다.

6개월의 시험기간을 거쳐 불과 1년 반 뒤에는 아바나, 산타 클라라, 카마구에이, 산티아고 데 쿠바 등 4개 도시에 서버가 가동되었다. 각 주의 주요 병원과 의학교, 의료연구소에 연결되어 연구자들과 의사, 의대생들이 전자정보에 쉽게 접속할 수 있게 되었다. 그 뒤 프로젝트는 범미보건기구(PAHO)와 유엔개발계획 프로젝트로부터 30만 달러의 자금을 지원받아 국내의 모든 의과대학과 생명공학 연구소 사이에 네트워크가 만들어졌으며, 이어서 모든 의학부에도 액세스 포인트(부가가치 통신망에 있어서 네트워크측과 이용자측의 접속점. - 옮긴이)가 설치되었다. 그 뒤로는 어떤 대외지원도 없이 네트워크는 퍼져갔다. 리눅스 OS가 전국을 커버한 예로는 세계 최초의 쾌거였다.

전자 네트워크로 넓어지는 에비던스에 기초한 의료

전자의료정보 네트워크는 비상사태 때문에 부득이하게 등장했지만 보건복지부의 주요 관계기관이 모두 전자 네트워크로 묶인 것은 뜻밖의 진전을 가져왔다. 예를 들면 에르마노스 알메이헤이라스 병원 22층에도 컴퓨터실이 있다. 국내 최고의 병원으로서 각지의 병원들과 긴밀한 연락을 취해야 하는데 전자의료정보 네트워크가 그런 일의 효율성을 확 끌어올렸다. 병원에는 흡연이나 알코올 의존증, 비만예방을 위한 건전한 식생활 계몽 팸플릿이나 비디오 교재를 전 국민용으로 작성하고 배포하는 부서도 있는데, 정보 네트워크는 이런 교재배포에도 유용하다. 의료관련 세미나라든지 회의의 출석자 수가 예전보다 훨씬 늘어난 것도 전자정보 네트워크에 회의가 미리미리 공지되어 있기 때문이다.

전자의료정보 네트워크는 통계분석에도 위력을 발휘했다. 패밀리 닥터는 동네의 환자들을 지속적으로 진료하고 있는데 2년 이상의 진찰 데이터를 CD-ROM에 보존하는 프로젝트도 시작되었다.

"코뮤니티, 시군구, 주 등 각 단계에서 모여진 통계정보는 전국건강경향분석소, 전국병원부, 공공의료정보센터, 전국과학기술국 등과 연결되어 정책평가나 정책만들기를 위해 분석, 활용되고 있습니다."라고 보건복지부의 오토 판토하 박사는 말한다.

원격의료 서비스도 시작된다. 패밀리 닥터는 산촌이나 농촌 등 두메산골에도 있지만 고립된 부락에서는 특별한 증세가 생겼을 경우 어떤 치료가 가장 적절할지 알 수 없다. 하지만 의사들은 네트워크를 통해 잡지기사나 의약품 데이터를 검색할 수 있고, 또한 그 방면의 전문가에게 언제든지 질문도 할 수 있다.

전자의료정보 네트워크는 에비던스(역학적 증거)에 토대한 의료에도 유용하다. 그때까지는 의사들의 경험이나 감에 의존하여 어떻게 치료할 것인지를 판단하는 일이 많았지만, 1990년대에 들어서자 캐나다에서부터 '치료법을 선택할 때는 확고한 역학적 증거에 토대한 과학적인 최선의 판단을 해야만 한다'는 생각이 시작되어 전 세계에 퍼져간다. 이것을 '에비던스에 기초한 의료'라고 부른다.

쿠바에서 그 한 예는 전국 소아외과 네트워크일 것이다. 2001년에 보건복지부는 소아외과 치료의 수준을 높이기 위해 올긴 주의 옥타

비오 소아교육병원을 코어 기관으로 해서, 전자의료정보 네트워크를 사이에 두고 방사선학, 내분비학, 신경생리학 등의 전문기관과 링크했다. 각 지역의 소아외과 전문가들이 컨설팅이나 분석을 행하고, 소아외과와 관련된 국제 네트워크에도 참가하는 등, 논의를 주고받게 된 것이다. 그리고 최선의 판단을 하기 위한 실시간 치료도 시작하고 있다.

의료전자도서관과 사이버 대학

2001년 4월 23일 아바나에서 개최된 의료정보 과학회의에서 의료전자도서관과 사이버 대학이 공개되었다.

"6만 5천 명 이상의 의사에게 최첨단 의료정보를 제공하려면 달리 방법이 없었지요."라고 페드로 울라 소장은 말한다.

의료전자도서관이 창설된 덕분에 상황이 가장 많이 바뀐 것은 아마도 의료와 과학관계 출판일 것이다. 전국의료과학 정보센터는 1993년에 스페인어로는 최초로 의학잡지 「아시메드ACIMED」를 창간했는데 그것을 포함해 모든 의료관련 잡지를 컴퓨터에서 누구나 읽을 수 있게 된 것이었다. 읽을 수 있는 건 국내논문뿐만이 아니다. 미국 국립의료 도서관의 영문문헌 목록 데이터베이스도 이용할 수 있고, 라틴 아메리카 과학전자도서관인 SCIELO도 사용할 수 있다. SCIELO란 1996년부터 범미보건기구의 라틴 아메리카·카리브 건강과학센터와 브라질이 협동해서 시작한 프로젝트인데 영어, 스페인어, 포르투갈어로 브라질, 칠레, 코스타리카, 스페인, 베네수엘라 등의 의학잡지를 읽을 수 있다.

　세계보건기구도 개발도상국 여러 나라가 의료문헌을 무료로 열람할 수 있도록 2000년 9월에 헬스 인터넷을 시작했는데, 거기도 접속할 수 있다. 웹사이트는 검색 툴을 갖추고 국내의 각 지역이나 전국적인 정보뿐만 아니라, 선진국의 최신 연구성과와 개발도상국의 경험, 전통의학 등 모든 정보를 얻을 수 있다.

　쿠바 고등교육부도 보건복지부와 거의 같은 프로젝트를 유네스코의 지원을 받아서 진행하고 있다. 라틴 아메리카·카리브 해의 과학 대중화를 위한 디지털 저널 프로젝트가 그것인데, 온라인 상에 100개 이상의 과학잡지를 게재하는 것을 목표로, 현재 20개 이상의 잡지와 약 2천 편의 논문, 그리고 쿠바의 대학이 편집한 50권 이상의

쿠바 전국에 470개가 있는 각각의 지구진료소에는 컴퓨터실이 정비되어 전자의료정보 네트워크를 통해 최신정보에 접속할 수 있다. 위 사진은 아바나 시내의 우니베르시타리오 베다도 지구진료소의 모습.

저작물이 전자책으로 제공되고 있다.

　이렇게 학술논문을 인터넷에서 무료공개하고 이용할 수 있게 하는 것을 '오픈 액세스'라고 부르며 유럽에서는 대학도서관이 중심이 되어 2000년 무렵부터 무료 과학잡지를 만드는 운동이 활발해졌다. 2001년에는 부다페스트에서 오픈 액세스에 관한 최초의 국제회의가 열렸는데 쿠바는 이 부다페스트 선언에도 공헌했다고 말할 수 있을 것이다.

　전자도서관과 한 쌍을 이루는 사이버 대학도 취지는 비슷하다. 사이버 대학은 1999년에 보건복지부가 시작한 프로젝트인데, 의학부를 졸업한 현장의 의사들을 지속적으로 교육하고 그것에 더해 국제의료교육센터로 만드는 것을 목표로 하고 있다. 사이버 대학은 전국 의료 트레이닝센터의 일부로서, 고등교육기관이나 관련 의료기관과 연결되어 다양한 학습코스를 제공하고 있다.

　대학 내에는 사이버 클리닉도 있어 사이버 대학에 관련된 의료 전문가로부터의 전문적인 컨설팅이나 조언을 받을 수 있다.

전세계에 무료로 발신되는 의료정보

　전자출판이나 의학교육과 동시에 해외에의 생명공학 제품의 광고 판매도 웹을 통해서 가능해져간다. 2000년에 개최된 국제과학기술 포럼 '쿠바의 과학기술과 건강에의 성과'를 시작으로 의료와 관련된 다양한 국제심포지엄, 세미나, 워크숍이 개최되어가는데, 그 목적 가운데 하나는 국제공동 프로젝트에 대한 투자의 계기를 만들거나 생명공학 의약품을 판매하는 것이다. 실제로 이런 이벤트는 전세계로부터 관계자를 불러들여 외화획득으로 이어지고 있기도 하다. 경제봉쇄를 당하고 있기 때문에 쿠바인이 쓴 논문은 미국잡지에는 발표할 수 없었다. 그러므로 쿠바의료와 과학의 진전을 전 세계에 알리는 데에는 더더욱 이런 대처가 반드시 필요하다. 그리고 이런 정보발신은 쿠바의료에 대한 관심을 높이고 라틴 아메리카와 카리브해 여러 나라에서 지속가능한 제도개발의 모델로 높은 평가가 이어지고 있다.

유전자공학 생명공학 센터도 인터넷에서 정보를 발신하고 협동연구를 촉구하고 있는데, 쿠바는 이익만을 추구하고 있지는 않다. 예를 들면 단백질의 구조와 기능연구로 복잡한 동위체 단백의 해석이 가능한 소프트웨어 「Isotopica」를 오사카 대학 이학부의 다카오 도시후미(高尾敏文) 교수와 협동개발했는데, 등록만 하면 모든 이용자가 무료로 이용할 수 있다.

종이가 없어진 심각한 사태에서 아바나의 구 시가지에 있는 방 하나에서 시작한 프로젝트는 컴퓨터가 의료분야에서 발휘할 수 있는 독특한 성과를 실증해 보였다.

"지금 인터넷에는 전세계에서 6억 명이 액세스하고 있다고 하는데, 액세서(주3)의 랭킹을 살펴보면" 하고 울라 소장이 매끄러운 블라인드 터치로 스페인어 단어를 친다.

"보세요. 1위는 구글인데, 우리의 전자의료정보 네트워크도 6,207위에 나옵니다. 이 랭크에서 1만위 안에 들어가는 건 대단한 일이며 범미보건기구보다도 액세스가 많습니다. 얼마나 많은 사람이 이용하고 있는지를 알 수 있죠."

전자의료정보 네트워크는 2002년에 생명정보기술혁신의 의료부문에서 스톡홀름 도전상을 수상했다.

"그 상을 받았을 때도 정말로 놀랐습니다. 처음 시작할 때는 여기까지 올 줄은 상상도 하지 못했으니까요. 하지만 쿠바 속담에 '소냐르 에스 콘 로스 피에스 엔 라 티에라' 라는 말이 있어요. '꿈은 땅에 발을 붙여야만 비로소 실현 가능하다' 라는 뜻이죠. 여기 전국 의료과학 정보센터에는 282명이 일하고 있습니다. 서비스 유지에는 적어도 1,500명이 관여하고 있습니다. 정보네트워크의 철학은 네트워크화에 있습니다. 참가한 사람 하나하나가 오케스트라처럼 네트워크에 공헌하고 보다 좋은 세계의 실현을 연주해가는 것, 그것이 제 꿈입니다."

구글의 등장으로 Web 2.0이나 오픈 소스, 롱테일 등 인터넷은 새로운 개념을 낳으면서 기존 비즈니스 모델을 바꿔가고 있다. 이와 같이 자칫하면 IT가 아니라 비즈니스면만으로 파악하는 경향이 있는데, 쿠바는 복지의료의 상황을 개선하는 데에 더해 컴퓨터 네트워크의 가능성을 크게 넓혔다. 그리고, 지금까지 말해온 뛰어난 기술과

제도를 무기로 쿠바는 전 세계 사람들을 위한 의료원조에도 뛰어들고 있다.

주1 – 그때까지는 「레볼루시온」과 「오이」 두 개가 있었는데 1964년에 합쳐서 「그란마」가 되었다.
주2 – 아파치 소프트웨어 파운데이션(Apache Software Foundation)이 개발하고 있는 웹서버 소프트웨어. 상용, 비상용에 관계없이 무료로 이용가능하고 게다가 고기능, 고성능이며 다양한 플랫폼으로 작동가능하기 때문에 세계에 존재하는 웹서버의 절반 이상은 아파치로 운용되고 있다고 한다.
주3 – 웹사이트의 액세스 수를 조사, 통계하고 있는 기업. 온라인 서점 가운데 세계 제일의 규모를 자랑하는 아마존닷컴이 1999년에 매수했다.

IV. 국경 없는 의사단

얼어붙은 히말라야, 태양이 이글거리는 아프리카, 열대 아시아의 농촌. 다치고 병으로 고통받는 사람이 있으면 세상 어디든지 무료로 의료단을 파견해온 쿠바.

의사를 만나지 못하는 사람을 이 지구상에서 없애겠다. 무모하다고까지 할 만한 이 꿈의 상징이 전세계의 젊은이를 받아들이는 라틴 아메리카 의과대학이었다……

라틴 아메리카 의과대학 홀에 붙어 있는 졸업생 사진. 왼쪽 위에 '라틴 아메리카의 미소를 위해'라고 씌어 있다.

1. 재난 피해국에서 활약하는 쿠바 의사들

극한의 히말라야 산중에서의 구조활동

　2005년 10월 8일 파키스탄 북부에서 대지진이 발생했다. 사망자 7만 5천 명, 중경상자 12만 명, 가옥상실 330만 명, 강제퇴거 1백 만 명에 이르는 대참사였다. 전 세계에서 원조의 손길이 뻗어오고, 국제 미디어는 비행기로 현지에 달려가는 배우나 록스타, 원조활동에 분주한 서양의 원조단체 모습을 잇따라 보도했다. 파키스탄군의 구원물자를 두메산골에 운송하는 미국이나 영국의 항공기 장면이 지겨울 정도로 방송되었다. 하지만 파키스탄 북부 산악지대의 환경은 어지간한 정도가 아니었다. 어느 파키스탄인 리포터는 이렇게 일기에 적고 있다.

　"시체 썩는 냄새가 떠도는 옆에서 가족이 서로 뒤엉켜 쪽잠을 자고 있다. 텐트는 추워서 온몸이 얼어붙을 정도다. 손가락 발가락의 감각은 마비되고, 잠자는 일조차도 싸움이었다. 텐트 안에서는 아기가 울어댄다. 사진도, 텔레비전 뉴스도, 현장상황을 전하려 하지 않는다."

　겨울이 다가옴에 따라 가혹한 환경을 견디지 못하고 많은 서방측

NGO는 떠나가고 남아 있는 의사는 몇 명뿐인 실정이었다. 절망적인 상태에 놓인 파키스탄인은 200~400만 명에 이르렀다. 유엔은 2005년 12월 중순에는 38만 명이 긴급주택을 필요로 하고 있다고 파악하고, 5억 5천만 달러의 긴급원조를 호소했다. 하지만 신문의 국제면에서 약속되었던 원조금은 실제로는 반에도 미치지 못했다. 미디어의 집중조명을 받고 있을 때에는 위세좋게 말을 하지만 막상 사람들의 관심이 멀어지면 이전의 약속을 손바닥 뒤집듯이 뒤집는다. 미국, 사우디아라비아, 이란 등이 자금원조를 했지만 전부 합쳐도 2억 1,600만 달러뿐이었다.

그런데 여기서 쿠바가 등장한다. 카스트로는 쿠바는 다른 나라와 달리 눈에 띄지 않는 방식으로 원조를 행할 것이라고 말했다.

"타국은 많은 설비나 헬리콥터와 자금을 보내고 있지만, 불과 몇 백만 달러로 과연 무엇을 할 수 있는가? 필요한 것은 생명을 구하고 아픈 이들을 치료할 의사들이다. 하지만 그들은 의사를 보낼 수 없다. 왜냐하면 그것을 갖고 있지도 않고, 편성할 수도 없기 때문이다. 이것이야말로 진짜 혁명이란 어떤 것인가, 그리고 우리가 만들어낸 인적자본의 거대한 부란 어떤 것인가를 알 수 있는 부분이다."

국제 미디어에서는 크게 보도하지 않았지만 모든 경비를 자비로 부담하고 최대 규모의 의사단을 파견한 나라는 쿠바였다. 이슬라마

파키스탄의 눈길을 헤치고 치료활동을 하며 순회하는 쿠바 의사들.

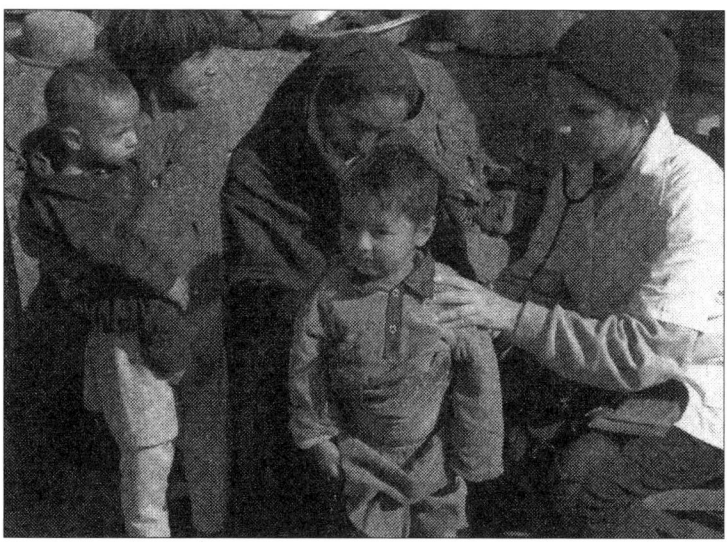

파키스탄의 카슈미르 지방을 덮친 지진 피해자를 진찰하는 쿠바 의사. 쿠바에서 파견된 의사단의 44%가 여자의사들이었기 때문에 종교적 이유 때문에도 남자의사의 치료를 받으려 하지 않던 여성 피해자들에게 커다란 도움이 되었다(사진제공 : 쿠바, 「그란마」, 후베날 발란 기자).

바드의 공식자료에 따르면 치료의 73%가 오직 쿠바 한 나라에 의해 이루어졌다.

피해가 알려지자 쿠바는 곧바로 파키스탄과 인도 정부에 원조를 하겠다고 제안했다. 인도는 거부했지만 파키스탄은 피해가 너무나도 컸기 때문에 망설이지 않고 쿠바의 제안을 받아들였다. 그때까지 파키스탄과 쿠바 사이에는 아무런 외교관계도 없었고 심지어 페르베즈 무샤라프 정권은 친미정권이었다. 하지만 일반적인 예상을 뒤엎고 정치적 이데올로기는 원조를 받아들이는 데에 걸림돌이 되지 않았다. 파키스탄 정부는 쿠바 의사들이 지금까지 세계 각지의 피해지역에서 일하면서 전문기술을 축적해온 것을 알고 있었던 것이다.

900명으로 구성된 의료원조대가 250톤의 의약품과 함께 파키스탄에 도착한 것은 지진이 일어난지 6일 뒤인 10월 14일이었다. 쿠바인들은 열대 출신이다. 하지만 뼛속까지 얼어붙을 듯한 혹독한 추위 속에서도 곳곳에 텐트를 쳐서 야외병원을 짓고 텐트생활에도 불평 한 마디 하지 않고 가혹한 현지상황에 적응해갔다. 예를 들면 인구 2만 5천명인 달 밤드 지역은, 쿠바인들이 찾아오기 전에는 의사가 딱 한 명뿐이었다. 차로는 접근할 수 없는 산악지대에도 왕진을 갔다. 의사들을 태운 지프가 험준한 산길을 올라가지 못하고 멈춰버리자 어떤 한 여의사가 나머지 급경사길을 무거운 배낭을 짊어지고 걸어서 올라갔다. 볼티모어에서 온 이사로 스발로 박사는 "쿠바 의사는 도저히 믿을 수가 없어요."라고 감탄의 소리를 내뱉었다.

"대퇴골이 엉망으로 부서진 여성을 발견했습니다. 제가 쿠바 의사를 부르자 이내 다가와서는 수술을 했습니다. 이제 그녀를 만나러 가면 쿠바 의사가 여기에 온 것을 신께 감사드린다고 미소를 짓지요."

파키스탄 군인이 "제가 본 것은 누구보다 뛰어난 프로의식과 헌신입니다."라고 평가하자, 외무부 직원도 이렇게 말했다.

"쿠바 의사들은 한 마디 불평 없이 오로지 생명을 구하는 일에 최선을 다하고 있습니다."

이런 의사들의 헌신적인 모습에 현지 사람들도 감동을 받았다.

"젊은 의사가 환자에게 현지의 우르두(파키스탄의 3대 공용어의 하나. – 옮긴이)어로 말을 거는 것을 보고 저는 경외하는 마음으로 가득 찼습니다."

하지만 칭찬을 받은 그 의사는 곤혹스럽다는 듯이 대답한다.

"그거야 뭐, 벌써 3개월이나 여기 머물면서 일을 하고 있잖아요. 물론 쉽지는 않지만 캠핑을 하고 있는 느낌이에요."

쿠바인들은 종교와 문화의 차이에도 잘 적응했다. 2006년 2월말까지 연인원 104만 3,125명에게 치료가 행해지는데 그 가운데 48.3%는 여성이었다. 심지어 43만 9,894명은 험준한 산악지대에 있는 부락에의 왕진에 의한 것이었다. 많은 파키스탄 여성은 종교적인 이유도 있어 남자의사들의 치료를 꺼리는데, 그녀들의 생명을 구할 수 있었던 것은 파견의사단의 44%가 여자의사였기 때문이었다.

의사들은 최종적으로 2,465명까지 늘어났다. 야외병원은 모두 44곳에 만들어졌는데 그 가운데 32곳이 쿠바병원이었고, 날마다 24시간 풀가동해서 치료가 행해졌다. 약 40%가 대수술이었는데, 1만 건

이상의 수술이 이루어지고 76,183명이 43만 번 이상의 재활치료를 받았다. 1월말부터는 자신들이 떠나도 야외병원이 운영될 수 있도록 900명의 파키스탄 의대생과 군의관들과 함께 현지에서의 실전수업을 시작했고, 6개월간의 활동을 마치자 엑스선과 초음파 검사기 등이 갖춰진 야외병원은 234.5톤의 의약품과 275.5톤의 기기와 함께 기부되었다. 게다가 현지에서는 손을 쓸 수 없었던 환자를 태운 비행기가 아바나로 날아갔다. 그런 한편으로 파키스탄 사람들의 눈에 비친 것은 관타나모 포로수용소, 즉 미군기지를 향해 차례로 날아가 버리는 미군의 군용기였다.

처음에 쿠바 의료진은 혁명활동을 할지도 모른다며 사람들의 두려움의 대상이었고, 첩보원들의 감시를 받은 사람도 몇십 명이나 되었다고 한다. 하지만 차츰 쿠바에 대한 평가가 달라지고 신문에도 쿠바의 의료와 교육성과에 대한 특집기사가 실리기 시작했다. 자베드 자바 전(前) 장관은 이렇게 말한다.

"파키스탄인은 처음으로 의료분야에서의 쿠바의 발전을 눈으로 보았습니다. 쿠바 의사들은 비록 짧은 단어지만 우르두어까지 구사하며 지역 주민들과 훌륭한 관계를 만들어냈습니다. 쿠바는 작은 나라지만 의료와 교육 면에서만은 초강대국입니다."

지진 후에 고향으로 돌아간 파키스탄 출신의 작가 탈리크 알리는 이렇게 감상을 쓰고 있다.

"쿠바 의사들의 행동은 역사에 깊이 새겨질 것입니다. 많은 우리 동포들은 이제 사랑을 가리키는 새로운 단어 하나를 배웠습니다. 그것은 쿠바라는 단어입니다."

중부 자바 – 격심한 피해지역에 머물렀던 원조대

　인도네시아 자바 섬 중부의 클라텐 지구에 웨디라는 마을이 있다. 하지만 그림처럼 아름다운 마을의 평화로운 생활은 2006년 5월 27일 아침에 확 달라졌다. 파키스탄 북부 대지진 반 년 뒤, 자바에서도 사망자 약 6천 명, 부상자 2만 명, 가옥파손 10만 호, 피해자 약 65만 명에 이르는 자바 섬 중부 지진이 발생한 것이다. 진원지에서 가까웠던 만큼 이 마을은 엄청난 타격을 입어 가옥의 75%가 파손되고 4명 중 3명이 다쳤다. 임시로 대나무 병상이 만들어졌지만 노인들조차도 폐허 속에서 한뎃잠을 자야만 하는 상태였다.

　일본, 이탈리아, 폴란드 등 세계 각지에서 원조단이 달려왔지만 두 달쯤 지나자 해외에서 온 의사들은 차례로 귀국길에 올랐다. 하지만 현지로부터 강력한 요청을 받아들여 그대로 눌러앉은 팀이 있었다. 쿠바에서 온 의료대였다.

　쿠바는 135명으로 이루어진 의료대를 보내서 지진 발생으로부터 2주도 채 지나지 않은 6월 6일, 가장 피해가 컸던 클라텐 지구의 간티와르노와 프람바난 등 두 군데에 초음파 진료기 등으로 완전장비가 갖추어진 야외병원을 지었다. 그들은 아이티, 과테말라 등 각지에서 경험을 쌓은 바 있는 베테랑 정형외과 의사들이었고, 그 가운데 96명은 파키스탄에서도 활약한 사람들이었다. 쿠바는 2004년 12월 12일의 수마트라 앞바다 지진으로 발생한 지진해일 때에도 스리랑카와 인도네시아의 아체에서 원조를 했으므로 아시아에서의 경험도 갖고 있었다.

환자는 먼저 패밀리 닥터의 진료와 뢴트겐 검사를 받고 필요하면 외과수술을 받았다. 복잡골절이나 이식수술도 베테랑 의사들에게는 식은 죽 먹기였다. 게다가 치료비는 한 푼도 받지 않았다.

집이 무너져서 대퇴골이 드러날 정도로 큰 부상을 입은 6살 딸이 치료를 받은 니키는 "이렇게나 욕심 없는 사람들이 이 세상에 있을 줄은 생각도 못했어요."라고 감사의 말을 수없이 되풀이했다.

"남편에게 필요한 혈액대금을 지불할 돈이 없었어요. 하지만 신과 쿠바 의사들 덕분에 제 남편은 목숨을 건졌습니다. 부디, 여기서 우리에게 했듯이 가난한 사람들을 도와주고 모든 사람의 목숨을 계속 살려주세요."

다른 여성도 쿠바 간호사에게 키스를 하고는 힘껏 끌어안았다.

피해지역에서는 외과수술만이 아니라 멘털 헬스도 필요해진다. 예를 들면 웨디 마을의 10살난 소녀 나니는 원래 명랑한 소녀였지만 지진으로 정신적인 상처를 입고 말았다. 지진만 생각하면 공포심이 되살아나고 '가장 슬픈 건 학교가 없어져 버린 것'이라며 눈에 눈물이 그렁그렁해졌다. 하지만 소프트 면에서도 쿠바는 소홀함이 없었고, 아이들에게 기운을 북돋아주기 위한 다양한 활동을 행했다.

"지금은 행복해요. 의사 선생님이 찾아와주셨고, 제 여동생이랑 다른 학교의 친구들한테도 예방주사를 놓아주셨거든요."

쿠바의 원조대는 나니를 포함해서 칼텐의 약 1만 명의 주민에게 파상풍 예방주사와 의료교육을 행했다.

인도네시아는 광물자원이 풍부한 나라지만 가난한 사람들은 충분한 의료서비스를 받을 수 없었다. 그래서 소문을 들은 주위 마을이나 30킬로미터나 떨어진 족자카르타에서도 환자들이 야외병원을 찾아오게 되었다. 이른 아침부터 텐트 밖에는 밤새 먼 길을 걸어온 환자들이 끝없이 길게 줄을 섰다. 클라텐 지구에서 원조활동을 함께 한 로니 로키트 박사는 이렇게 말했다.

"거의 아무도 들어본 적이 없는 아주 멀고 먼 가난한 나라에서 여기까지 의사들이 찾아왔다는 것에는 무척 놀랐습니다. 하지만 쿠바 의료단에게는 감사하고 있습니다. 아주 친절하고, 게다가 의료수준이 높죠. 완벽합니다. 뢴트겐으로 검사하고 곧바로 시술하고 상처를 재빨리 치료하고 있습니다. 저희들은 쿠바의 의료에서 배울 수 있습니다. 게다가 우리나라가 자금을 대주고 있지도 않음에도 불구하고 치료비가 무료입니다. 무료치료를 받으려고 족자카르타에서도 수많은 사람들이 찾아오고 있습니다. 진료비를 지불할 수 없을 정도로 가난하기 때문이죠. 치료비가 들지 않는다는 점에 모두가 아주 기뻐하고 있고 카스트로에게도 감사하고 있습니다."

아버지가 헤르니아 수술을 받은 갈루아는 이렇게 말한다.

"아버지와 함께 쿠바의 병원에 찾아왔는데, 감사와 더불어 놀라기도 했습니다. 딱 한 나라, 쿠바만이 인도네시아 사람들에게 장기간에 걸쳐서 치료를 해주고 있었으니까요."

쿠바의 이런 활동은 국제 미디어로부터는 거의 무시당하고 있다. 덧붙여서 미국은 클라텐만이 아니라 동티모르에서도 원조활동을 행한 쿠바에게 뭔가 정치적인 의도가 있다며, 동기를 의심하고 비판한다. 하지만 간티와르노 야외병원의 집중치료실에서 일하는 오스칼 푸톨 의사는 어떤 흑심도 없다고 부정한다.

"왜 여기에 있느냐고 많은 사람들이 물어보는데 우리는 순수하게 인도적인 동기에서 여기에 왔습니다. 사람들의 생명을 구하기 위해서 여기에 있는 거죠. 가장 중요한 것은 의사와 환자의 관계입니다. 환자들은 우리를 신뢰해주고 있습니다. 우리가 의사인 동시에 인간이기도 하다는 것을 알아주고 있는 거죠."

유니세프의 칼리다 아후마드도 이렇게 동의한다.

"쿠바 사람들은 환자를 인간으로 치료하고 있습니다. 언어의 장벽에도 불구하고 피해지역의 모든 사람이 감사하고 있었죠."

인도네시아도 이런 쿠바의 활동을 지원했다. 의대생들이 자원봉사자로 통역을 맡았던 것이다. 의료대의 대장인 루이스 올리베로스 박사는 인도네시아의 협력에 감사했다.

"정부도 우리들의 일을 이해하고 아주 협력적입니다. 외무장관이나 고위관료들이 야외병원을 찾아왔는데, 그것은 우리들이나 쿠바에의 경의의 증거입니다."

인도네시아 역시 파스키탄처럼 종교가 이슬람교여서 보수적인 농촌에서는 여성들은 남자 의사들에게 진찰받기를 꺼렸다. 하지만 인도네시아에서도 의사의 약 절반인 65명이 여의사였으므로 치료활동은 원활하게 진행되었다.

현지에 도착해서 45일째에 쿠바인들은 최초의 출산을 지켜보게 되었다. 이후 임신여성에의 케어도 우선시하게 되어 야외병원에서 34명의 새로운 생명이 태어났다.

의료대가 머문 것은 3개월이었으며, 그 동안에 피해자만이 아니라 10만 명의 가난한 사람들에게도 치료를 행하고 2,209건의 수술을 했다. 그리고 파키스탄 지진 때와 마찬가지로 현지를 떠날 때에는 60톤의 의약품을 포함해 모든 시설을 정부에 기증했다. 그리고 그 활동실적은 다음과 같은 형태로 남아 있다. 어느 의사의 제왕절개 수술을 받은 부부가 감사의 뜻을 담아 태어난 아기에게 '쿠바'라는 이름을 붙인 것이다.

21세기의 선더버드, '헨리 리브' 국제구조대

사고나 재해로 절체절명의 위기에 빠져 있으면 세계 어디든지 야자나무로 둘러싸인 남쪽 섬에서 긴급출동. 고난도의 기술을 구사해서 재해와 싸우고 사람들이 구조되면 한 푼도 받지 않고 사라진다. 쿠바가 아니다. 1965년에 영국에서 제작된 특수촬영 인형극 「선더버드」의 설정이다. 하지만 국제의료구조대의 활동은 그야말로 금세기의 선더버드를 연상시키는 점이 있다.

이 긴급 국제구조대가 결성된 것은 2005년 9월 19일로 아직 역사가 짧은데, 어느 대재해가 계기가 되었다. 카스트로의 설명을 들어보자.

> "원래 이 국제구조대는 허리케인 카트리나 직후에 편성된 1,500명의 의사들에서 시작되었다."

2005년 8월 29일, 미국 남부는 초대형 허리케인 카트리나의 직격탄을 맞았다. 재즈의 고향으로 유명한 뉴올리언스 시에서는 물이 차올라 둑이 무너지고 그 다음 날에는 시의 80%가 물에 잠겼다. 긴급피난 명령이 내려졌지만 이동수단을 갖고 있지 않은 저소득층은 피난을 갈 수가 없어서 루이지애나 주에서 1,464명, 미시시피 주에서 238명의 사망자가 나왔다. 8월 31일에 미국 의회는 105억 달러의 긴급 대책비를 계상했고, 9월 8일에는 피해지역의 복구비도 보태져 총 518억 달러의 추가경정예산을 성립시켰다. 하지만 부시 대통령은 10월 4일의 기자회견에서 이렇게 말했다.

"미국에서 경제성장이나 고용창출의 원동력을 이루고 있는 것은 민간부문이다. 이 민간부문이 연안지역 부흥의 엔진이 될 것이다. 의회는 가능한 한, 허리케인의 원조예산을 위한 경비를 삭감할 필요가 있다. 나는 의회에 안전보장 이외의 지출을 삭감하도록 요청할 것이다."

미 국방부(펜타곤)의 4,450억 달러나 되는 군사예산에는 손을 댈 수 없지만, 이 재원을 마련하기 위해 기존 사회복지 예산은 삭감하겠다고 언급한 것이다. 심지어 "연방정부에는 지역재건의 책임은 없다."라는 말도 덧붙였다.

하지만 쿠바의 대응은 달랐다. "미국은 쿠바를 경제봉쇄하고 있는 적대국이지만 그것은 인도적 원조와는 관계가 없다. 희생자를 구조하기 위한 의사단을 파견하고 싶다."고 9월 1일에 발표한 것이다. 1,586명의 원조의사단이 조직되고 각자 배낭에 의약품을 챙겨넣고, 미국의 승낙이 떨어지기가 무섭게 곧장 휴스턴으로 날아갈 수 있도록 아바나에 집결해 있었다. 평균연령 32살. 그들 가운데 857명은 여성이며 모두가 10년 안팎의 의료경험을 쌓은 베테랑이자, 재해와 전염병 치료의 특별훈련을 받은 사람들이었다.

내가 쿠바에 머물 때 통역을 맡아주었던 전(前) 외교관 미겔 바요나는 이렇게 말했다. "쿠바에서는 미국의 뉴스 전문채널인 CNN도 볼 수 있어요. 물에 잠긴 옥상 위에서 흑인 한 명이 구조를 요청하고 있던 장면을 잊을 수가 없답니다."

당연한 일이지만 미국은 쿠바의 원조신청을 퇴짜놓았다. 카스트로는 말했다.

"그렇다, 미국은 1,500명의 의사를 보내겠다는 우리들의 요청에는 응하지 않았다. 그것을 생각하면 마음이 아프다. 물에 갇혀서 죽음의 문턱에 놓인, 절망에 빠져 있던 인민 몇 명의 목숨을 어쩌면 구할 수 있었을지도 모르는데 말이다."

하지만 이때 결성되었던 의사단은 그대로 해산해 버리지 않고 2003~2004년에 새로이 학위를 받은 200명의 의사와 5학년 의학생 800명, 6학년 600명을 더해, 그로부터 3개월 뒤에는 3천 명이나 되는 집단을 이루고 있었다. 이 자원봉사자 의사들로 이루어진 구조단은 「헨리 리브 국제구조대」라고 이름붙여졌다. 헨리 리브란 지금으로부터 100년 전에 쿠바의 스페인으로부터의 독립전쟁을 응원하기 위해 싸운 뉴욕 출신 청년의 이름이었다. 리브는 남북전쟁에서 싸운 뒤, 1869년 5월에 쿠바로 건너와 400회 이상의 전투에서 분전한 준장(准將)이었다. 1876년에 마탄사스 주에서 이끌던 부대가 전멸하자 적의 포로가 되느니 차라리 죽겠다면서 27살의 나이로 스스로 목숨을 끊었다. 쿠바는 이 업적을 기려 새로이 편성한 구조대 이름으로 삼은 것이었다.

2005년 10월, 허리케인 스턴이 중미를 직격해서 과테말라가 사망자 670명, 행방불명자 844명, 가옥상실 32,807명이라는 막대한 피해를 입자 갓 편성된 헨리 리브 구조대 가운데 600명이 현지로 날아 갔다. 그리고 이전부터 의료원조에 종사하고 있던 200명의 쿠바 의사들과 합류해서 14만 4,816명을 치료했다. 카스트로는 의과대학 졸업식에서 학생들에게 이렇게 말했다.

"허리케인이나 홍수, 그밖의 다양한 천재지변에 직면한 어떤 나라에 대해서도 헨리 리브는 원조를 할 것이다. 여러 선진국이 아프리카에서 에이즈와 싸울 것을 결의한다면 실제로 일할 의사들이 필요할 텐데, 헨리 리브는 그 싸움에도 투입할 수 있다."

구조대에 참가하는 의사들은 역학지식을 갖추고 최소한 2개 국어를 구사할 수 있고 건장해야 하며 두메산골에 들어가기 위한 낙하산 훈련도 받는다. 카스트로는 의사교육에 대해서 이렇게도 말하고 있기도 하다.

"우리는 건강의 보급과 인류에의 책무라는 윤리관을 갖도록 의사들을 최신 교육기술로 훈련시켜 갈 것이다."

이런 철학을 토대로 헨리 리브 구조대뿐만 아니라 2005년 현재 24,950명의 쿠바 의사들이 세계 68개국에서 일하고 있다. 재난을 당한 국가에 대한 쿠바의 원조활동은 유엔개발계획(UNDP)로부터도 인정받아 카리브 해 국가연합은 재해관리에서 지역간 협력을 추진하는 「재해 리스크 경감 네트워크」 본부로 쿠바의 수도 아바나를 선택하기도 했다. 하지만 쿠바는 거기에 만족하지 않고 한층 더 놀라운 수단을 강구하고 있다.

칼럼1

체르노빌의 아이들

아바나에서 동쪽으로 20킬로미터. 클라라 비치에서 건강하게 물장구를 치며 신나게 놀고 있는 아이들. 하지만 왠일인지 거기에 있는 모든 아이들은 머리카락이 없고, 피부에는 보기 흉한 얼룩이 있다. 인류 역사상 최악의 원전사고가 일어난 지 이미 20년 이상의 세월이 흘렀지만 그 영향은 지금도 꼬리를 길게 끌고 있다. 해변에서 노는 아이들은 1986년 사고 당시에는 태어나지도 않았던 아이들이다. 하지만 그 아이들은 갑상선암, 백혈병, 심상성 백반(尋常性白斑), 건선, 측만증, 근위축증 등 온갖 질병과 장애에 시달리고 있다.

이 아이들을 구하자. 1990년에 쿠바는 지원 프로젝트를 세운다.

찾아온 아이들의 약 3%는 증세가 상당히 심각해서 1년 이상의 치료가 필요했다. 17%는 도착과 동시에 입원하고 암이나 백혈병이라면 곧바로 화학요법과 외과수술을 받는다. 그밖에 증상이 비교적 가벼운 아이들은 카리브 해의 햇빛을 듬뿍 쬐어 3개월 정도만에 건강해져서 귀국해간다. 하지만, 얼핏 건강한 듯이 보이는 아이들도 사실은 마음에 깊은 상처를 입고 있다.

"얼마나 오래 살 수 있을지 몰라서 많은 아이들이 불안해 하고 있어요." 하고 소아과 의사 마리아 테레사가 말하자, "그래서 매일매일 해변에서 뛰놀고 음악과 춤을 즐기는 등의 레크리에이션이 의학적 치료만큼이나 중요하죠." 하고 타라라 소아과 의원의 훌리오 메디나 원장은 말한다.

아이들은 야구모자를 눌러쓰고 긴 소매 셔츠로 피부를 가리고 쿠바에 찾아온다.

"자기 모습을 부끄러워하고 있는 거예요. 하지만 머리카락이 없고 피부에

얼룩이 있어도 우리는 보통 아이들과 똑같이 대합니다. 인간에게는 내면적인 지성처럼, 눈에 보이는 것보다 훨씬 중요한 것이 있다는 것을 가르쳐주는 거죠."

쿠바인들은 아이들을 놀리지 않고 차별도 하지 않는다. 그러므로 쿠바에서 2~3주를 지내면 아이들의 자학의식은 사라져간다. 그리고 쿠바 의사들은 심각한 물자부족 속에서도 사람 태반과 상어 연골을 이용해서 심상성 백반이나 탈모증 등을 치료하는 방법을 찾아낸다. 매일 아침 태반으로 만든 로션을 바르고 두피에 적외선을 15분 정도 쬠으로써 60%는 머리카락이 다시 자라고 피부장애는 최고 99%까지 낫게 되었다. "쭉 여기에 있고 싶어요."라고 말하는 우크라이나의 스베타(15살)의 속눈썹은 이제 막 자라나기 시작하고 있다.

아나톨리도 한 가닥 희망을 품고 우크라이나에서 찾아왔다. 그의 아들 알렉세이는 2살 때 백혈병으로 3개월 시한부 선고를 받았다. 치료하려면 4~5만 달러나 든다. 그런 돈은 구할 길이 없다. 그래서 친구한테서 쿠바 이야기를 듣고 치료를 받고 싶다고 신청했던 것이다.

"여기서 4년째입니다. 아들은 살아 있을 뿐만 아니라 웃으면서 뛰어놀고 있죠."

과거 16년 동안 15명의 목숨은 구하지 못했지만 6명에게는 골수이식, 2명에게는 신장이식을 하고 289명의 백혈병 아이들은 치료되었다. 심지어 모두 무료로. 당초 쿠바는 1만 명의 피폭자를 치료하겠다는 장대한 목표를 세웠다. 하지만 소련붕괴에 따른 자금부족으로 한때는 2천 명밖에 치료할 여유가 없었다. 하지만 그럼에도 프로젝트 자체는 포기하지 않았다. 프로그램 코디네이터인 라셸 랴네스 의사는 말한다.

"쿠바는 체르노빌이 전 인류적 비극이라고 생각합니다. 그래서 프로그램을 계속하는 거죠."

경제위기가 한창일 때에 치료를 받은 라리사 우크라인스카야는 이렇게 말한다.

"아들을 낫게 하려면 항생물질이나 호르몬 등 값비싼 약이 필요했죠. 쿠바는 옷, 빵, 우유, 세제, 종이 등 모든 것이 부족했어요. 하지만 그들은 돈을 요구하지 않았죠. 쿠바는 작은 나라지만 커다란 마음이 있습니다."

국민도 정부의 자세에 이해를 표하고 어느 여성은 당시 이렇게 주장하고 있다.

"힘들어 하는 사람에게 제공할 수 있는 것이 있다면, 그것을 하는 것은 우리의 책무입니다. 지금은 충분한 식량이 없지만, 그렇다고 해서 피폭된 아이들을 무시할 수는 없죠. 그것이 혁명과 국제적 연대의 기본이니까요."

1990년 3월 29일에 139명의 중증 어린이들이 최초로 쿠바를 찾아온 이후, 지금까지 치료한 사람 수는 2만 2천 명(그 가운데 아이가 1만 8,546명)이며 지금도 치료는 계속되고 있다. 참고로, 미국에서는 사고 직후에 5백 명의 아이들을 치료하는 프로젝트가 있었지만 그 뒤로 급속하게 관심이 엷어졌다. 한 가지 예를 들자면, 1991년에 캘리포니아의 NGO가 받아들인 사람수는 10명이었다. 현재는 보스턴에 근거를 둔 NGO의 원조 프로그램이 가장 큰 원조 프로그램인데, 거기서 받아들인 연인원은 1,200명이다.

2. 라틴 아메리카 의과대학

독특한 실전 의과대학

아바나에서 서쪽으로 40분 정도 차를 달리면 해변에 자리잡은 드넓은 라틴 아메리카 의과대학 캠퍼스에 도착한다. 이전의 해군병학교를 개축한 건물로 꽤 근대적이지만 대학은 이제 갓 지어졌다.

1998년 10월, 허리케인 호르헤와 허리케인 미치가 중미 카리브 지대를 잇따라 덮쳤다. 그 중에서도 미치는 특히나 전례가 없을 정도로 거대한 허리케인으로, 온두라스, 니카라과, 과테말라, 엘살바도르 등 중미 4개국에서 사망, 행방불명자가 18,500명이나 되었다. 쿠바는 당장 피해지역에 1천 명이나 되는 의사단을 보냈는데 현지에는 기초적인 의료 서비스가 결정적으로 부족했다. 이 경험을 통해 쿠바는 두 가지 결단을 내렸다. 하나는 원조지역의 의료제도를 강화하기 위해 지원을 더욱 확충하는 것. 또 하나는 새로이 현지에서 의사를 양성하는 것이었다. 의사가 키워지면 긴 안목에서 볼 때 쿠바의 긴급원조도 필요 없어진다. 하지만 그러려면 먼저 교육이 필요하다. 그래서 쿠바는 의학을 가르쳐서 젊은 의사들을 길러내기로 했다.

1999년 11월에 아바나에서 개최된 제9회 이베로 아메리카 정상회담에서 각국 수뇌들과 정부관계자의 참가 아래, 라틴 아메리카 의과대학 설립이 제안되고 정식으로 문을 열었다.[주1]

입학한 학생들은 처음 2년 동안은 이 캠퍼스에서 배우고(주2) 그 뒤 4년은 각지의 21개 의학교에서 쿠바의 새내기 의사들과 함께 전문과정을 배우게 된다.

첫 해에 입학생은 1,595명이었는데, 해마다 학생이 늘어나서 2005~2006년 학기에는 27개국에서 1만 661명의 유학생이 배우기에 이르렀다. 그 가운데 1만 84명은 의료, 67명은 구강병학(치과의사), 134명은 간호, 376명은 의료기술이었다.

라틴 아메리카 의과대학은 쿠바가 공들여 세운 만큼 세계의 다른 의학교에서는 볼 수 없는 독특한 특징이 몇 가지 있다.

첫째는 두메산골, 선주민 주거지 등 의사가 없는 가난한 지역에서 학생들을 모집하고 있다는 점이다. 학생들의 출신지는 28개국에 이르는데 대부분 라틴 아메리카나 아프리카의 가난한 개발도상국이다. 게다가 과테말라만 해도 22개의 부족이 있듯이 라틴 아메리카에는 선주민이 많은데, 이런 부족 출신 학생이 101명이다. 그리고 한 사람 한 사람의 문화적, 민족적, 종교적인 배경을 중시하면서도 전문적인 국제인을 육성하는 것을 목표로 하고 있다. 남녀차별도 없어서 학생의 51%가 여성이다.

둘째는 6년의 연수기간 동안 수업료, 하숙비, 식비, 책값, 의복비 등 모든 것을 쿠바가 부담하여 경비가 한 푼도 들지 않는다는 점이다. 심지어 매달 1백 페소의 장학금이 지급된다. 응시조건은 가난한 농촌 출신으로 25살 이하여야 하며 입학시험도 물론 있지만, 입학하면 한 가지 조건이 붙는다. 졸업 후에는 기존의 의사가 있는 도시가 아니라 가난한 농산촌이나 선주민 거주지에서 일하겠다고 맹세해야 하는 것이다. 보건복지부의 고등교육국장 프란시스코 듀란 박사는 이렇게 말한다.

> "이런 인도주의 철학은 수업에서는 가르칠 수 없습니다. 하지만 학교생활을 통해서 강화되게 됩니다. 예를 들면 학생들 주위에는 가혹한 상황 속으로 기꺼이 해외원조를 나가는 의사들이 있고, 학생들도 직접 환자들과도 접촉하기 때문이죠."

우루과이 출신의 빅토리아 에르난데스는 이것에 찬성한다.

> "다양한 지역 출신의 다른 문화를 가진 친구들과 함께 살면서 공부하는 건 정말 멋진 체험이에요. 도덕적인 맹세는 강제성은 없지만 대부분의 졸업생들은 반드시 지킬 거예요."

의과대학은 9월부터 시작해 12학기로 나뉘어 있는데, 기초과정에서는 화학, 생물학, 수학, 물리학, 건강학 서론, 아메리카 대륙사 등을 배우고, 필요한 학생에게는 12주간의 스페인어 집중코스도 있다. 표 4-1의 커리큘럼을 살펴보자. 쿠바의 의료철학을 반영하여 이론과 실천이 맞물려 있음을 알 수 있을 것이다. 기초과정임에도 코뮤니티에서 일을 하면서 일차진료나 코뮤니티 의료를 배우는 것이다.

선진국도 그렇지만, 그 이상으로 개발도상국에서는 의사들은 치

표 4-1 라틴 아메리카 의과대학의 커리큘럼

	항목	내용
1년	1학기	포괄적 일반의학 입문(가정의료), 해부 I, 조직학 I, 발생학 I, 세포와 분자생물학, 의학사 I, 영어 I, 스포츠·체육
	2학기	해부 II, 조직학 II, 생리학 I, 신진대사와 그 규칙, 역사·의학 II, 의료정보학 I, 영어 II, 스포츠·체육 II
2년	3학기	해부 III, 조직학 III, 발생학 II, 생리학 II, 영어 III, 스포츠·체육 III
	4학기	병리학, 미생물학, 심리학 I, 의학정보과학 II, 의료실천 입문, 유전학, 영어 IV, 스포츠·체육 IV
3년	5학기	심리학 II, 약물학 I, 영어 V 등
	6학기	내과, 약물학 II, 영어 VI
4년	7학기	포괄적 일반의학 I(가정의료), 일반외과, 산과학·부인과 의학, 재해의학 I, 영어 VII
	8학기	소아과, 영어 VIII
5년	9학기	공중위생, 포괄적 일반의학 II(가정의료), 정신의학, 재해의학 II, 영어 IX
	10학기	이비인후과학, 비뇨기과, 정형외과와 외상학, 안과, 피부과, 법의학과 윤리학1, 얼터너티브 의료2, 영어 X
6년(인턴)		인턴: 전문실천 내과 10주, 소아과 10주, 산과학 & 부인과 의학 7주, 외과 7주, 포괄적 일반의학(가정의료) 7주, 의사검정시험 4주

출전 : Vice Ministry for Medical Education and Research, Ministry of Public Health

료뿐만 아니라 건강과 깊숙이 관계된 경제, 사회, 문화·환경조건도 고려할 것이 요구된다. 그래서 제1장에서 말한 일차진료 제도나 주민참가형 공중위생 대처는 현장에서 배우는 것이 수업에 들어 있다. 코뮤니티에서의 실습에 더해, 학생들의 출신지를 배려한 독자적인 프로그램도 있다. 예를 들면 열대전염병을 중시하며 그 커리큘럼은 페드로 코우리 열대의학 연구소가 짜고 있다. 또 다른 예는 여름방학을 이용한 자습이다.

학생들은 여름방학에 고향에 돌아갈 수 있으므로 우루과이 출신인 빅토리아 에르난데스도 2002년부터 해마다 방학 때는 고향인 수도 몬테비데오 교외의 슬럼가인 콜로니아 니콜리에서 봉사활동을 해왔다. 그리고 그저 기다리기만 하는 것이 아니라 변혁을 일으키는 것이 가능하다는 것을 체험하고 있다고 한다.

온두라스 출신의 루사 카스티조도 좋은 경험을 한 청년이다. 온두라스에는 의학교가 수도인 테구시갈파에 딱 하나뿐이고 월수입은 약

28개국에서 온 유학생들이 1만 명이나 공부하고 있는 라틴 아메리카 의과대학 캠퍼스.

600페소밖에 안 되는데 해부학 책값만 해도 약 5천 페소나 된다. 그래서 루사도 한때는 의사의 꿈을 포기했다. 꿈에 그리던 의학교에 들어온 루사는 방학 중에 15일은 코뮤니티에서 자원봉사를 하면서 보내고 있었다. 그리고 75살 노인한테서 "옆에 앉아서 손을 잡아주다니, 이렇게나 친절한 의사 선생님한테 진찰을 받았던 적은 내 평생에 단 한 번도 없었다."는 감사의 인사를 받고 다시금 자신의 사명을 재확인했다.

또한 2003년 여름에 테구시갈파에서 뎅기열이 발생했을 때, 루사 청년을 비롯한 497명의 온두라스 출신 학생들이 쿠바 의료대와 함께 여름방학을 온통 뎅기열 방지활동에 바쳤다.

"저희가 진료소에 있는데 몇백 명이나 되는 어머니들이 뎅기열로 괴로워하는 아이들을 데리고 왔습니다. 몇 명은 이미 출혈성 징후를 보이고 있었는데 어떤 어머니는 아이의 긴급검사가 필요한데 검사비가 없어서 진료소를 나가버렸어요. 치료실에서 기다리던 저희들은 검사에 왜 이렇게 시간이 많이 걸릴까, 생각하다가 그제서야 알아차렸죠. 당황해서 어머니들을 끌고 진료소로 돌아와서 우리가 돈을 모아 검사비를 지불했는데 하얀 가운을 입은 학생들의 이런 모습에 주변 사람들이 대단히 충격을 받은 것 같았습니다. 밤낮 없이 이렇게 뎅기열과 싸웠는데, 정말 대단한 경험이었습니다."

쿠바측도 학생들의 이런 경험에 입각해서 교수진의 지도 아래 2005년에는 파일럿 프로그램으로서 아이티, 베네수엘라, 온두라스, 과테말라 출신의 6학년생들이 조국에서 6개월 동안 인턴 연수를 할 수 있게 했다. 이런 실전을 바탕으로 자칫 돈벌이로 치닫는 경향이 있는 현재의 의료상황과는 정반대인 쿠바 풍의 의료철학과 이념이 머릿속에 새겨져 간다.

미국인 학생도 배우는 의과대학

의외라고 생각할지 모르겠지만 라틴 아메리카 의과대학에는 미국 출신의 학생도 입학해 있다. 2000년 6월에 쿠바를 찾아온 미국의 아프리카계 국회의원 베니 톰슨 일행한테서 아프리카계 미국인의 거주지역에 의사가 부족하다는 말을 들은 카스트로는 2001년에 뉴욕의 할렘에서 행한 연설에서, "미국에서는 의학 학위를 따는 데에 20만 달러가 든다. 우리는 그것을 지불할 여유가 없는 가난한 젊은이들에게 장학금을 제공할 준비가 되어 있다."면서 아프리카계나 히스패닉계 미국인, 네이티브 아메리칸용으로 연간 500명이라는 다른 나라 이상의 유학생 정원수를 제의했던 것이다.

191쪽의 칼럼2에서 소개하는 당시 카스트로의 연설이 잘 보여주고 있듯이, 미국의 아프리카계 미국인 거주지역의 의사부족 현상은 상당히 심각하다. 이슬람 성직자 의료인권 서비스의 아부다르 알림 무하마드 의사는 상황을 이렇게 한탄한다.

"저는 1995년에 처음으로 쿠바를 방문했는데 모든 커뮤니티, 학교, 공장에 의사가 있었어요. 의사 대 환자 비율은 165명당 1명으로 세계 최고입니다. 반대로 미국에는, 전국의사협회에 따르면 흑인은 4천만 명이 있는데 흑인 의사는 2만 3천 명밖에 없습니다. 의사 1인당 환자는 2천 명입니다. 그리고 전국적으로는 흑인 의사가 한 명도 없는 지역도 있습니다. 이건 제3세계 의료 수준이며 이래서는 도저히 동포들의 건강을 지킬 수 없습니다. 백인들의 그 비율은 300명에 1명이므로, 흑인보다 6배나 의사에게 진찰을 받을 수 있는 것이죠. 우리는 어떤 식으로 인적자원(맨파워)을 획득하면 될까요? 이것이 쿠바가 하고 있는 일의 위대함을 말해주고 있습니다."

미국 전체 인구 가운데 아프리카계, 히스패닉계, 네이티브 아메리칸은 25%를 차지하지만 이들 계층 출신 의사는 6.1%뿐이다. 미국에서 쿠바에의 유학 프로젝트는 「평화에의 목사, 코뮤니티 종교재단」의 루셔스 워커 목사에 의해 세워졌다.

"의사는 고귀한 직업입니다. 여러분은 사람들을 위해 봉사하는 선교사, 목사여야만 합니다. 의사가 되어 세상에 나가면 가난한 사람들을 위해 최선을 다해주십시오. 세계 속으로 파고들어가 보다 나은 세상, 보다 건강한 세계를 만들어주십시오. 여러분은 코뮤니티의 지도자가 될 수 있습니다."

워커 목사는 이렇게 학생들을 격려했지만 유감스럽게도 정부간 정식협정이 체결되어 있지 않기도 해서, 아직까지는 쿠바가 제시한 인원을 훨씬 밑도는 인원밖에 배우고 있지 않다. 그럼에도 쿠바에서의 경험은 미국 학생들에게도 꿈을 심어주고 있는 것 같다.

사우스 캘리포니아 출신의 학생 샐포마 세파는 이렇게 말한다.

"왜 하워드나 메허리 대학에 입학하지 않았냐는 말을 많이 듣습니다. 그래서 이렇게 대답했죠. '물론 지원했지. 하지만 입학은 불가능했다구' 라구요."

미국에서 아프리카계 미국인이 비교적 입학하기 쉬운 의학부는 딱 두 군데, 하워드와 메허리 대학뿐이다. 일단 대학문이 좁은 데에다 학비까지 올라서 저소득층 가정 출신 젊은이는 의사가 될 수 있는 길이 더더욱 막혀 있다. 의과대학에 다니고 있는 미국 출신 학생들 대다수는 사실은 조국에서 의대에 가고 싶었지만 입학을 허가받지 못한 이들이다.

뉴욕 출신의 테레사 글로버도 아프리카계와 체로키계 혼혈로 1998년에 뉴욕 주립대학을 졸업했다. 생물학 학위를 딴 뒤에 3년을 일했는데 2001년에 유학 프로그램에 대해서 듣고 코뮤니티 종교재단에 연락을 했다.

"의사가 되고 싶었지만 성적이 좋아도 돈이 없어서 여기에 오는 것 말고는 의사가 될 수 있는 방법이 없었거든요. 저는 의과대학을 사랑하고 있어요. 금방 환자분들과도 만났고 지금은 3학년이 되어서 환자분들과 좀 더 많이 접촉하고 있습니다."

지금 의과대학에는 미국 출신 학생 88명이 공부하고 있는데 그 가운데 85%는 비주류 출신이고 73%는 여성이다.

"저는 여기가 아주 마음에 들어요. 미국에서는 학우가 뒤떨어지기를 서로서로 바라죠. 누군가가 수업을 쉬면 그만큼 자기 성적이 좋아지니까요. 하지만 쿠바에서는 선생님들이 저희를 아주 배려해줘요. 한 사람 한 사람에게 지금의 진도상황이 어떤지를 물어봐주시거든요."

뉴저지 주 출신의 니콜 마레가 그렇게 지적하자, 뉴멕시코 주 출신의 제시카 바레트가 이렇게 덧붙인다.

"하지만 선생님은 아주 엄격하세요. 그건 저희가 정말로 성공하기를 바라시기 때문이죠."

라틴 아메리카 의과대학에서는 학생들을 집중수업이나 가정교사 제도 등을 통해서 돕고 있기도 하다. 이전에 질높은 교육을 받지 못했던 학생들을 위해서 클래스도 소수정원제로 되어 있다. 이런 배려나 학생들의 높은 동기부여도 있어서 라틴 아메리카 의과대학 학생들은 첫해 시험에서 쿠바의 의학생들 중에서도 최고의 성적을 올렸다고 한다.

커플이 서로 끌어안은 명랑한 캠퍼스

2005년 8월 20일, 라틴 아메리카 의과대학의 첫 졸업식이 거행되어 6년간의 학업을 마친 20개국 출신의 제1기생 1,498명이 졸업증서를 받아들었다. 의과대학이 만들어진 계기가 허리케인이었기 때문에 졸업생들은 중미 출신이 대부분이었지만 그 가운데 한 명은 미국 학생이었다. 졸업식에는 카스트로를 필두로 베네수엘라의 우고 차베스 대통령, 파나마의 마르틴 토리호스 대통령 등 각국 대통령과 정부 대표단이 참석했다.

정부간 협정은 미국을 제외하고 이미 27개국까지 확대되었다. 그리고 졸업식장에서 카스트로는, "개발도상국을 위해 여기에 더해 10만 명의 의사를 양성할 예정이며 그것에는 베네수엘라가 협력할 것이다."라고 발표했다. 예정되어 있는 것은 베네수엘라에서 6만 명, 그 밖의 라틴 아메리카와 카리브 해 지역에서 3만 명이다. 심지어 아프리카에서도 입학 희망이 많아서 내친 김에 아프리카에 의학교를 개설할 계획도 세우고 있다. 미국의 아부다르 알림 무하마드 의사는 이렇게 놀란다.

> "이런 일을 해서 쿠바가 뭔가 얻는 것이 있을까요? 아뇨, 아무 것도 없습니다. 쿠바인들은 정말로 인류를 배려하고 있습니다. 인간은 의료 서비스를 받을 가치가 있고, 그럴 권리를 갖는다, 인간적인 삶과 자유를 손에 넣고 행복을 추구할 가치가 있는 존재다, 라고 진심으로 믿고 있는 것입니다."

하지만 라틴 아메리카 의과대학 졸업생들에게는 또 하나의 관문이 기다리고 있다. 국가 의사시험을 치른 다음 조국의 시험에도 합격해야 비로소 한 사람의 어엿한 의사가 될 수 있는 것이다. 라틴 아메리카 의과대학 학위는 우루과이나 중미에서는 인정되고 있지만, 그밖의 외국에서는 여전히 논쟁중이다. 별도의 시험을 칠 것을 요구받는 경우도 있다. 하지만 라틴 아메리카 의과대학 학장은 대부분의 학생들이 어떤 시험에도 합격할 정도의 수련을 쌓아왔다고 주장한다. 한 가지 예를 들면, 칠레는 라틴 아메리카 내에서 가장 엄격한 대학제도와 의사허가 요건을 갖추고 있는 나라인데 라틴 아메리카 의과대학을 졸업하고 칠레로 돌아간 최초의 의대생 7명은 칠레 대학에서 학위를 인정받았다. 이것은 라틴 아메리카 의과대학에서 행해진 교육의 수준이 높았음을 뒷받침하는 하나의 증거라고 말할 수 있을 것이다.

"기술보다도 먼저 환자를 진찰하는 것이 원칙입니다. 예를 들어 충분한 자재와 하이테크 기기가 없더라도 연대정신이 있으면 환자를 진찰할 수 있습니다." 미팅 룸에서는 이런 설명을 들었는데 라틴 아메리카 의과대학 졸업생들이 정말로 개발도상국의 의료를 바꾸는 선구자가 될 수 있을까. 캠퍼스 안을 산책하고 있자니, 공공의 면전에서 당당하게 젊은 커플이 끌어안고 키스를 하고 있었다. 역시나 라틴이다. 하지만 생각해보면 의료의 전제는 환자를 향한 사랑이다. 광대한 캠퍼스에서 서로 끌어안은 그들은 분명히 장래에 훌륭한 의사가 되어 있지 않을까. 예를 들면 남아프리카 출신의 논테무베코 시트네스는 이렇게 선언하고 있다.

"의사라는 건 단순히 직업이 아닙니다. 사람들이 가장 필요로

하는 장소에 가는 것. 모든 남아프리카인을 위한 의료와 서비스. 그것이 저희들이 마음에 새기고 있는 것입니다."

주1 – 쿠바는 이전부터 입국여비와 매월의 장학금을 전부 부담하고, 중미로부터의 수백 명의 학생들을 유학시켜 왔는데, 허리케인 미치 이후의 대책으로 정식 발족시킨 것은 이때다.
주2 – 산티아고 데 쿠바에도 캠퍼스가 있다. 프랑스어를 구사하는 아프리카인이나 아이티인을 위해서 산티아고 데 쿠바에도 카리브 의학대학이 설립되었으며 거기서는 2002년에는 254명의 아이티인과 51명의 말리(서아프리카의 공화국. 정식 국명은 말리 공화국.– 옮긴이) 학생이 공부하고 있다.

칼럼2

뉴욕 할렘에서의 카스트로의 연설

2000년 9월에 카스트로는 유엔 밀레니엄 정상회담에 참가하기 위해 뉴욕을 찾아왔을 때 할렘의 리버사이드 교회에서 연설을 했는데, 다음과 같은 이야기를 해서 회담장을 들끓게 했다.

"나는 유엔 방문을 취소당한 적이 네 번 있다. 처음에는 유엔 근처의 호텔에서 쫓겨났다. 그래서 나에게는 두 가지 선택지가 있었다. 하나는 유엔의 정원에 텐트를 치는 것이다. 산속에서 나온 게릴라 전사였던 나에게 그런 일은 식은 죽 먹기였다. 그게 아니면 할렘으로 가는 것이었다. 나는 곧바로 결정했다. '좋아, 할렘으로 가자. 왜냐하면 거기는 나의 최고의 친구들이 있는 곳이니까…….'"

하지만 연설이 계속됨에 따라 카스트로는 미국의 내정을 신랄하게 까발려간다. 미국이 안고 있는 복지의료 문제의 핵심을 찌르고 있으므로 약간 길지만 인용해보자.

"이처럼 세계에서 가장 잘 사는 나라에도 심각한 사회문제가 있다. 그 가운데 몇 가지를 언급하고 싶다. 인구의 14%인 3,600만 명이 빈곤 라인 이하에서 생활하고 있고 그 비율은 다른 선진국, 일본이나 유럽의 두 배이다. 4,300만 명에게는 건강보험이 없고 그 밖의 3,000만 명도 극도로 낮은 보험밖에 없으므로 사실상 없는 것이나 마찬가지다. 3,000만 명의 문맹자와 거기에 더해서 3,000만 명의 기능적 문맹자도 있다. 이들은 국제기관의 공식 숫자인데, 전국민의 빈곤비율은 14%지만 흑인의 경우는 29% 이상이다.

흑인 아이들 사이에서 그 수치는 40%에까지 이르며 몇몇 도시와 농촌지역에서 그것은 50% 이상이다. 경제가 성장하고 있음에도 불구하고, 미국의 빈곤율은 서유럽보다 2~3배나 높다. 덧붙여서 미국 아이들의 22%는 빈곤에 신음하고 있다.

전체 노동자 중에서 사회보장을 갖고 있는 이들은 45%뿐이다. 국민 전체 가운데 13%가 60살 이상까지 살지 못한다. 여성은 남성과 똑같은 일을 하고도 73%밖에 급료를 받지 못하고, 파트타임 노동이 70%를 차지한다. 그들은 어떤 사회적 권리도 갖고 있지 않은 것이다. 가장 잘 사는 1% 정도의 사람들이 1975년에는 부의 20%를 소유하고 있었지만 지금은 36%나 소유하고 있다. 그리고 격차는 계속해서 벌어지고 있다.

지금 형무소의 사형수 동에 있는 3,600명의 사형선고자 중에는 백만장자나 중상류계급의 사람은 단 한 명도 없다. 왜일까 하고 놀라는 사람도 있을지 모르지만 아마도 나보다도 여러분이 훌륭한 답을 갖고 있을 것이다. 나는 어느 누구도 비난하지는 않는다. 다만 무슨 일이 일어나고 있는지만 간단히 말하겠다. 이것은 역사적 사실인데, 미국 역사상 455명이 강간혐의로 처형되었는데 그 가운데 405명은 흑인이었다. 10명 중에 9명 꼴이다. 그리고 흑인 여성을 강간했다는 이유로 처형된 백인은 단 한 명도 없다······."

그리고 카스트로는 미국 내의 가난한 사람들에게 의학을 배울 기회를 제안한다.

"우리나라는 경제봉쇄를 당하고 있음에도 불구하고 라틴 아메리카 의과대학 학생들에게는 절대로 경비가 들지 않도록 하고 있다. 그들은 적절한 식사와 주거, 실험실, 교과서, 의류를 지급받고, 교통비 등의 기타 경비도 마찬가지로 받고 있다. 형제애와 문화교류를 촉진하기 위해 라틴 아메리카의 모든 출신지의 학생들에게 문호가 개방되어 있는 것이다.

최근에 나는 무척 놀란 적이 있다. 미국에서 흑인 의원단이 찾아왔는데, '많은 지역에 의사가 단 한 명도 없습니다'라는 말을 전해들은 것이다. 그래서 나는 이렇게 말했다. '어떻게 된 건가. 당신들은 미국 안의 제3세계다. 좋다. 당신들에게 무료로 의사를 보내겠다. 다른 제3세계 여러 나라를 위해 우리가 하고 있는 것과 같은 일을 해주겠다.' 그리고 이렇게도 덧붙였다. '그리고 의학부를 졸업하는 데에 드는 20만 달러를 지불할 여유가 없는 당신들 지역의 가난한 젊은이들에게도 많은 장학금을 줄 준비를 하겠다.'

나는 미국 내의 제3세계에서 우리가 매년 250명의 학생을 받아들일 각오가 있다고 단언할 수 있다. 그리고 우리쪽에서는 후보자를 고르지 않을 것이다. 의학을 지망하는 가난한 젊은이를 돕고 싶어 하는 의원들이 그들을 선발할 것이다. 그리고 이 젊은이들은 의사로서 졸업한 뒤에 조국에 돌아가 공헌할 것이다."

3. 쿠바의 의료외교

50만 명에 다시 빛을 – 기적의 안과수술 프로젝트

　지금 쿠바에는 10개 이상의 호텔이 일시적이기는 하지만 관광객이 이용할 수 없게 되어 있다. 쿠바 취재를 할 때마다 도움을 받는 세토 구미코씨 사무실도 모 호텔 내의 한 방에 있었는데, 정부로부터 퇴거를 명령받았다고 한다. 뭔가 정치경제적인 문제가 있어서가 아니다. '기적의 계획' 이라 불리는 안과치료를 받기 위해 라틴 아메리카나 카리브 해 전역에서 엄청나게 많은 사람들이 찾아와서 호텔이 치료시설로 쓰이고 있기 때문이다.

　2005년 12월 22일, 국회에서 카스트로는 이렇게 물었다.

"몇천 명이나 되는 인민의 시력을 되찾아주는 데에 과연 어느 정도의 돈이 들까? 백내장, 녹내장, 당뇨병 등의 병으로 눈이 보이지 않게 된 인민이 시력을 회복하는 데에 과연 얼마나 든다는 것인가? 그렇다. 그 행복은 돈으로는 환산할 수 없다."

　'기적의 계획' 이 지향하는 목표는 장대하다. 프로젝트에서는 라틴 아메리카와 카리브 해 지역에서 시각장애로 고통받는 450만 명에 대해 앞으로 10년에 걸쳐서 무료치료가 행해지게 된다.

2005년 7월 25일부터 11월말까지만 해도 카리브 해의 10개국에서 3천 명 이상이 수술을 받으러 찾아왔다. 자메이카에서의 제1탄은 23명이었는데 백내장 수술에 성공한 레이몬드 스털링은 수술 직후에 이렇게 기쁨을 밝혔다.

"쿠바에 와서 이전처럼 다시 눈이 보이게 되었습니다. 마치 천국 같아요."

쿠바 주재 자메이카 대사 엘리노어 셜록도 감동을 감추지 않는다.

> "이미 5백 명 이상의 자메이카인이 찾아오고 있습니다. 모두 가난하고 몇 명은 눈이 보이지 않습니다. 하지만 수술 뒤에는 저를 물끄러미 쳐다봅니다. 그래요, 다시 눈이 보이게 된 거죠. '기적의 계획'은 정말로 기적입니다."

감사하고 있는 건 대사뿐만이 아니다. 78명의 환자와 함께 아바나에 도착한 파나마의 마르틴 토리호스 대통령도 카스트로에 대한 감사의 마음을 이렇게 밝힌다.(주1)

"많은 가난한 파나마인이 시력을 회복할 기회를 얻게 된 것에 대한 감사의 증표로써 쿠바를 방문하는 것은 나의 책무입니다."

사실 파나마와 쿠바는 외교관계가 단절되어 있었다. 2000년에 파나마에서 이베로 아메리카 정상회담이 개최되었을 때, CIA가 고용한 국제 테러리스트인 루이스 포사다에 의한 카스트로 암살미수 사건이 일어났는데, 밀레야 모스코소 전(前) 파나마 대통령이 미국의 압력을 받아 옥에 갇혀 있던 포사다를 석방해 버렸기 때문이다.

하지만 부패추방, 사회보장, 쿠바와의 관계회복을 중요정책으로 제시한 야당의 토리호스가 2004년 9월 1일에 대통령에 취임하자 두 나라는 국교를 회복한다. 그리고 2005년 8월에 아바나에서 열린 카스트로와의 회담에서 곧바로 몇 천 명의 안과치료 외교협정이 맺어진다. 앞으로는 해마다 1만 2천 명의 파나마인에게 안과수술을 하게 된다.

수술을 받고 있는 것은 자메이카인이나 파나마인만이 아니다. 그 밖에도 볼리비아, 브라질 등 15개국 이상의 라틴 아메리카 여러 국가로부터도 잇따라 가난한 환자들이 특별기를 타고 아바나로 날아와서 수술을 받고는 눈이 보이게 되어 돌아간다. 심지어 별 다섯 개짜리 관광호텔까지 사용하고 있음에도 불구하고 숙박비, 식사비는 무료이며 입국경비도 없다. 2005년 8월에는 20개 병원에서 하루에 1,648건이나 되는 시술이 행해졌는데 이것은 거의 세계기록이라고

'기적의 수술'을 위해 아바나 시내에 새로 증축된 전문병원.

할 수 있을 것이다. 2005년 12월 16일까지 17만 2,306명이 수술을 받았다.

하지만 프로젝트는 이것으로 끝나지 않고 2006년에 들어서자 더욱 진전되어갔다. 발족시에는 쿠바 국내의 병원에서만 치료가 이루어졌지만, 더욱 사업을 확충할 목적으로 쿠바 의료관계자의 지휘 아래 안과수술 시설이 타국에도 잇따라 설립된 것이다. 베네수엘라에서는 28개의 수술실을 갖춘 13개나 되는 새로운 안과센터가 운영되어 29만 명 이상의 베네수엘라인이 치료를 받았고, 볼리비아의 '라파스' 국립안과연구소에도 근대적인 설비가 정비되고 쿠바 의사와 현지 의사들과 더불어 라틴 아메리카 의과대학 졸업생들까지 활약하여 1,500명 이상의 환자가 무료로 치료를 받았다.

볼리비아에서는 이내 코차밤바와 산타 크루즈에 새로 안과센터가 세워져 앞으로는 해마다 최소 5만 명에게 수술이 행해질 전망이다. 안과시설은 에콰도르, 과테말라, 아이티, 온두라스에도 세워져 2006년 11월까지 '기적의 계획' 덕분에 시력을 회복한 환자 수는 28개국, 48만 5,476명에 이르고 있다. 10년 동안 450만 명이라는 얼핏 터무니없어 보이는 목표도 뜬구름 잡는 이야기만은 아니다.

혁명 직후부터 세계를 향해 전개된 의료원조

"국제적인 의료원조를 실시한다는 생각은 혁명 당시부터의 원칙이었습니다. 그래서 극히 초기부터 의료원조를 벌이고 해외에서 의사를 양성해온 것입니다."

보건복지부의 고등교육국장 프란시스코 딜란 박사가 지적하듯이 쿠바의 의료원조는 1959년 혁명 직후부터 전개되어 왔다. 예를 들면 1960년 5월에 세계관측사상 최대 규모의 칠레 지진이 발생해 수도 산티아고를 비롯해 전 국토가 괴멸 상태가 되고 사망자 1,743명, 부상자 667명이라는 참사가 일어났다. 당시 쿠바는 혁명 직후여서 경제적으로 힘든 데다 의사의 절반 이상이 국외로 빠져나가버린 위기 상황이었다. 그럼에도 불구하고 쿠바는 칠레의 재해 구제를 위해 의료단을 파견한다. 1964년에는 알제리와 협정을 맺고 14개월이라는 장기간에 걸쳐 56명의 의사단을 파견하고 있다.

그 뒤로 장·단기에 걸쳐서 작은 나라에 걸맞지 않는 규모의 의료원조를 전개해왔다. 1970년대에는 가이아나와 니카라과에 원조를 하고 1970년대부터 1980년대 초반에 걸쳐서는 앙골라와 소말리아에도 대규모 민간원조 프로젝트를 시작했다.

하지만 의료원조는 아무래도 그 곳에만 한정된 대응이 될 수밖에 없는 경향이 있다. 성과를 지속시키고 누적적으로 효과를 올려가기 위해서는 현지에서의 인재육성이 꼭 필요하다. 그래서 쿠바는 의학교육에도 힘을 쏟아왔다. 현지에서의 실시지도를 행하는 것뿐만 아니라 국내의 의학교에도 많은 젊은이를 받아들여 무료로 가르쳤다. 1961년부터 2001년까지 쿠바의 의학교에서 공부한 개발도상국 출신 학생들은 연인원 4만 명 이상에 이른다. 그 가운데 16,472명은 고등 교육기관을 졸업하고 1970년대에 쿠바에서 공부한 젊은이들은 지금은 각국에서 보건복지부 장관 등의 요직에 올라 있다. 1976년에는 예멘의 의학교 설립을 원조하고 그 뒤로도 앙골라, 에티오피아, 기니 비사우, 니카라과 등 각국의 의학교 설립에 전력을 기울이고 직접 대학의 강좌개설을 해왔다.

해외의료 원조활동은 1980년대에 절정에 이르렀다. 1985년에는 1,500명이나 되는 의사들이 25개국에서 활동했는데, 세계보건기구의 그것보다 많은 수였다. 1990년에는 원조는 더욱 확대되어 4만 6천 명이나 되는 의사, 교사 등이 60개국에서 활동하고, 주민 228명당 1명에 상당하는 50만 명 이상의 시민이 어떤 형태로든 해외원조에 관여되어 있었다. 참고로, 같은 해에 미국의 해외협력 종사자수를 살펴보면 3만 1천 명으로 35,760명당 1명이라는 계산이 나오므로 쿠바가 얼마나 엄청난 규모인지를 알 수 있다.

베네수엘라와 볼리비아에 대한 의료원조

하지만 지금 베네수엘라에 대해 행해지고 있는 의료원조는 더욱 엄청난 규모다. 예를 들면 가난한 지역에 진료소를 세우고 무료 치료활동을 벌이는 '바리오 아 덴트로 I'이라 불리는 의료 프로젝트에는 3만 이상의 의료관계자가 관련되어 있는데, 그 가운데 75%인 23,382명이 쿠바인이다. 쿠바의 의사들이 행한 치료 건수는 1억 7,170만 건에 이르며 그 가운데 6,790만 건은 학교, 직장 등 코뮤니티 안에서 행해지고 있다. 쿠바인들은 가정 왕진도 하는데 2,410만 세대에 이르고 있다. 그에 더해 1억 310만 번의 보건위생 교육활동도 행하고 있다.

종합적인 의료센터에서 보다 전문적인 의료진단가 치료, 재활을 행하는 '바리오 아 덴트로 II'의 임상검사는 8,440만 번, 그 가운데 80만 8,153번이 CT 스캔, 4만 745번이 핵자기공명(核磁氣共鳴) 검사다. 새로 설립된 종합진료소를 중심으로 긴급치료가 88만 6,609명에게 행해지고, 720만 명이 진단을 받고, 52만 명이 160만 번의 재활치료를 받고 있다. 더욱이 이런 의료원조 프로그램이 유지될 수 있도록 현지에서는 4만 명의 의사와 5천 명의 의료종사자를 훈련하고 있고, 또한 1만 명의 학생을 쿠바 내의 의학교에 무료로 유학시키고 있다.⁽주2⁾

베네수엘라만큼은 아니지만 볼리비아에서도 거의 똑같은 의료원조가 전개되어 2006년 6월에는 1,100명의 쿠바 의사가 188곳이나 되는 농촌부락에서 무료의료를 행하고 있다.

1978년 이래 카스트로는 "쿠바는 세계의 의료파워가 될 것이다."라고 반복해서 주장하며 해외원조에의 집념을 불태워왔는데, 요 몇 년 간의 움직임은 그 규모에 있어서도 폭넓음에 있어서도 지금까지 전례가 없었다. 물론 누구나 쿠바의 원조활동을 고맙다며 넙죽 받아들일 리는 없다. 특히 해당지역 의사와 의사협회의 반발이 컸다. 예를 들어 베네수엘라에서는 의사들이 파업을 하고 2003년에는 의사협회가 쿠바 의사의 영업금지 소송을 냈고 법정도 이것을 지지하고 있으며, 볼리비아에서도 볼리비아 의과대학이 파업을 단행했다.

하지만 베네수엘라의 차베스 정권의 방침은 전혀 흔들리지 않았으며 볼리비아의 에보 모랄레스 대통령도 "나의 재임기간 중에는 쿠바

의사가 나갈 일은 없다."고 단언하고, 오히려 의과대학에 대해 지금까지의 태도를 바꾸어 쿠바처럼 무료 의학교육을 하라고 권하기도 했다.

그래서 의사협회는 대항조치로써 '쿠바 의사들의 실력이 없다' 라는 네거티브 캠페인을 퍼뜨리고 베네수엘라, 남아프리카, 짐바브웨, 아이티에서도 '쿠바 의사의 의료 미스' 가 날조되고 있다. 하지만 지금까지 단 한 번도 의사의 진찰을 받아본 적이 없는 환자들은 지역에 같이 살면서 지역 내에서 일하는 의사나 의료관계자들의 모습을 입에 침이 마르게 칭찬하고 있다.

예를 들어 2003년 11월부터 베네수엘라에 의료원조로 나가 있는 에르네스토 로드리게스 치과의사는 현지에서의 이런 에피소드를 들려준다.

"제가 파견된 곳은 스리아 주의 라파엘 켈데타라는 인구 2만 명 정도의 가장 가난한 지역이었습니다. 물론 의사는 한 명도 없었죠. 게릴라 활동을 하러 왔을 거라고 괴롭힘을 당하고, 살고 있던 집 근처의 빵집으로부터는 '네 놈들은 카스트로의 개다' 라고 매도당했죠."

하지만 이 빵집 아들의 이가 아파서 로드리게스 의사의 치료를 받는 상황이 되었다.

"빵집 주인이 벌레라도 씹은 듯한 얼굴로 진료비가 얼마냐고 묻기에 '물론 무료입니다, 인사는 피델에게 하시지요' 라고 대답했죠."

그 뒤로 빵집으로부터 빵이 위문품으로 배달되게 되었다고 한다. 새벽 4시에 젊은 여성이 두들겨깨운 적도 있었다.

"신경을 제거해야 할 정도로 악화되어 있었지만 되도록이면 이를 보존할 수 있게 하는 것이 의사로서의 사명입니다. 치료를 한 결과, 그럭저럭 이를 뽑지 않아도 되었죠."

그녀로부터는 귀국 후에도 "덕분에 좋아졌어요. 잘 지내고 있어요."라는 메시지가 온다고 한다.

평일에는 거리에서 치료활동을 하고 주말에는 시내에서 2시간이나 걸리는 두메산골까지 지프로 나간다.

"물도 전기도 없는 어떤 인디오 부락에서는 대부분의 아이들이 충치에 걸려 있었습니다. 이를 닦는 습관조차도 없는 거죠. 그래서 먼저 이를 닦는 법부터 가르쳤습니다. 무료니까 괜찮다고 하자 모두들 놀라더군요. 부락민들은 너무나 가난해서 진찰료만으로 한 달 월급이 날아가기 때문에 지금까지 누구도 진찰조차 받아본 적이 없었던 겁니다."

의사수출로 석유를 획득한 경제성장

이런 풀뿌리 의료원조는 외교관계에도 영향을 미쳤다. 예를 들면 파라과이의 니카노르 두아르테 대통령은 2004년 4월에 부시 대통령이 직접 방문하여 쿠바의 경제봉쇄에 찬동을 요청했음에도 불구하고 제네바의 유엔 인권위원회에서 이렇게 말하며 기권했다.

"6년 이상이나 전부터의 협정으로 쿠바 의사가 파라과이에서 의료원조를 하고 있고, 가난한 가정 출신의 600명이나 되는 젊은이들이 장학금 덕분에 쿠바에서 공부하고 있다."

미국의 경제봉쇄 정책에 찬성하고 있는 나라는 지구상의 수많은 국가 중에 단 4개국뿐이다.(주3)

자바 섬 중부 지진 때의 원조 이후 인도네시아의 유도요노 대통령은 쿠바 의사들을 앞에 두고 "당신들의 영웅적인 위업은 결코 잊을 수 없을 것입니다."라고 최대급의 감사의 말을 했고, 파키스탄 원조에는 숨은 일화가 있다. 무샤라프 정권은 파키스탄 주재 미국대사관으로부터 쿠바의 인도적 원조를 받아들이지 말라는 압력을 받고 있었지만 무샤라프 대통령은 "가장 마음이 따뜻해지는 편지 가운데 하나는 카스트로에게서 받은 것이었다. 카스트로는 몇 천 명이나 되는 파키스탄 인민들이 고통을 참으면서 수술을 기다리고 있다는 것을 생각하면 마음이 편치 않다는 내용의 편지를 보내왔다."고 말함으로써 이 원조를 통해 양국간의 외교관계가 확립되었다.

파키스탄의 무샤라프 대통령은 쿠바가 의장국을 맡아 2006년 9월에 아바나에서 개최된 제14회 비동맹 각국 수뇌회의에도 참가하고 있다. 군사력을 배경으로 한 미국의 파워가 약해지는 한편, 인도적 원조를 통한 쿠바의 소프트 파워는 외교면에서도 착실하게 성과를 올리고 있다.

하지만 불과 인구 1,100만 명밖에 되지 않는 작은 나라가 전 세계를 돌아다니며 활약하는 의료원조 활동을 지금까지 전개해온 것은 배후에 소련이라는 우두머리가 있었기 때문이었다. 하지만 그런 소련은 소멸하고 더 이상 존재하지 않는다. 불과 몇 년 전까지는 경제위기로 괴로운 한숨만 내쉬고 있었을 터인데, 도대체 쿠바에 무슨 일이 있었던 것일까? 쿠바는 어떻게 국제무대로 복귀할 수 있었던 것일까? 내막을 들춰보면 베네수엘라라는 새로운 후원자가 생겨난 것 이외에는 없다.

베네수엘라는 세계 제5위의 산유대국이며 지금도 미국이 자국 수입석유의 15%를 의존하고 있을 정도이므로 예전에는 훨씬 노골적으로 미국의 통제 아래에 놓여 있었다. 카스트로는 혁명 직후에 로물로 베탄쿠르 당시 베네수엘라 대통령에게 석유제공과 자금원조를 요청했지만 거절당했던 일이 있었다. 하지만 그로부터 40년이 지난 1999년에 우고 차베스 정권이 탄생하자 쿠바가 바라마지 않던 유리한 조건으로 무역과 투자, 자금원조가 시작되었다.

2002년 쿠바의 경제성장률은 2001년에 미국에서 일어난 9.11 테러의 영향으로 1.1%로 침체를 벗어나지 못하고 있지만, 다음 해인 2003년은 당초의 1.5%라는 예상을 웃도는 2.6%를 달성했고, 그 뒤로도 2004년에는 5%, 2005년에는 11.8%, 2006년에는 12.5%로 경이적인 성장률을 보이고 있다. 물론 라틴 아메리카 내에서도 최고의 성장률인데 이것은 베네수엘라와의 무역협정의 영향이 크다. 베네수엘라와의 무역액은 1999년에는 4.6억 달러에 지나지 않았지만, 그 뒤로 쑥쑥 증가하여 2002년에는 7.4억 달러, 2003년에는 8.6억 달러, 2004년에는 13.5억 달러, 2005년에는 24억 달러를 넘었고, 다음 해인 2006년에는 첫 3개월 동안에 일찌감치 12억 달러에 이르렀다.

2006년 4월 30일, 지은이가 머물고 있던 쿠바의 혁명광장에는 전국 각지에서 학생들이 모여들어서 우고 차베스와 에보 모랄레스(볼리비아 최초의 원주민 출신 대통령. - 옮긴이) 두 대통령의 방문으로 들썩이고 있었는데, 여기에는 이유가 있다. 쿠바와 베네수엘라가 미국이 추진하는 '미주자유무역지역협정'(FTAA)에 대항하여 2005년 4월에 '볼리바르 대체통합구상'(ALBA)을 체결했는데, 이 날 볼리비아도 이 구상에 가담했던 것이다.(주4) 탈 글로벌화를 향해 사회주의를 표방하는 3국의 경제, 정치동맹이 맺어지는 역사적인 순간을 지켜본 셈이다.

다음 해 2007년 4월말에 베네수엘라에서 열린 제5회 볼리바르 대체통합구상 수뇌회의에는 16년만에 대통령으로 복귀한 좌파 다니엘 오르테가 니카라과 대통령과 르네 프레발 아이티 대통령도 참가한다. 그리고 에콰도르의 라파엘 코레아 대통령도 볼리바르 노선을 표명하고 있다. 덤으로, 차베스 대통령은 회의 다음날인 30일에 "이제 더 이상 워싱턴의 도움은 필요 없다."면서 세계은행과 IMF(국제통화기금)에서 탈퇴를 선언했다.

지금 라틴 아메리카에서는 베네수엘라를 중심으로 커다란 정치적 지각변동이 일어나고 있다. 하지만 차베스가 지지를 받는 배경에는 특유의 정치 퍼포먼스뿐만이 아니라 지역에 확실하게 자리잡은 쿠바의 기술원조가 있었다. 자급률이 20% 정도밖에 되지 않는 베네수엘라에서는 수도 카라카스에서 유기농 채소를 가꾸는 채소밭 만들기가 진행되고 있는데 쿠바는 그 기술도 지원하고 있으며, 1백만 명에게 읽고쓰기를 가르치는 식자교육 운동인 '로빈손 계획'과 '리바스 계획'에 쓰일 교과서도 아바나에서 인쇄되고 있다.

몇 년 전까지는 고립감이 강했던 쿠바지만 베네수엘라라는 파트너를 얻음으로써 물 만난 물고기처럼 의료원조의 범위와 규모를 넓혀갔다. 앞머리에서 이야기했던 '기적의 수술' 경비도 베네수엘라 정부의 풍부한 석유자금에서 공급되고 있다. 처음엔 베네수엘라인을 치료하기 위해 2004년에 세워진 프로젝트였지만 2005년 여름의 카스트로와 차베스의 회견으로 라틴 아메리카, 카리브 해 전역으로까지 프로젝트가 확장된 것이다.

미국에서 쿠바의료를 연구하는 줄리 페인실버 부인은 상황을 다음과 같이 분석하고 충고한다.

아바나 시내의 식자교육 박물관 입구에 있는 동상. 젊은 여성 혁명가가 글자를 읽지 못하는 농민을 가르치고 있다. 박물관과 같은 부지 안의 인쇄공장에서는 베네수엘라용의 교과서가 인쇄되고 있었다. 식자교육 운동은 지금도 진행중이다.

"지금 석유라는 풍부한 부를 가진 카스트로의 친구 우고 차베스의 지원을 받아 카스트로는 라틴 아메리카의 가난한 인민들의 건강을 개선하기 위해 거대한 의료원조를 실시하려 하고 있다. 의사가 없는 지역에서 가난한 사람들을 무료로 치료하고 마땅히 해야 할 업무로써 왕진을 행함으로써 이런 의사들은 사회주의 이데올로기보다 더 중대한 위업을 달성하고 있다. 파견지역에서 의료활동을 계속함으로써 의사들은 현지의 의료제도나 전문기관, 가치관과 사회구조를 뒤흔들고 있다. 이것은 현재의 쿠바의 위협이다. 경제봉쇄 문제에서는 쿠바를 고립시켰다기보다 오히려 미국이 고립당하고 말았다. 이것에도 쿠바의 의료원조가 영향을 미치고 있다고 보아야 마땅하다."

물론 부시 정권도 잠자코 있을 리가 없었다. 2006년 8월 7일에 기존정책의 전환을 발표했다. 쿠바경제를 지탱하는 의사와 석유와의 연결을 끊고 해외에서 의료원조에 참가하고 있는 쿠바인 의사들의 이민을 완화하는 술수를 썼다.(주5) 이에 대해 페인실버 여사는 이렇게 비판하고 있다.

"이것은 불법으로 미국에 입국하는 쿠바로부터의 이주자에 대한 엄격한 정책과는 확연히 대조적이며, 만약에 많은 금전을 들여서 사회주의 혁명이 육성해온 의사들의 집단망명으로 이어진다 할지라도, 현재의 베네수엘라와의 연대를 무너뜨릴 것 같지는 않고 오히려 국내에서의 이민정책의 일관성에의 의문을 높일 뿐일 것이다. 부시 정권은 쿠바의 의료원조 정책의 파괴를 시도하기보다는 오히려 그것을 배워야 마땅하다."

하지만 하이테크 기기를 마음껏 사용할 수 있고 수입도 늘어나고, 풍족한 삶을 누릴 수 있다는 물질적인 매력은 무시할 수 없다. 이미 600명 정도의 망명으로 이어지고 있다고도 한다.

그렇다면 쿠바는 두뇌유출이라는 이 새로운 위기에 어떻게 대응하려 하고 있을까?

주1 - 마르틴 토리호스는 파나마의 영웅인 고(故) 오마르 토리호스 장군의 아들이다. 오마르는 1968년에 쿠데타로 정권을 장악하자, 복지의료나 육성의 충실, 농지개혁에 의한 소규모 농민의 지원 등 대담한 개혁을 진행했다. 카스트로와도 친밀한 관계를 쌓아왔는데, 1981년 7월에 자가용 비행기 사고로 사망했다. 다양한 증언에 따르면, 이 사고는 CIA가 비행기에 폭탄을 설치해서 암살한 것이라고 한다.

주2 - 최근 현지를 조사한 스가와라 씨가 2007년 1월 26일 보고회에서 언급한 바에 따르면 그때까지의 신자유주의 정책으로 예산이 삭감되어 방치되어 있던 약 300개의 공립병원 설비를 단숨에 복구하는 '바리오 아 덴트로Ⅲ', 전국에 종합적인 전문병원 16개를 신설하는 '바리오 아 덴트로 Ⅳ'로 해가 갈수록 프로젝트가 충실해지고 있다고 한다.

주3 - 2005년 11월 8일 유엔총회는 미국에 대해서 경제봉쇄 해제를 요구하는 결의를 14년 연속 채택했다. 찬성 184개국. 반대국은 미국, 이스라엘, 마셜 제도, 팔라우뿐이었다.

주4 - '미주자유무역지역'은 영어로는 FTA지만 스페인어 머릿글자로는 ALCA가된다. 2001년 제3회 카리브 수뇌회의가 열렸을 때에 차베스는 카스트로와 이야기를 나누다가 "우리는 알바로 가자"고 제안한다. C를 베네수엘라의 영웅 시몬 볼리바르의 B로 뒤바꾼 소소한 익살이지만, 그냥 웃자고 던진 농담에서 태어난 제언이 나중에 크게 전개되어간다(『차베스·라틴 아메리카는 세계를 바꾼다』, 사쿠힌샤,

2006년, 147쪽).

주5 – 덧붙여서, 미국은 카스트로 암살에 실패한 뒤 마이애미에 밀입국했지만 서류 위조와 위증혐의로 신원을 구속하고 있던 루이스 포사다 카릴레스 용의자를 4월 19일에 석방했다. 일설에 따르면 포사다를 석방한 것은 차베스를 암살케 하기 위해서였다고 한다.

V. 지속가능한 의료와 복지사회 구조 만들기

관광과 생명공학 제품의 수출로 쿠바는 지금 연간 12%라는 유래없는 경제성장으로 용틀임하고 있다. 하지만 호경기가 불러들인 것은 격차사회, 젊은이의 노동의욕 저하, 그리고 고령화 사회에의 대응이라는 새로운 난제였다.

혁명은 윤리를 상실하면 내부에서부터 무너져내린다. 나이가 들어 살 날이 얼마 남지 않은 카스트로가 취한 최후의 일격은 교육문화를 통해서 사람들의 도덕을 일깨우는 것이었다…….

쿠바의 외화획득을 위한 관광산업의 꽃, 나이트 클럽「트로피카나」.

1. 피크 오일과 에너지 절감 선언

피크 오일 시대의 모델로서 세계가 주목한 나라 쿠바

 전후 일본은 미국을 모델로 경제성장 노선의 한길을 달려왔다. 대량으로 석유를 소비하고 물건을 만들어서 외화를 벌어들여 부를 향유한다는 전략은 대성공을 거두어왔다. 하지만 시대는 크게 달라지려 하고 있다. 그것을 결정짓는 요인의 하나가 '피크 오일' 이다.

 피크 오일은 1956년에 미국의 지구물리학자인 마리온 킹 허버트 (1903~1989)가 처음으로 제창했다. 쉘 석유 연구소에서 일하고 있던 허버트는 "미국 내의 석유생산은 1970년을 전후하여 피크를 맞이할 것이다."라고 경고했지만 증산에 열광하고 있던 당시에는 반쯤 정신나간 사람 취급을 당했을 뿐, 아무도 그 경고에 귀기울이려 하지 않았다. 하지만 그의 예언대로 미국의 석유생산은 1970년에 정점에 이르고 그 뒤 두 번 다시 상승하지 않았다.

 피크 오일이란 석유가 당장 고갈되는 것은 아니다. 하지만 딱 절반을 소비한 시점에 피크가 찾아오고 그 뒤로는 오로지 줄어들 뿐이다. 그런 종 모양의 곡선을 허버트의 이름을 따서 '허버트 곡선' 이라고 부른다. 이 이론을 지구 전체에 적용시켜본 사람이 C. 캠벨이었다. 캠벨은 세계 각지에서 석유탐사에 관여해온 지질학자인데, 그에 따르면 가까운 장래에 지구는 피크 오일을 맞이할 것이라고 한다. 한 마디로 말하면, 석유의 매장량으로 추정되는 2조 배럴의 절반을 이제 곧 모두 사용해 버리게 된다는 것이다.

물론 석유 고갈설은 30년이나 이전부터 계속 제기되어왔고 그때마다 새로운 석유가 발견되어 왔다. "거액의 자금과 기술을 투입한다면 앞으로도 계속해서 새로운 석유가 발견될 것임이 틀림없다." 특히 이런 비판이 경제계에서 들려온다. 하지만 일본의 피크 오일 이론의 1인자 이시이 요시노리 도쿄대 명예교수는 자신의 저서인 『석유최종쟁탈전』(2006)에서 다음과 같은 논지의 반론을 제기하고 있다. 왜 중동에 거대석유가 집중되어 있는가? 2억만 년 전의 지구에는 거대한 대륙이 있었고, 그것이 차례로 분리해서 현재의 모습이 되어왔다, 그리고 적도 바로 아래에 테티스 해라는 내해가 있었다, 내해였기 때문에 탄결상태가 계속되어 퇴적한 유기물이 분해되지 않고 오랜 세월에 걸쳐 숙성되었다, 이것이 중동의 거대 석유군이 되었다, 말하자면 중동은 지구역사상에서도 아주 특이한 지역이었던 것이라는 논지다.

이시이 명예교수의 주장에 설득력이 있는 것은 허버트와 마찬가지로 그가 지구물리학자이기 때문이다. 결국 석유라는 자원은 오랜 지질시대 중에서도 예외적인 좋은 조건이 갖춰졌기 때문에 생겨났고 거대석유는 현재의 중동을 제외하고는 달리 없다는 것이다. 이것이 의미하는 바는 참으로 크다. 현대 문명사회는 식량생산에서 교통, 통신에 이르기까지 완전히 석유에 의존하고 있다. 그 석유가 피크를 맞이하고 앞으로는 줄어들어가게 된다. 앞으로의 세계는 아비규환의

대재앙을 피할 수 없는 것일까?

이 피크 오일과 관련해서 탈석유문명의 현실적인 시나리오로서 쿠바에 주목하는 기사가 요즘 계속해서 늘어가고 있다. 예를 들면 캐나다에는 데이빗 스즈키라는 일본계 2세로 세계적으로 저명한 에콜로지스트가 있는데, 그가 코디네이트한 「더 내이처 오브 씽스*The Nature of Things*」라는 텔레비전 프로그램이 2006년 7월 30일과 8월 6일 두 번에 걸쳐 쿠바의 다큐멘터리를 방송했다. 전반의 테마는 국가적 차원에서 온힘을 쏟아부었던 유기농업을, 그리고 제2부는 의료에 눈길을 돌려 경제붕괴 속에서 진전을 이룬 대체의료를 조명하고 있다.

미국에서도 「코뮤니티의 힘, 쿠바는 어떻게 피크 오일을 살아남았나*The Power of Community, How Cuba Survived Peak Oil*」라는 다큐멘터리가 각지에서 방송되고 있다. 제작자 팻 머피는 이렇게 말한다.

"제가 피크 오일에 관심을 갖게 된 건 2년 전부터인데요, 뾰족한 해결책도 찾을 수 없고 사용할 수 있는 모델도 없어서 고심하던 차에 쿠바를 조사해보라고 시사해준 사람이 있었죠."

머피도 쿠바의 복지의료에 관심을 갖고 이렇게 계속한다.

"시찰 멤버 중에 의사의 딸로 하버드 메디컬 스쿨에 재학 중인 의대생이 있었는데, 그녀가 '금전적인 인센티브가 없는데 왜 의사가 되었죠?'라고 물었어요. 그러자 쿠바 여의사는 힘주어 '의사는 비즈니스가 아니라 직업이랍니다'라고 대답하더군요. 쿠바 의사들은 환자가 시설이 아니라 자기 집에서 임종을 맞이하게끔 도우며 치료보다

예방을 중시하고 있습니다. 가장 힘을 쏟고 있는 것은 식사개선인데, 저지방이고 몸에 좋은 채식주의 식사를 하고, 미국인처럼 앉아서만 지내지 않고 건강한 아웃도어 라이프 스타일을 보내고 있습니다.

더욱 중요한 것은 쿠바인들이 공업·물질주의라는 미래전망을 버려야만 했던 거겠죠. 석유에 의존하는 공업화 시대에서 모던한 지방분권형의 농업 사회로 재빨리 전환할 수 있었던 것을 알면 희망이 솟구칩니다. 물론 기계가 모조리 없어진 건 아니지만 1990년 이전보다도 훨씬 적고, 이전만큼 많이는 쓰이지 않습니다. 에너지 절약형이고 서로 돕는 농촌적 삶은 계속 줄어가는 화석연료에 의존하면서 성장하고 경쟁하는 현대 소비사회보다도 훨씬 우리들의 가치관에 맞습니다. 모든 사람이 밝고 마음도 메말라 있지 않습니다. 쿠바에서 배우는 것은, 미국의 8분의 1의 에너지만 사용하고도 건강하고 행복하게, 만족스러운 생활을 할 수 있다는 것입니다. 제가 처음으로 쿠바를 방문했을 때에는 약간은 예전의 소비생활로 돌아가는 것에의 희망도 있었지만, 지금은 피크 오일을 의식하게 되어 그것이 더 이상 일어나지 않는다는 것을 알고 있습니다.

이것은 제3세계만이 아니라, 선진국에 있어서도 쿠바가 모델이 된다는 것을 보여주고 있습니다. 대부분의 사람들은 피크 오일을 알게 되면 우울해하거나 절망적이 되기도 하는데 저희들은 피크 오일을 이미 경험하고 그것을 뛰어넘은 쿠바의 선례를 배울 수 있는 것입니다. 바로 그렇기 때문에 쿠바는 미국적인 라이프 스타일에 위협적인 것이죠."

나라를 들썩이게 한 '아끼자 운동'의 전개

피크 오일을 보내는 가운데, 희소화해가는 석유자원을 블록화하는 움직임도 나오고 있다. 그 중 하나가 제4장에도 등장한 베네수엘라의 우고 차베스 대통령이 제창한 남미의 '페트로 수르', '페트로 안데스' 등 카리브 해를 대상으로 한 '페트로 카리베'다.

카리브의 석유라는 의미인 페트로 카리베는 2005년 6월 29일에 베네수엘라에서 열린 '카리브 해 지역 수뇌회의'의 제1회 카리브 지역 에너지 정상회담에서 제창되어 참가 15개국 가운데 트리니다드토바고와 바베이도스를 제외한 13개국이 조인했다.

2002년 말에는 1배럴당 20달러 정도였던 원유 가격이 약 60달러로 급등한 가운데, 가난한 카리브 해 국가들의 경제는 긴장되고 사회적 불안을 안고 있다. 페트로 카리베는 수출업자 등을 통하지 않고 베네수엘라가 직접 석유를 공급함으로써 마진과 수수료, 투기를 없애고 국제시장 가격보다도 값싼 석유를 가맹국에게 공급하고 지역의 사회, 경제위기를 피하는 것을 지향하고 있다. 그 배경에는 석유를 무기로 지역을 연대시켜 중남미에서 미국의 영향력을 떨어뜨린다는 만만찮은 정치전략이 있다. 정상회담에서 차베스는 이렇게 힘주어 말했다.

> "베네수엘라의 석유는 카리브 해 국가들에게 값싸게 수출하게 될 것이다. 우리나라는 그 에너지를 남미와 카리브 해 국가들과 서로 나누고 싶다."

이 협정과 정상회담을 높이 평가하고, 앞으로의 에너지 위기를 경고한 사람은 2년만에 베네수엘라를 방문한 카스트로였다.

"선진국의 낭비는 인류가 살아남는 데에 인도적 차원의 위기를 일으키고 있다. 특히 미국은 전 세계 석유의 25%를 낭비하고 있다. 이것은 어떻게 봐도 지속가능한 것이 아니다. 오히려 문제는 개선을 향한 노력이 아니라, 어떻게 살아남기 위한 노력을 할까하는 점이다. 위기는 상상 이상으로 훨씬 더 심각하다."

카스트로는 각국 정부가 직면한 정치, 경제문제가 에너지 위기와 관련되어 있는 상황을 지적한다.

"석유는 고갈되기 시작하고 있다. 그것은 논의의 여지가 없는 연구를 통해서도 입증되어 있다. 위기는 앞으로 10년 안에라도 일어날 것이다. 비축분은 이미 충분하지 않다. 그리고 현재의 극단적인 소비에서 유래하는 미친 듯한 낭비수요에는 대응이 불가능하다."

올해 11월에는 에너지 위기문제를 더욱 파헤친 연설도 했다.

"현재 인류는 절멸이라는 진정한 위기에 직면해 있다. 그리고 누구 한 사람 이 위기를 극복할 수 있다고 확신하고 있지 않다.

앞으로 30년이 지나면 석유자원은 고갈될 것이다. 그것은 아주 분명한 일이다. 석유도 세계의 다른 광물과 마찬가지로 고갈되어 버릴 것이다. 하지만 우리는 절약할 수 있다. 짧은 시간 안에 전기, 기름, 디젤, 중유 등 모든 요소를 더해서라도 지금 소비되고 있는 에너지의 3분의 2를 말이다."

쿠바는 이미 경제위기 이전에 비해서 에너지 사용량을 적어도 50%나 삭감하고 있다. 그런데 이것을 더욱 줄이겠다고 하는 것이다. 카스트로의 이런 경고를 받아들여 2005년 12월, 쿠바 국회는 2006년을 '에너지 혁명의 해'로 선언하고 국가적인 차원에서 에너지 절약 캠페인을 펼치기 시작했다. 일본에서도 2004년에 환경 분야에서 처음으로 노벨평화상을 수상한 케냐 출신의 왕가리 마타이(아프리카에 3천만 그루의 나무를 심는 그린벨트 운동을 이끌고 있는 여성 운동가 - 옮긴이)가 사용하기 시작한 이래 '아끼자' 운동이 화제를 일으키고 있기도 하다. 쿠바에는 그런 표현은 없지만, 카스트로가 텔레비전에 출연해 에너지를 80%나 줄인 전기솥이나 에너지 절약형 신식 냉장고 등 다양한 가전제품을 몸소 소개하고 있다. 카스트로가 쿠바 국민들 사이에서 인기가 결코 식지 않는 이유 가운데 하나는 이런 서민성에 있을 것이다. 그야말로 카스트로 이하, 국가적인 차원에서 '아끼자 운동'을 전개하고 있다고 해도 될 것이다.

페트로 카리베나 미주 볼리바르 대체통합구상이 쿠바에 가져온 이익은 헤아릴 수 없다. 의료원조와 바꾸어 베네수엘라는 쿠바에 석유를 싸게 공급하고 있다. 무료의료 확립을 지향하는 베네수엘라에 쿠바가 거국적으로 지원하면 그 보답으로 베네수엘라로부터는 하루 9만 배럴의 석유가 온다. 그리고 볼리비아 역시 천연가스 대국이다. 베네수엘라에 파견되어 있는 의사들이 석유확보에 공헌하고 있다는 건 틀림없다. 하지만 카스트로의 대단함은 그 석유가 언젠가 고갈될 것을 계산에 넣고 있다는 점에 있다.^(주1)

할리우드 영화는 인간을 바보 취급한다?

사회주의 국가 쿠바에는 자유가 많이 없다는 것은 사실이다. 그리고 전 세계에서 통용되는 전문기술을 갖고 있는 의사는 타국에 나가면 훨씬 사치스럽고 자유로운 생활을 마음껏 누릴 수 있다. 하지만 베네수엘라만 해도 2만 5천 명의 의사가 해외원조로 출국하고 있는데, 귀국하지 않고 그대로 망명하는 사람의 수는 많지 않다. 적대국인 미국조차 문을 활짝 열어주고 있는데도 왜 자유가 없는 통제국가에서 망명자가 속출하지 않는 것일까?

소설가 출신으로 1997년에 문화부 장관이 된 아벨 프리에토는 그 이유를 이렇게 설명한다.

"확실히 풍족한 생활에 대한 동경은 있습니다. 특히 미국에 친척이 있는 사람은 미국에 가면 생활수준이 높아진다고 생각해 안일한 마음으로 이주합니다. 1인당 GDP가 미국의 13분의 1에 지나지 않는 쿠바는 도저히 자본주의와는 경쟁할 수 없습니다.

할리우드 영화에 등장하는 것과 같은 두 대의 자가용, 수영장, 별장을 전 가족에게, 이런 미래도는 절대로 그릴 수 없습니다. 하지만 베네수엘라나 중미, 아프리카 등에서 활동하고 있는 의사들은 영화에는 그려져 있지 않은 자본주의의 잔혹한 모습을 두 눈으로 똑똑히 봅니다. 귀국 후에 그들의 증언을 통해 많은 인민은 그것이 진실이라는 것을 알고 있는 것입니다."

베네수엘라에 원조를 나간 에르네스토 로드리게스 의사는 해외에 나감으로써 오히려 애국심이 높아졌다고 말한다.

"쿠바에서는 해외원조를 나가는 것이 아주 명예로운 일이므로 저도 한 번은 해외에 나가보고 싶었어요. 고통받는 사람들을 구해주는 것은 의사의 의무이고, 저를 무료로 치과의사로 키워준 혁명에 감사하는 마음도 있었습니다. 하지만 처음으로 해외에

로드리게스 의사가 근무하는 피날 델 리오 주의 펜로 오라스 아스톨 지구진료소에서도 130명이라는 많은 의사가 원조를 나갔다.

나가봄으로써 반대로 조국의 대처가 얼마나 큰 것인지를 재확인했습니다. 혁명 전의 비참한 상황은 학교에서 배웠지만 해외에 나감으로써 그것을 잘 알게 되었던 거죠. 지금 미국은 돈으로 의사를 불러들이려 하고 있는데 그것은 쿠바가 키워낸 인재를 도둑질하려고 하는 전략입니다. 물론 저는 안 갑니다. 이 땅과 이웃 사람들을 모두 좋아하고 지금도 충분히 행복하니까요."

프리에토 문화부 장관은 로드리게스 의사와 같은 국민이 늘어날 필요가 있다며 이렇게 말을 잇는다.

"우리는 무균병동 속에서 살고 있는 건 아닙니다. 이 글로벌화된 세계에서 정보를 통제하는 건 어리석은 일이자 불가능한 일입니다. 그러므로 위성 등으로 수신할 수 있는 영화는 유해한 것을 포함해 모두 방영하고 있습니다. 하지만 글로벌화가 초래하는 심각한 문제는 전 세계 문화수준의 저하입니다. 예를 들면 타국에서는 자기 나라의 위대한 작가나 음악가는 모르면서 팝스타 고(故) 마이클 잭슨의 사생활은 줄줄이 꿰고 있습니다. 그리고 매스컴의 농간으로 쇼핑만이 이 세상에서 행복을 가져올 수 있다고 생각하게 되고 있습니다.

차를 사면 행복하고, 그것을 새 차로 바꿀 수 있다면 더 행복하다면서, 소비능력과 행복이 연관지어지고 있습니다. 그러므로 삶의 질은 정신적, 문화적인 차원에 있다는 사상을 촉진하고 마음과 문화로 인생이 훨씬 풍요로워지게 해야만 합니다. 그렇지 않으면 소비조작으로 인공적인 수요가 계속 생겨나서 한없는 욕구불만이나 좌절을 일으키고 말겠죠.

예전에 호세 마르티는 '교육받는 것이 유일하게 자유로워지는 방법이다'라고 말했습니다. 바꿔 말하면, 문화가 있으면 인민은 자신의 사상을 가집니다. 우리는 인민이 비판정신을 잃지 않고 자신이 사물을 결정할 수 있는 능력을 갖추기를 바라고 있습니다. 그것은 지성을 억압하고, 전 세계의 인간을 바보로 만들려 하는 미국의 소비 문화주의와의 싸움인 것입니다. 소비주의에 대항할 수 있는 것은 문화뿐이라고 생각하고, 글로벌화해야만 하는 것은 폭탄이나 증오가 아니라 평화, 연대, 건강, 그리고 모두를 위한 교육과 문화입니다."

주1 - 카스트로는 2007년부터 미국이 바이오 에탄올 생산에 힘을 쏟고 있는 것을 문제시하고, 식료가 되는 농산물을 에너지로 전용하는 것보다 에너지를 절약하는 것이 중요하다고 비판하고 있다. 지은이가 쿠바에 머물던 2007년 5월에는 텔레비전에서 경제담당 국회의원이 바이오매스 에너지의 앞으로의 방식을 논의하고 있었다. 쿠바의 주요산물인 사탕수수는 C4작물로, 에너지 효율에서 보면 미국의 바이오 에탄올의 주원료인 옥수수보다 유리하지만 쉽사리 바이오매스 농업사회론을 주장하지 않는 점이 흥미롭다.

2. 120살까지 사는 섬

세계최장수 기록 보유자는 쿠바인?

　문호 헤밍웨이와 쿠바의 인연은 뜻밖에 깊다. 「누구를 위해 종은 울리나」는 아바나의 변두리 지역에 있는 호텔, 안도스 문도스의 한 방에서 쓰였다. 1954년에 노벨문학상을 받은 「노인과 바다」의 무대도 아바나 교외의 코히마르라는 작은 어촌이다. 헤밍웨이는 바다를 한없이 사랑했으며 '노인'의 모델이 된 이는 낚싯배 선장인 그레고리오 펜테스였다. 그 뒤 헤밍웨이는 아바나 교외에 터를 잡고 술과 낚시 삼매경에 빠진 나날을 보내다가 1961년에 라이플로 자살했다. 하지만 '노인'은 그 뒤에도 살아남았다. 만년에도 치매에도 걸리지 않고 관광객들이 원하면 누구에게든 헤밍웨이와의 추억담을 들려주며 2002년에 104세로 천수를 다했다.

　고령까지 웅건했던 것은 그레고리오 펜테스 옹뿐만이 아니다. 기네스북이 인정한 라모나 이글레시아스는 2004년 5월에 사망했는데 114세, 2007년 1월에 죽은 에밀리아노 멜카도는 향년 115세. 그리고 기네스 인정은 받지 못했지만, 2006년 10월에 사망한 베니토 마르티네스는 1880년생이라고 자칭하고 있었으므로, 126살이 된다. 그는 아이티에서 태어나 1925년에 입은 옷 그대로 쿠바로 왔다고 한다. 동부의 비란에 있는 앙헬 카스트로 농장에서 잠시 일을 했지만,

농장주인 앙헬과는 마음이 맞지 않아 농장을 떠나 맨발로 긴 여행을 해서 시에고 데 아비라 주로 왔다. 그리고 그 주에 있는 빈센테 마을 교외의 라 글로리아 농원에서, 만년까지 안경도 쓰지 않고 가는 귀가 먹지도 않았으며 건강하고 행복하게 살았다고 한다. 피에스타(축제) 때 이외에는 거의 술도 마시지 않고, 담배도 피지 않고, 언제나 태양 아래서 몸을 움직이고 있었다. 그리고 장수와 건강의 비결을 이렇게 말하고 있었다.

"나는 가난해서 산속에서 혼자 살아야만 했다. 약간의 돼지고기를 먹긴 하지만 대개는 칡, 토란, 호박, 샐러드, 과일을 먹고 산다. 진찰료를 낼 수 없었으므로 병은 허브를 사용해서 스스로 치료해야만 했고, 나는 누구와도 아주 친해진다. 그러므로 화를 낸 적도 없고 언제나 행복하다. 일을 하면 할수록 나는 튼튼해졌다. 그리고 여자도 많았다."

덧붙여서 그가 예전에 일했던 앙헬 카스트로는 피델 카스트로의 아버지이므로 좀 더 농장에 오래 머물러 있었다면 카스트로도 태어났을 것이라는 셈이 된다.

쿠바의 인구는 1,126만 명인데 100살 이상 장수자는 2,800명 이상 있다. 그 가운데 70%가 여성이며 대다수가 그레고리오 선장이나 마르티네스 옹처럼 건강하게 살고 있다고 한다. 100살 이상 장수자는 일본에도 28.395명이나 있지만, 일본 총인구가 쿠바의 11배이므로 인구비로 따지면 쿠바도 장수대국 일본에 버금가는 셈이다.

2003년 9월에는 '120살까지 사는 섬'이라는 슬로건 아래 노인의료 전문가인 에우헤니오 셀만 박사를 회장으로 '120살 클럽'이라는 기묘한 이름이 붙은 단체도 창설되어 있다. 2005년 11월 9일에 제1회 대회가 열려 100살 이상의 고령자가 10명 이상 참가했다고 한다.

왜 이런 단체를 만들었는지 셀만 박사에게 물어보았다.

"100살 이상의 고령자는 아바나에만 해도 243명 있습니다. 베니토 마르티네스 씨는 자신은 126살이라고 말하고 있었지만, 출생기록부를 조사해보았더니 본인의 기억이 틀려서 116살이라는 것을 알았습니다. 하지만 최근에 그란마 주의 산속에서 122살 여성이 발견되었습니다."

생물학적으로 인간의 수명은 120살이 한계로 여겨지며, 현재의 기네스 최장수기록은 1997년에 죽은 프랑스의 잔느 칼망의 122살이다. 마르티네스와 마찬가지로 확실성은 없지만 만약 이것이 사실이라면 그야말로 세계 최장수기록이 지금도 쿠바에서 매일 갈아치워

120살 클럽 제창자인 에우헤니오 셀만 박사는 카스트로의 주치의이기도 하다. 박사에 따르면 2007년 5월 현재 카스트로는 아주 건강하고, 세계 정세를 연구하거나 정부 각료와 만나는 등 충실한 하루하루를 보내고 있다고 한다.

지고 있다는 말이 된다. 셀만 박사는 이렇게 말을 이었다.

"오래 살기 위해서는 인생에 흥미나 동기를 끊임없이 부여하는 것, 술을 끊고 운동을 하고 채소가 많은 균형잡힌 식사를 하고 즐거운 문화활동에 참가하는 것이 필요합니다. 올해 5월에도 120살 클럽의 국제회의가 열립니다. 수영대회도 열려서 80살 이상의 고령자가 참가하죠. 그 모습을 예를 들면 지금 75살의 고령자가 보는 것이 중요합니다. 120살 클럽을 만드는 움직임은 오스트레일리아나 멕시코에도 퍼져가고 있습니다."

역시 노인의료 전문가인 엔리케 베가 박사도 이렇게 말한다.

"쿠바인들의 낙천적인 인생관이 장수로 이어지고 있습니다. 지금까지 쿠바인은 골초에다 운동도 별로 하지 않았고 채소나 생선도 거의 먹지 않았죠. 그러므로 아직도 개선의 여지가 있습니다. 클럽은 건강한 식사, 적절한 운동, 그리고 삶의 보람을 통해서 장수를 지향하고 있습니다."

노인들에게 친절한 사회, 독특한 노인 동아리

고령화는 전 세계적인 현상이다. 인류의 평균수명은 청동기시대에는 18~20살밖에 되지 않고, 로마제국 시대에도 23살쯤이었다. 중세에는 35살이 되었지만 20세기에 들어와서도 44살로 별로 늘어나지 않았다. 고령자에게 치명적인 전염병이 박멸되고, 노인의료가 진보해온 것은 요 몇 년 동안으로 아직 새롭다. 평균수명이 70살이 된 것은 1960년대가 되어서이며, 그것도 선진국만의 일이다. 하지만 개발도상국 중에서 쿠바는 빼어난 장수국가다. 1960~1965년에는 65.4세였던 평균수명이 1980~1985년에는 73.9세, 1995~2000년에는 76.0세, 그리고 2006년에는 77.5세까지 늘어났다.

경제위기가 한창일 때는 고령자의 사망률이 높아지긴 했지만, 그것도 일시적인 일로, 2000년부터는 다시금 만회하고 있다. 아메리카 대륙 전부를 훑어보아도 평균수명을 20년이나 늘린 국가는 달리 없고, 지금 현재도 평균수명이 77살을 넘는 나라는 쿠바 이외에 캐나다와 미국뿐이다. 덧붙여서, 인구증가율도 1964년의 2.6에서 2000년에는 0.3으로 줄어 있다. 결과적으로, 1959년에는 인구의 불과 6%에 지나지 않았던 60살 이상의 고령자가 2005년에는 163만 명으로 15% 이상을 차지하고 있다. 2025년에는 4명에 한 명이 60살 이상이 되어 라틴 아메리카 내에서도 가장 고령화 사회가 될 것으로 예상되고 있다. 요컨대 선진국에 버금가는 고령화 사회에 돌입해 있는 것이다.

"분명히 쿠바는 급속하게 고령화가 진행되고 있습니다. 하지만 제3세계 중에서는 사회보장을 포함해 최고의 프로그램이 있죠."

앞서 말한 엔리케 베가 박사는 고령자 정책의 책임자인데, 다양한 원조책의 충실함을 강조한다. 예를 들면 퇴직자는 150만 명 있는데, 2005년에는 전년을 7% 웃도는 23억 6백만 페소가 연금용으로 투입되었고 약 400만 명이 사회보장을 받고 있는데, 그 경비도 2004년과 비교해서 5.7% 증액되어 6억 4,500만 페소가 되어 있다. 2005년 11월에는 연금과 사회보장비도 올랐다.

사회보장만이 아니라 소프트면의 케어도 충실하다. 전국에는 노인전용 병원이 38개 있고, 143개 있는 노인홈에서는 6천 명 이상의 고령자가 산다. 입주자 수가 의외로 적은 건, 죽는 날까지 사회 속에서 활기차게 살아가는 것이 기본정책이기 때문이다. 혼자 사는 고령자는 96만 명 있지만 보건복지부와 노동, 사회보장부가 협동하여 운영하는 '홈 서비스'를 제공받고 있으며 전국에는 77만 8천 명이 참가하는 '노인 동아리'도 있다.

'노인 동아리'란 노인들이 지역 코뮤니티 속에서 사회에 유용한 활동을 목적의식적으로 행하는 쿠바 특유의 독특한 제도다. 설립에 관여한 아바나의 플라자 데 라 레볼루시온 지구진료소의 페드로 폰스 부원장은 제도발족의 우여곡절을 설명한다.

"노인 동아리는 패밀리 닥터 제도보다도 1년 빠른 1984년부터 이 진료소에서 시작되어 플라자 구 전역에 퍼졌고, 심지어 아바나, 전국으로 보급되어 갔습니다. 콜롬비아의 복지부 장관이 방문했을 때도 '노인 동아리는 혁명 중의 혁명이로군요'라는 평가를 받았습니다. 이미 20년 이상을 거쳐 아주 좋은 성과를 내고 있습니다."

부원장은 이 착상의 발단을 이렇게 말한다.

"1982년부터 1983년에 걸쳐서 4천 명의 고령자와 인터뷰를 행했는데, 병에 걸릴지도 모른다는 걱정에 마음이 안정되어 있지 않다는 것, 운동을 하고 있지 않다는 것, 인텔리도 머리를 쓰지 않아 치매에 걸리고 있다는 것, 그리고 약을 너무 많이 복용하고 있다는 것을 알았습니다. 미국을 포함한 여러 선진국에서는 노인의 약품의존증이 문제가 되고 있습니다. 몸상태가 안 좋아지면 당장 의사에게 달려가 약을 너무 많이 받는 거죠. 하지만 어떤 혼자 사는 노인이 밤중에 다리가 아프다고 해도 그것의 진짜 이유는 고독하기 때문인 경우도 있습니다. 노인들도 가족이나 친구와 이야기를 나누는 것이 필요합니다. 그래서 심리학자, 사회학자, 간호사 등과 해결책을 검토했죠. 거기서 사회조직을 자립적으로 세우자는 아이디어가 나왔습니다."

노인 동아리는 2~3곳의 패밀리 닥터 지구의원이 단위가 되어 50~70명으로 하나가 만들어진다. 이 그룹별로 매일 아침 체조를 해서 몸을 움직이거나 박물관이나 영화관에 가거나 생일파티를 축하하거나 독서회를 열거나 자수를 놓는 등 다양한 활동을 한다.

"몸을 움직이면 혈액순환도 좋아지고 뇌졸중이나 골다공증도 없어집니다. 또한 체조나 게임을 즐기고 웃는 것도 중요하죠."

노인용으로 절반 가격에 식사를 할 수 있는 레스토랑도 있으며, 박물관 입장도 노인은 무료다. 그런 활동을 함으로써 머리를 계속 쓰게 된다. 결과적으로 약물의존증이 없어지고 예산을 거의 들이지 않고도 경비감소가 가능하다는 것이다. 부원장은 사회보장의 중요성도 지적한다.

"이 고령자 정책의 중요한 점은 지금 50살인 사람이 80살이 된 사람들이 어떤 대우를 받고 있는지를 두 눈으로 똑똑히 지켜보는 것입니다. 그들이 행복해 하는 것을 보면 정년도 나쁘지 않고 죽을 때까지 건강하게 살 수 있다는 것을 실감할 수 있습니다. 우리는 그것을 사회적 테크놀로지, 또는 테크놀로피아 소셜이라고 부르죠."

페드로 폰스 부원장도 셀만 박사와 거의 똑같은 것을 강조했다. 그

독특한 노인 동아리를 생각해낸 페드로 폰스 박사는 "노인과 아이들과의 교류도 중요하다"며 고령자의 사회참가 중요성을 호소한다.

V. 지속가능한 의료와 복지사회 구조 만들기 _ 231

래서 다음날 아침 노인 동아리의 활동을 볼 수 있다는 가까운 베다도 지역 내의 어느 공원을 찾아가보기로 했다.

고령자 여성들이 사이좋게 벤치에 앉아서 수다를 떨고 있다. 이 동아리의 회장은 아모르 아라비다다.

"우리 동아리는 1986년 4월 4일에 생겼어요. 회원은 40명이고 가장 연장자는 90살, 최연소자는 60살이죠. 월요일부터 금요일까지 매일 아침 8시 30분부터 9시까지 체조를 하고, 젊은이들이나 아이들과 문화교류를 하고 있어요."

어떤 활동을 즐기고 있는지를 묻자 하이킹, 체조, 전람회, 생일파티 등등 꼽아가면서 점점 목소리가 높아진다. 동아리 회원인 89살난 마르가리타 세스라데스 할머니가 지팡이도 짚지 않고 다가온다. 약간 언덕배기에서는 옆사람이 살짝 손을 잡아준다.

"근육통이 있었지만 이젠 없어졌고 신경통도 좋아졌다우. 건강개선은 혁명이 성취한 아주 중요한 성과지. 모두 함께 수다를 떨거나 춤을 추면서 120살까지 살고 싶다우."

아모르 아라비다 회장은 손자가 일곱 명, 증손자가 네 명 있지만 릴리아 로드리게스는 딸이 캐나다에 살고 있어서 지금은 혼자 산다.

"혼자는 외로우니까 언제나 아모르와 함께 있다우."

공원에서 걸어서 몇 분 거리에 활동거점이 있다는 말에 두 사람의 안내를 받아 직접 찾아가보았다. 좁은 방 안에 초콜릿 은박지로 만든 그림이나 화장품 뚜껑으로 만든 선풍기 모형 등 다채로운 작품이 빽빽하게 늘어서 있다.

"재료는 모두 모은 폐품이고 아이들에게 물건의 소중함을 가르쳐 주고 있다우. 5월 2일 어머니날에는 여기서 파티를 하는데 한 사람 당 한 가지씩 요리를 갖고오는 것이 참가조건이지."

벽에 장식되어 있는 한 장의 사진을 바라보자 곧바로 아모르 회장이 설명한다.

"이건 69살과 70살 멤버가 재혼했을 때의 파티 사진이라우."

동아리 활동은 꽤 즐거운 듯했다.

인터넷에서는 86살이 되는 미르타 막베스의 이런 발언을 읽을 수 있었다.

"세상의 다른 노인들도 우리처럼 행복하기를 바랍니다. 저는 연금 수령자라는 단어를 싫어합니다. 왜냐하면 늙는다는 것은 그저 숫자로서의 연령을 늘리는 것이 아니라, 인생에 세월을 더하는 것이기 때문입니다."

아모르 회장 일행으로부터도 이런 철학적인 발언을 들을 수 있으리라 기대하고 있었지만, 물건 재활용 이야기나 이번에 열리는 파티 계획 따위를 열심히 이야기할 뿐, 늙는다는 것에의 철학적인 통찰은 전혀 나오지 않는다. 하지만 문득 깨달았다. 앞으로 무엇을 할까 하고 열중하고 있는 그녀들은 젊은이들과 전혀 다를 바 없이, 그야말로 생기발랄하게 인생에 세월을 더해가고 있었던 것이다.

쿠바식 문화센터

쿠바의 고령자 대책은 노인 동아리말고도 더 있다. 충실한 노후를 보내려면 연금대책이나 사회보장만으로는 불충분하다며 퇴직자협회, 퇴직자·연금생활자 운동과 아바나 대학이 협동해서 2001년에 고령자 대학이 세워진 것이다.

대학설립의 배경에는 안토니오 메리야(주1)나 체 게바라가 지향했던 이상이 있다. 메리야는 마차도 독재정권 시대에 당시의 부패한 대학교수의 추방과 학생자치를 요구하며 아바나 대학을 점거하고 노동자와 대학의 연대를 강화하기 위해 1924년에 호세 마르티 인민대학을 창립한, 학생운동의 선구자다. 옛 소련의 심리학자 세모노비치 비고츠스키(1896~1934)의 사상도 참고하고 있다. 비고츠스키는 서방에서는 저명하지 않지만 발달심리학, 아동심리학, 언어학, 교육학 등 다양한 분야에서 혁신적인 업적을 올린 심리학의 선구자로 어린 아이부터 고령자까지 인간발전의 열쇠는 다른 사람과의 커뮤니케이션에 있다고 제창한 인물이다.

아바나 대학의 고령자대학 책임자인 테레사 오로사는 "고령자의 풍부한 경험이나 지혜를 사회에 보태는 시대가 와 있는데, 에이브러햄 매슬로나 에릭 에릭슨 같은 심리학자들조차도 그 가능성에 관심을 쏟고 있지 않다."고 비판한다.

표 5-1을 보자. 대학이 지향하는 목표는 장대하다. 고령자는 비생산적이고 사회의 부담이며 사랑에 빠지거나 섹스를 즐기는 일이 없고, 뭐든지 곧 잊어버리며 공부를 할 수 없으며, 언제나 병을 끌어안고 살며 인생을 즐길 수 없다, 이런 말들은 허구에 지나지 않다고 일축하고 사회에서 활동하는 데에 더해 필요한 다양한 지식을 제공하

는 것을 지향하고 있다.

지금은 전국에 약 700개의 코스가 개설되어 3만 명 이상이 이 독특한 대학에 참가하고 있는데 2005~06학년도에는 다시금 1만 3천 명이 새로 입학하기도 했다. 이 쿠바식 문화센터는 모든 행정조직을 필두로 혁명방위위원회, 쿠바여성연맹, 쿠바우호협회 등 45개 이상의 조직이 후원하고 있다. 고령자 대학에 이렇게까지 힘을 쏟는 이유는 뭘까? 셀만 박사가 그 이유를 설명해주었다.

"노인용 대학을 개설하고 정년이 되어서부터도 졸업을 할 수 있게끔 한 것은 문화가 아주 중요하기 때문이죠. 왜 문화가 중요하냐면, 그것이 스트레스 해소로 이어지기 때문이에요. 가장 스

표5-1 고령자 대학의 목표

- 고령자에 의한 새로운 문화창설에 공헌. 고령자의 학습과 사회공헌 가능성 확대
- 과학기술, 예술, 문화, 사상의 발전을 고령자에게 제공
- 쿠바와 세계의 고령자와의 교류 강화
- 다양한 교육수준과 사회적 배경을 갖는 고령자의 니즈를 만족시키는 커리큘럼 만들기
- 고령자가 이용할 수 있는 레저 활동 발굴
- 전지구적인 지속가능성에의 문화에 의한 문제해결 프로그램을 촉진
- 노화의 특성을 이해하고 친구, 가족, 코뮤니티, 직장에서의 양호한 인간관계나 사회와의 교류를 위한 장 만들기
- 지구환경보전과 보다 나은 세계를 만들기 위한 환경보호 협력

트레스를 받는 일은 사람과 사람이 대립하는 것입니다. 하지만 쿠바에서는 모두가 서로 돕고 있습니다. 예를 들면 허리케인이 습격했을 때에도 74만 명이 대피했지만 정부 시설에 수용된 것은 14%이며 나머지는 친구나 아는 사람 집으로 대피했습니다. 그것이 연대입니다. 타국 정부는 이익만을 생각하지만 쿠바는 세계의 모든 사람들을 생각합니다. 그래서 해외에 의사를 파견하고, 세계를 향해 120살 클럽을 제창하고 있는 것입니다."

주1 – 당연한 일이지만, 이런 활동을 행했기 때문에 메리야는 체포되었고, 1929년 추방처인 멕시코에서 마차도가 보낸 자객의 손에 26살의 젊은 나이에 암살되었다.

칼럼3

쿠바헌법 제9조

왜 쿠바의 복지의료는 유지가능할까? 법률면에서 말하면 가장 중요한 것은 헌법 제9조다. 1976년에 채택된 쿠바헌법 제9조에는 복지의료의 권리가 명확하게 위치지어져 '치료를 받지 못하는 환자는 없어야 한다'고 국가가 의료를 보장할 것을 의무시하고 있다.

그리고 제50조에서는 전 국민이 무료로 의료를 받고 건강이 확보될 권리를 규정하고, 더욱이 예방의료에 토대를 둔 복지의료정책을 실시하고 국가가 의학교육계획, 정기진단, 면역 그 밖의 예방정책을 세울 것을 규정하고 있다.

이 헌법을 토대로 의료정책을 규정한 것이 1983년 8월 15일에 제정된 '공중위생법 제41호'다. 공공건강법도 국민의 건강증진은 국가의 기본적이고 영구적인 책임이라고 규정하고 있다. 또한 같은 법 제4조는 의료정책의 원칙을 다음과 같이 규정하여 예방의료와 해외원조를 법적으로 위치지우고 있다.

① 전 국민에게 의료에의 권리 보증
② 공공의료는 국가기관이 무료로 제공
③ 의료활동은 사회적 성격을 갖고 예방 우선
④ 건강보건에의 의학진보의 적용
⑤ 건강활동이나 건강만들기 계획에의 활발한 주민참가
⑥ 타국에의 의료원조를 포함한 복지의료면에서의 국제협력

복지의료보다도 역사가 오래된 것은 사회보장이다. 쿠바는 혁명 한 달 뒤인 1959년 2월에 빈민을 대상으로 사회보장법을 제정했다(2월 6일 법제49호). 그 뒤 사회보장은 헌법에도 위치지어졌다. 일, 스포츠, 문화, 교육에의 권리가 명기되고 초등학교부터 대학교, 사회인까지 국가가 무료 교육을 제공한다는 것을 의무시하고, 고령자에의 지원(제48조)이나 노동자의 건강보호(제49조)뿐만 아니라 일하는 여성이 출산 전후에 유급휴가를 받는 것까지 헌법에 보장되어 있다.

임신 중인 어머니나 영유아는 그 밖의 법에서도 배려되어 예를 들면 산휴법(근로여성의 모성에 관한 법령 제234호, 2003년 8월 13일)에는 임신 중인 여성은 출산하기 3, 4주 이전부터 반드시 유급휴가를 받아야만 한다고 되어 있으며, 출산 후에도 1년 동안은 육아휴가가 인정되어 있다. 노동법에도 임신 중에는 태아에게 영향이 없는 근무를 할당하는 것을 추구하는 것, 더불어 출산 후에 여성이 빨리 사회로 복귀하여 일을 할 수 있도록 어머니 대신에 아버지가 육아휴가를 받는 것도 인정되어 있다.

또한 현행 사회보장법에는 고령자, 실업자, 미혼모를 사회적 약자로 정해 영양식, 장학금 등의 특별한 지원을 행하기로 하고 있다. 신체장애나 정신장애를 겪는 사람들에의 케어도 공중위생법에 규정되어 환자가 긍정적인 인생을 살 수 있도록, 보건복지부는 노동·사회보장부, 교육부 등의 각 부처나 다양한 민간단체와 연계하여 사회갱생 프로젝트를 정하기로 하고 있다. 신체장애자의 고용확보는 노동규칙상으로도 특별히 배려되어(고용정책실시를 위한 규칙 제51조, 1988년 12월 20일), 1995년에는 신체나 정신에 장애를 가진 사람의 고용기회를 창출할 것을 의도하여 '장애자 고용을 위한 국가계획(PROEMDIS)이 제정되어 있다.

3. 격차사회 해소에의 도전

군사비를 삭감하고 의료복지 예산을 증액

　플리에트 문화장관도, 셀만 박사도, 모두가 거듭 문화의 중요성을 지적한다. 쿠바는 왜 이렇게까지 문화에 집착하는 것일까? 그리고 세계공황에 버금가는 경제위기 중에도 어떻게 복지의료 제도를 굳건히 지켜낼 수 있었을까? 그 이유를 재정면에서 정리해보자. 그것이 문화중시 정책이 제시된 이유에 대한 이해로 이어지기 때문이다.

　칼럼3에서 보았듯이 쿠바의 복지의료 제도는 헌법을 필두로 다양한 법제도로 담보되고 있다. 하지만 헌법이란 따지고보면 어떤 시대상황 속에서 지향하려 하는 암묵적 합의와 같은 것이다. 예산이나 물자라는 '실탄'이 없으면 아무리 격조높은 이념을 내걸어도 이내 공허한 미사여구로 바뀌고 만다.

　쿠바의 복지의료 제도는 지구진료소를 봐도 알 수 있듯이 지방분권화가 진행되고 있어 공공의료 예산의 92.4%가 지방정부에서 집행되고 있다. 하지만 그 재원은 100% 국고 예산이다. 그리고 복지의료 예산은 1960년의 5,100만 페소에서 1990년의 10억 4,500만 페소로 약 20배나 늘어났다. 하지만 그 재원의 대부분은 해외에서의 보조금에 크게 의존해왔다. 1960~1990년에 걸쳐서 소련은 약 650억 미국 달러의 원조를 행했으며, 그것이 의료예산의 재원이 되었고, 의료기기나 의약품의 원재료도 대부분 소련이나 사회주의 진영에서 수입되었다. 그러므로 소련붕괴는 심각한 위기를 초래한다. 병원이나 지구진료소의 유지관리나 건설경비가 1990~1994년에 걸쳐 이전의 15%까지 떨어졌다면 1989년에 2억 2,730만 미국 달러였던 의료관련 물자 수입액도 1993년에는 6,700만 미국달러로 70%나 줄어들고 만다. 1997년에는 1억 1,200만 미국 달러까지 회복했지만, 그래도 이전의 절반이었다. 말하자면 혁명 이후 복지의료의 눈부신 업적은

그림 5-1 쿠바의 의료예산 추이

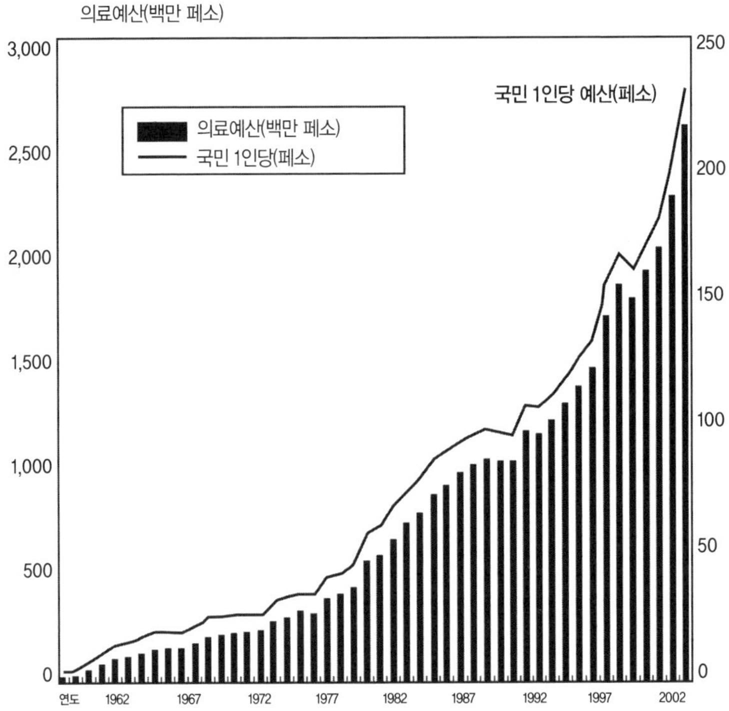

출전 : Felipe Eduardo Sixto, An Evaluation of Four Decades of Cuban Healthcare 및 2005 Annual Health Statistics Report, Ministry of Public Health에서 지은이가 작성.

소련이나 동구권으로부터의 원조가 있었기 때문에 가능했던 일이라고 말할 수 있다. 그럼 소련붕괴 후에는 어떻게 복지의료 제도를 유지했을까? 거기에는 2000년 4월 14일에 열린 그룹77(국제연합 내의 개발도상국 연합체. 1964년 국제연합 무역개발회의[UNCTAD] 제1회 총회가 끝날 무렵 개발도상국 77개국이 선진국에 대한 협상능력을 강화하기 위해 결성했다. – 옮긴이) 정상회담에서 카스트로가 한 다음과 같은 발언이 참고가 된다.

> "40년이나 되는 경제봉쇄에도 불구하고, 쿠바가 교육, 의료, 문화, 과학, 스포츠, 그밖의 분야에서 성공을 거두고 있다는 사실에는 아무도 의심을 품지 않을 것이다. 그것은 IMF(국제통화기금) 멤버가 아니라는 특권 덕분이다."

카스트로는 IMF가 각국의 공공정책에 얼마나 개입하고 있는지를 통렬하게 비아냥거리고 있다. 라틴 아메리카 각국에서는 1980~1990년대에 걸쳐서 다양한 공공 서비스나 복지의료비를 삭감하는 것이, IMF나 세계은행으로부터 경제융자를 받는 조건이었다. 이 자유주의 정책에 의해 각국의 공공복지 의료제도는 크게 후퇴했다. 예를 들어 베네수엘라에서는 GDP 대비 복지사회 예산이 1980~1981년의 11.8%에서 1990~1991년의 8.5%, 1998~1999년의 7.6%로 떨어져간다. 그것이 빈부격차의 확대를 부르고 우고 차베스의 등장으로도 이어진다. 하지만 쿠바는 달랐다. 전체적인 경제 상황은 사정

없이 추락했지만 사회복지 예산은 공공지출 대비 1990년의 6.6%에서 1997년에는 10.9%로 증액되었던 것이다.

그림 5-2를 보자. 1990년과 1997년과 대비해서 의료비는 134%, 사회보장 예산은 140%나 늘어나 있다. 그리고 이 경비를 마련하기 위해 군사비는 55%로 절반이나 삭감되어 있다. 요 몇 년 사이 경기도 회복되었지만 당시는 국방예산비를 줄여서라도 사회보장 제도를 지켰던 것이다. 지금도 계속되고 있는 미국과의 길고 질긴 대립관계를 생각하면 이것이 얼마나 고뇌에 찬 선택이었는지를 알 수 있다.

사회적 자본에 크게 좌우되는 사람들의 건강

하지만 건강을 결정하는 요인은 '돈' 만은 아니다. 또 한 가지, 사회적 자본(소셜 캐피털)이라는 중요한 포인트가 있다. 사회적 자본이란 사회학에서 생겨난 개념으로, 단적으로 말하면 코뮤니티 내의 인간관계의 인연을 말하는데 그것이 풍성할수록 건강수준도 높다는 것이 최근 알려지게 되었다.

1947년 세계보건기구는 '건강'을 '몸, 마음, 그리고 사회적인 복지'라고 홀리스틱한 정의를 하여 당시의 의료관계자 대부분을 놀라게 했다. 하지만 생각해보면 홀리스틱도, 힐(치유)도, 헬스(건강)도, 그리스어의 홀로스라는 전체를 뜻하는 같은 어원에서 생겨난 말이다. 세계보건기구는 1986년에 캐나다에서 열린 제1회 건강 만들기 국제대회에서도 '건강 만들기를 위한 오타와 헌장'을 채택하고 건강증진으로 달성하는 지역 활동의 강화를 다시금 강조하고 있다. 여

그림 5-2 의료세출과 그밖의 세출의 경년비교

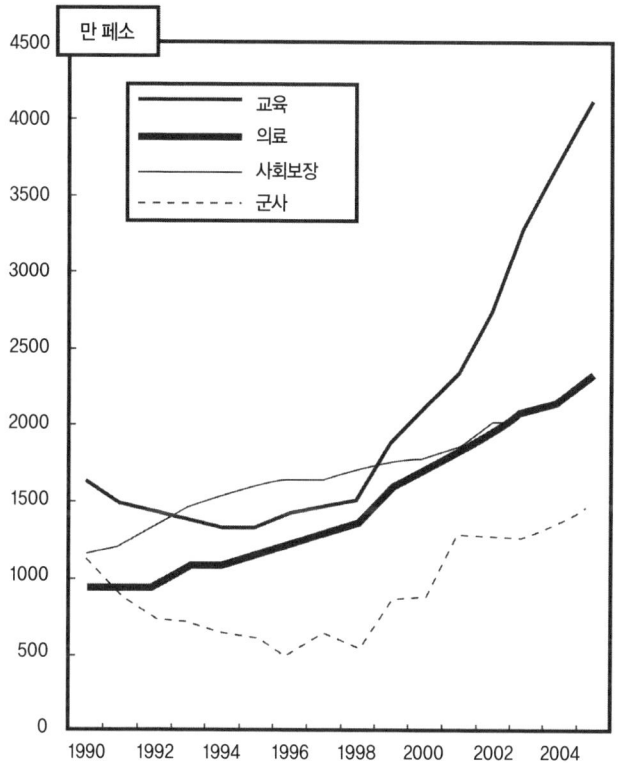

출전 : Omar Everleny Perez, Cuba: Evolución económica durante y perspectivas에서 지은이 작성

기서 착안한 사회적인 복지와 지역 활동은 사회적 자본이라고 해도 좋을 것이다.

책의 첫머리에서 건강이 경제소득과 밀접하게 관련된다고 말하고 쿠바가 세계기준에서 얼마나 동떨어져 있는지를 살펴보기도 했는데, 이 사회적 자본에 착안하면 재미있는 사실을 알게 된다. 예를 들면 캐나다의 브리티시 컬럼비아 대학 연구원인 제리 슈피겔과 애널리 야시는 쿠바에서 8년 동안 연구한 결과를 바탕으로 "다른 나라와 같은 데이터로 사회적 자본을 비교할 수는 없지만 코뮤니티 수준에서 사회적 필요에 대응하는 능력이 지극히 높다는 인상을 받았다."고 말하고 있다. 두 사람이 착안한 것은 교육수준이나 영양 등, 의료 이외의 건강결정 요인이었다. 예를 들면 혁명 이전에는 성인의 4분의 1이 문맹이었고, 1만 명의 교사가 일자리를 잃었으며, 농촌 주민의 70%는 학교에도 다닐 수 없었다.

하지만 혁명정권이 시행한 식자 캠페인과 무료교육을 통해 국민의 교육수준은 높아져서 1997년에 유네스코가 행한 국제조사에서는 초등학교 3학년과 4학년의 수학과 국어 성적이 다른 라틴 아메리카 국가들의 거의 2배나 되는 점수를 올리게 되었다. 두메산골의 분교에 다니는 학생의 성적이 경제적으로 풍족한 다른 나라의 사립학교 학생 성적을 웃도는 이상한 결과에 놀란 유네스코는 당황하여 다음 해인 1998년에 검증을 위해 재조사를 실시하지만, 쿠바의 최저점이 타국의 평균점을 넘는다는 결과만 얻었을 뿐이었다.

당연한 일이지만 쿠바 정부 역시 고용, 영양, 스포츠, 문화, 교육 등, 의료 이외의 요소가 건강에 미치는 중요성을 충분히 인식하고 1989년에는 예방의료 제도를 뒷받침하기 위해 '건강한 시군구 만들기 전략'을 세우고 있다. 보건복지부는 이 '건강 시군구 만들기 전략'과 연계해서 대규모의 코뮤니티 참가를 강화함으로써 경제위기에 대응했던 것이다. 제리 슈피겔과 애널리 야시는 「글로벌화 주변부에서의 교훈」이라는 제목이 붙은 논문에서 이렇게 결론짓고 있다.

"쿠바의 경험은 금전만이 건강증진의 전제조건이라는 상정에 발본적인 의문을 던져준다. 쿠바 패러독스를 이해함으로써 언젠가 다른 지역에서도 쿠바의 방식을 실시할 수 있을지도 모른다. 세계은행이나 IMF가 건강이 금전하고만 연관되어 있지 않다는 것을 인식한다면, 구상될 수 있는 대체가능한 수단이 있을 것이고, 거기에는 정말로 마땅히 배워야할 증거가 있다."

쿠바는 누구나 자신의 능력이나 노동에 걸맞는 급료를 받는다는 이상적인 '평등사회'였다. 바로 그랬기 때문에 경제위기라는 곤경을 모두가 고생을 나누면서 헤쳐나갈 수 있었다. 바꿔 말하면 풍성한 사회적 자본이 쿠바를 위기에서 구했다고도 말할 수 있을 것이다. 하지만 경기회복과 더불어 이런 경제위기도 뛰어넘었던 혁명의 강건함을 뿌리부터 뒤흔드는 골치아픈 문제가 생겨났다.

의사와 택시 운전사가 40배의 월급차

"실업률이 높아져 일이 없는 젊은이들 사이에서 사회에의 불만이나 소외감이 높아지고 있습니다. 격차사회의 출현에 의해 젊은이들이 세상에 정나미가 떨어지기 시작한 겁니다."

우리나라 이야기가 아니다. 아바나 대학의 로울데스 페레스 교수가 요즘 세태를 걱정하면서 한 말이다. 옛 소련의 붕괴와 그에 이은 미국의 경제봉쇄 강화라는 거친 파도 속에서 살아남기 위해 쿠바는 국영기업의 독립채산제화, 미국달러의 합법화(현재는 유로), 농산물

자유시장의 개설, 자영업 확대, 외화획득을 향한 관광진흥 등 쏜살 같은 속도로 다양한 시장원리 정책을 도입했다. 그것은 경기회복에는 확실히 커다란 성과를 올렸다. 하지만 자본주의형 경제가 침투한 결과 '뉴리치 계급'이 생겨나고 말았다.

국가의 자산을 착복하거나 암시장에서 훔친 물건을 팔아서 부당한 이익을 올리는 사람이 있는가 하면, 미국에 사는 친척한테서 달러를 송금받는 가족도 있었다. 택시 운전사는 외국인 관광객을 태우기만 하면 하룻밤에 심장외과 전문의 월급 이상을 벌어들인다. 미국달러를 벌어들일 수 없는 다수 국민과의 격차가 벌어지는 것이다. 물질주의, 이기주의, 개인주의가 퍼지면 사람들은 서로 돕는 마음을 잃게 된다.

거기에 더해서 대규모 관광이 젊은이들의 소비욕을 자극한다. 성매매, 10대 임신, 미혼모, 범죄증가, 등교거부 등, 혁명쿠바가 지금까지 경험하지 못한 사회문제가 잇따라 나타나고 아바나에서는 젊은이들이 월급이 적은 교사직을 기피하게 되고 말았다. 혁명의 윤리적 기반이 흔들리기 시작하고 만 것이다. 달러와 페소와의 이중경제가 초래한 사회모순을 소베론 발데스 국립은행 총재는 이렇게 설명한다.

"노동자들의 급료로는 달러 숍에서 물건을 살 수 없습니다. 사회에 공헌하는 노동자가 갖은 고생을 하고 있는 한편으로, 일하지 않고 살아가는 이도 있습니다. 그것이 가져오는 결과는 윤리의 부패입니다. 이런 상황은 경제에 있어서 파멸적이며, 도덕적으로도 용서받을 수 없는 일입니다."

페레스 로케 외무장관도 이렇게 근심한다.

"역사적인 기억을 잃고 자본주의에 대한 환상을 갖는 사람들조차 나왔습니다. 미국에 지배되면 미국의 새로운 식민지화된 아이티나 도미니카 공화국처럼 빈곤한 나라가 될 뿐인데, 유럽처럼 될 수 있을 거라고 착각하고 있는 겁니다."

이대로 가다가는 혁명이 윤리상실로부터 내부에서 무너져내린다. 사태를 누구보다도 근심한 것은 살날이 얼마 남지 않은 늙은 혁명가 카스트로 자신이었다.

"격차라는 문제는 새로운 것이 아니다. 하지만 경제위기가 그것을 악화시켰다. 불평등이 높아진 것이다. 어떤 사람은 과테말라나 아프리카의 두메산골에서 또는 표고 수천 미터나 되는 히말라야 산중에서 사람 목숨을 구하는 일에 종사하고 있는 의사보다도, 단 1개월에 40, 50배나 벌어들이고 있다. 미국은 결코 우리를 멸망시키지 못한다. 하지만 우리는 자멸할 수는 있다."

카스트로는 경종을 울리고 사람들에게 이렇게 물었다.

"어느 정도의 사상과 어느 정도의 의식 수준이 있으면 혁명을 전복시키는 것이 불가능해질까."

모두가 손을 잡고 고난에 맞서는 상황은 사회적 자본이 풍성한 사회라면 극복하기 쉽다. 하지만 사회적 자본 자체를 파괴해버리는 격차사회에는 어떻게 대처하면 좋을까? 카스트로가 취한 수단은 교육을 통한 국민 윤리관의 강화였다.

"교육만이 전부다. 교육은 가치관이라는 씨를 뿌리고, 그것은 윤리관을 키우고 사람의 삶을 성장시킨다. 교육은 영혼의 선함을 추구하며, 그것을 갈고닦는 일이야말로 이기주의로 향하는 본능이라든지 없애야만 하는 태도와 싸우는 힘이 된다."

카스트로의 과거 몇 년의 연설의 거의 절반이 교육과 관련된 화제였을 될 정도로 카스트로 혁명정권 수뇌부는 교육에 힘을 쏟았다.

15명 학급의 실현과 유치원부터의 컴퓨터 교육

지금 쿠바에서는 모든 학년에 교사 1인당 학생 15명이라는 꿈같은 상황이 현실화되어 있다. 교육의 질을 높이려면 많은 교사가 필요하다. 그래서 쿠바는 초등학교 교사의 긴급양성에 돌입했다. 16~17살의 5,500명 이상의 젊은이들이 5개의 학교에 입학해 10개월간의 집중훈련을 받았다. 그 결과, 2000년 9월에는 모든 초등학교에 20명

학급이 달성되고 대부분은 15명 이하가 되었으며, 중학교에서도 15명 교실이 실현되었다. 긴급양성된 젊은 교원들은 출신지 초등학교에서 일을 하는 동시에 22개가 있는 대학의 인문과학 강좌 가운데 하나를 골라서 공부도 계속하고 있다.

교육은 양뿐만 아니라 질적으로도 근본적으로 바뀌었다. 그때까지는 일반 중학교에서는 교사가 한 과목밖에 가르치지 않았기 때문에 하루에 8번씩이나 교실이 바뀌었다. 하지만 수업과목별로 교실이나 교사가 바뀌는 구태의연했던 제도에도 개혁의 메스가 대어져 전과목을 가르칠 수 있는 교원이 양성되었다. 지금은 교실도 교사도 바뀌지 않고 학생들은 교사와 함께 진학하게 되었다.

한 사람의 교사가 전과목을 가르칠 수 있는 이유 가운데 하나에는, 컴퓨터나 비디오를 이용한 시청각 교육 프로그램이 있다. 2002년 3월에는 유치원부터 초등학교 6학년까지 전체 초등학교에 컴퓨터 교실이 만들어지고, 이것에 맞추어 인스트럭터를 양성하기 위해 2001년 8월~12월에 걸쳐서 1만 5천 명 이상의 초등학교 교원과 고교 3년생들이 IT 집중코스를 수강했다. 농산촌에는 지금도 전기가 없는 집락도 있지만, 단 한 명이나 몇 명의 학생밖에 없는 과소집락의 초등학교 1,944개의 학교에도 태양전지판(솔라 패널)을 이용해서 컴퓨터가 도입되었고, 약 2천 명의 교사가 그것을 위하여 재교육을 받았다고 한다.

컴퓨터 교육을 받고 있는 것은 초등학생뿐만이 아니다. 전국에는 300곳의 젊은이 컴퓨터 클럽이 있어서 성인이나 고령자도 컴퓨터 사용법을 배우고 있고, 350곳의 젊은이 비디오 클럽도 있어서 영화를 통해 세계의 문화를 배우고 있다.

예술학교 창설과 전 국민 평생학습

쿠바를 전 세계에서 문화적으로 가장 세련된 나라로 만들겠다. 이런 장대한 목표의 일환으로 모든 주에 15개의 예술학교가 신설되었다. 해마다 입학하는 4천 명은 15살의 젊은이들이며 4년 동안 미술, 음악, 댄스, 연출 등의 수업을 받으면서 동시에 자신들의 코뮤니티 문화 활동에도 활발하게 참가하고 있다. 졸업 후에는 초등학교, 중학교, 고등학교, 문화단체 등에서 강사로 일하게 되는데, 그들도 전문분야를 대학에서 더욱 심화시킬 기회가 마련되어 있다.

평생학습도 진전되고 있다. 2000년 10월부터는 「모든 인민을 위한 대학 프로그램」이 전국에 방송되어 영어, 프랑스어, 역사, 지리, 과학, 예술 그밖에 다양한 방송대학 강좌를 수강할 수 있게 되었다. 2002년 5월부터는 교육 프로그램으로 특화한 제3채널이 개설되어 아침 6시부터 밤까지 방송되고 있다. 아침은 초등학생 아이들용 오락·교육방송 '성장을 위한 나의 텔레비전', 낮에는 중학생용 '배움을 위한 나의 텔레비전'과 고등학생용 '알기 위한 나의 텔레비전', 그리고 저녁에는 대학생이나 성인을 대상으로 한 교양프로그램으로 연령대에 맞춰서 방송되고 있다. 이와 더불어 세계의 고전을 모은 전집이 모든 가정에 배포되었다.

사회 풍기문란과 노인을 지키는 젊은 사회복지사들

사회복지사의 긴급양성도 시작되었다. 2000년 9월에 16~22살의 젊은이들을 대상으로 아바나 교외의 코히마르(헤밍웨이의 소설 「노인과 바다」의 배경이 된 마을. – 옮긴이)에 사회복지를 위한 전문대학(칼리지)이 문을 연 것을 계기로, 산티아고 데 쿠바, 올긴, 비야 클라라 주(州)에도 똑같은 학교가 문을 열었다. 칼리지의 수업내용은 다양한 분야로 이루어진 학술적인 것이며 학생들은 사회복지, 심리학, 사회학, 법률, 영어, 스페인어, 컴퓨터에 더해, 세계 각지의 대처사례를 배우고 있고, 사춘기 젊은이들의 심리나 가족과의 커뮤니케이션 기술도 익힌다. 졸업 후의 고용이 보장되고 월급도 200페소로 젊은 노동자치고는 대우도 좋다.

거기에 더해, 한 번 자격을 얻은 다음 더욱 전문분야의 길을 심화하기만 하면 인문계 22개 대학 강좌를 선택할 수 있고 사회학, 사회복지, 사회 커뮤니케이션, 심리학과 법률 등 8종류의 학위를 얻는 기회도 개설되어 있다. 현재 2만 8천 명의 젊은이가 사회복지사로 활동하고 있는데, 최종적으로는 모든 시군구에서 주민 300명 당 1명이 확보될 수 있도록 3만 5천 명을 양성하는 것이 목표로 되어 있다.

이만큼 대량의 사회복지사를 단기간에 양성한 것도, 경제위기 동안에 높아진 격차를 줄이고, '뉴리치 계층'의 부를 사회적으로 재분배하고, 사회적으로 가장 약한 이들의 삶을 지키기 위해서였다.

예를 들면 2005년 10월, 파란 T셔츠를 입은 1만 444명의 젊은 사회복지사들이 아바나를 비롯해 전국 2천 곳 이상의 급유소에 나타나

더니 스탠드에서 급유를 하거나 급유소에의 배달트럭에 타거나 정제소를 엄중하게 감시하기 시작했다. 에너지난이 심각한데도 불구하고 주유소에서는 기름을 도난당하거나 빼돌리는 일이 많았다. 두 달 동안의 감시 활동으로 종업원들의 부정한 빼돌림이 불가능해지자 국고수익이 두 배로 늘어남으로써 판매액의 절반이라는 엄청난 양이 부정하게 착복되고 있었음이 명백해졌다. 정부는 문제에 종지부를 찍기 위해 관리체제를 엄격하게 하는 방식으로 제도를 개혁했다. 각 가정을 개별방문해서 형광등을 교환하거나 전기제품의 모델을 바꿔줌으로써 에너지 절약운동을 벌이고 있는 것도 새로 양성된 젊은 사회복지사들이다.

하지만 그들의 주된 활동은 혼자 사는 노인이나 실업자, 미혼모, 성매매에 빠지는 젊은 여성, 가정폭력 및 가정환경으로 고민하는 가족, 장애자나 장애아를 가진 가정, 빈둥거리면서 학교를 빼먹는 아이들 등, 사회적으로 약한 입장에 놓인 사람들과 적극적으로 교류하고, 부모 대신이 되어 그 고민의 해결을 돕는 것이다. 그리고 복지사들이 모든 가구를 방문조사해본 결과 혼자 살며 도움을 필요로 하는 노인이 3만 7천 명이나 있음을 알았다. 정부는 이 조사를 토대로 고령자 연금을 증액하고 100개의 시책 프로그램을 실시했다. 2007년에는 노인 홈, 고령자용 사회센터, 신체·정신장애자 홈 등 382개의 센터 운영비도 합쳐서 퇴직금, 사회보장, 연금용으로 약 39억 페소의 예산이 책정되어 58만 8,097명이 12억 3백만 페소의 사회보장비를 받게 되었다.

수치통계상으로는 보이지 않는 사람들의 삶을, 사회복지사의 활동을 통해 뚜렷이 드러나게 함으로써 정책실시에 유용하게 사용한다. 이런 방식은 해외에서도 주목받아 2000년 5월에 쿠바를 최초로 방문한 지미 카터 전(前) 미국 대통령도 체재 중에 아바나 교외에 신설된 사회복지사 양성학교를 시찰했다.

실업 중인 젊은이들의 재도전 프로그램

사회복지사들은 학교를 나와도 일도 공부도 하지 않고 사회에 불만을 품고 경범죄에 관련되는, '잃어버린 젊은이들'이라 불리는 청소년도 지원하고 있다. 형무소의 복역자, 특히 젊은 수형자 10인당 1명의 사회복지사가 달라붙어 복역 후에는 대학이나 전문학교에 다닐 수 있는 기회를 확보해주고 학업을 마친 뒤에는 유연하게 코뮤니티에 녹아들 수 있도록 돕고 있다.

그 배경에는 범죄자 개인을 탓하는 것이 아니라, 죄를 저지르기에 이른 사회로부터의 소외에의 대응이 필요하다는 생각이 있다. 왜냐하면 이들 젊은 사회복지사들 자신이 대부분 축복받지 못한 가정환경에서 자라고 예전에 학교를 중퇴하거나 일자리를 잃은 젊은이들이었기 때문이다. 정부는 이런 젊은이들을 벌하는 대신에 지식과 문화를 배우게 하는 '새로운 일자리'를 창설했다. 즉, 학교에도 다니지 않고 일도 하려고 하지 않는 젊은이들에게 급료를 지불하며 사회복지사 양성학교에 다니게 함으로써 사회에서 존재할 자리를 만들어내는 것을 지향한 것이다.

'가족의 친구'라는 별명을 가진 사회복지사에 대해 카스트로는 "그들은 가장 가난하고 학대받는 사람들에게 도움을 주는 친구, 형제가 될 것이다."라고 평가하고 이렇게도 말하고 있다.

"2001년 9월, 우리는 탈락자를 위한 코스를 창설했다. 2002년 학기 중에는 거의 10만 명이 이 프로그램에 등록되었다. 고교에서 6만 4,488명, 칼리지에서 3만 4,318명이다. 전체로는 12만 8,377명이 학교로 돌아왔다. 그 가운데 38,103명, 30%에는 배우는 일에 급료가 지불되고 있다."

17~30살의 실업중이거나 학업을 포기한 사람들을 위한 야간수업이 있는가 하면, 장애자를 돌보기 위해 어쩔 수 없이 일을 그만두어야 했던 부모에 대해서 임금을 지불하는 프로그램도 있다. 궁극의 목표는 모든 젊은이들의 완전고용이다. 새로운 일자리를 당장은 찾아내지 못한 사람에 대해서도 장래적인 자기투자를 위해 면학에 정진하는 경우에는 임금이 지불되어 컴퓨터, 영어, 지리, 역사, 수학 등을 배우고 있다.

60만 명이나 되는 새로운 대학생이 탄생하고 스포츠나 예술교사, 사회복지사로서 새로운 재출발의 기회를 얻은 젊은이들은 묻혀 있던 새로운 재능을 발휘하여 전혀 다른 사람이 되었다고 한다. 지바대학의 히로이 요시노리 교수가 사회보장은 고령자 문제에 제한되지 않고 니트나 프리터 문제를 고려하여 젊은이에의 교육정책과 일체화해서 생각해야 한다고 지적하고 있음을 책의 첫머리에서도 언급했지만, 젊은이를 재교육함으로써 사회에 복귀시켜 환경정책이나 고령화대책에 활용하고 있다는 의미에서는, 쿠바는 그야말로 히로이 교수의 이론을 실천하고 있다고 말할 수 있을 것이다.

목표는 예술과 문화, 과학이 발달한 지식사회

그림 5-2를 다시 한 번 보아주기 바란다. 교육비는 해마다 증액되어 2007년에는 무료교육과 의료를 유지하기 위해 GDP의 22.6%에 상당하는 예산이 할당되었다. 그 수치는 라틴 아메리카 각국 평균의 4배. 덧붙여서 격차를 시정하기 위해 최저임금을 2배로 늘리는 한편, '뉴리치 계층'인 관광 레스토랑 경영자 등 거액 사용자들의 전기료는 일반 서민의 10배 이상이나 인상되었다. 소베론 총재는 "이런 방식은 경제위기 동안에 생기거나 확대된 격차를 조금씩이긴 하지만 감소시키고 있습니다."라고 말하고, 마찬가지의 제도개혁을 경제 전반에도 확충할 예정이라고 한다.

2005년 11월의 아바나 대학에서의 연설에서는 카스트로는 국가 만들기의 장래 비전을 이렇게 묘사해보였다.

"우리는 미혼모가 아이를 돌볼 수 있을 만큼의 급료를 받을지, 일하고 있는 동안에 아이를 돌봐주는 데에 필요한 경비를 국가가 지불할지, 마땅히 그녀가 선택해 한다고 결단한 것이다. 우리나라의 모든 인민은 가까운 장래, 부업이나 해외로부터의 송금에 의존하지 않아도 일이나 연금이나 퇴직금으로 생활할 수 있게 될 것이다. 노동, 생산하는 인민은 더욱 많은 급료를 받고 물건을 좀 더 많이 살 수 있게 될 것이다. 하지만 그것은 결코 소비사회가 된다는 것은 아니다. 인간적으로 발전하고 예술과 문화, 과학이 발달한 지식사회가 될 것이라는 말이다. 물론 그것은 과학병기 덕분이 아니다. 그런 사회는, 어느 누구도 결코 무너뜨릴 수 없는 자유와 함께 존재한다."

미국을 대표하는 국제정치학자 조지프 S. 나이는 군사력이나 매장 자원 등 하드 파워에 대해 문화력을 중시하는 소프트 파워론을 제창했는데, 문화국가 만들기를 지향하려 하는 카스트로의 주장은 이것을 생각나게 하는 점이 있다.

하류지향 젊은이는 사회가 만든다

지금까지 말한 교육과 문화발전을 지향하는 총계 1,197가지 사업은 쿠바에서는 '사상의 싸움'이라 불리는, 엘리안 곤잘레스 소년(주1)의 귀국을 요구하는 젊은이와 학생들 사이에서 일어난 운동을 발단으로 2000년부터 시작되었다.

운동을 맡은 젊은이는 지금의 쿠바를 어떻게 느끼고 있을까? 젊은이의 생생한 소감을 듣고 싶어서 대학학생연맹을 찾아갔다. 덧붙여서, 대학학생연맹이란 쿠바 혁명으로부터 30년 이상이나 거슬러올라간 1923년에 학생운동을 이끌었던 안토니오 메리야가 창설한 단체다. 회장인 카를로스 라헤(25살)는 현재라는 시대를 이렇게 분석한다.

"쿠바의 젊은이에게는 기본적으로 두 가지 문제가 있다고 생각해요. 하나는, 혁명 이전의 자본주의 시대를 전혀 모르고, 사회주의를 구축한 경험도 없다는 것입니다. 다른 하나는, 젊은이가 어떤 가정환경에서 자랐는가 하는 것입니다. 모순을 품은 가정에서 자란 젊은이가 근대적인 IT기술이나 글로벌화에 노출되어 소비주의로 치닫고 말았어요. 사회를 위한다는 의식이 거의 없고, 공부도 싫어하고, 일도 하고 싶어하지 않고, 취미도 없는 무기력한 인간이 되어 버린 것입니다. 하지만 쿠바에는 혁명이라는 모범이 있습니다. 가장 소중한 것은 쿠바인이라는 자부심과 애국심입니다. 바로 그런 자부심이 있었기 때문에 경제위기도 뛰어넘을 수 있었던 것입니다. 중요한 것은 사상이며, 사상과 혁명을 계승하고 유지하는 것입니다."

역시 학생 리더답게, 도저히 25살 젊은이라고는 생각할 수 없는 발

라헤는 2005년에 아바나 대학 경제학부를 졸업하고, 전국의 학생들로부터 회장직에 선출되었다. 그는 새로운 미래를 만드는 일은 가능하다고 잘라말한다.

언이다. 하지만 너무 모범생같아서 재미가 없기도 하다. 페레스 로케 외무장관도 국회에서 혁명 존속을 위한 원리 원칙을 다음과 같이 제창하고 있는데, 라헤의 견해와 거의 같다.

"인민을 이끄는 사람들은 언제나 모범이 되겠다고 마음먹어야 한다. 권위란 엄격한 생활태도와 노동에의 헌신에서 비롯된다. 인민을 이끄는 사람들이 아무런 특권을 갖지 않고, 그들의 가족도 인민과 다르지 않은 생활을 하고, 그들의 아이들도 노동자의 아이들과 같은 교육을 받고 있음을 인민은 알아야만 한다. 우리는 지금, 물건의 소비가 아니라 사상과 신념에 토대함으로써 대다수 인민으로부터의 지지를 유지해야 한다."

하지만 이런 금욕적인 자세를 모든 젊은이에게 요구하기란 도저히 무리이며, 시대착오적인 발상 아닐까?

"물론이죠. 생각은 모든 사람이 똑같지 않아요. 저는 모두가 혁명가가 되었으면 좋겠다고 바라고는 있지만, 그건 말씀하신 대로 무리한 이야기죠. 하지만 소수일지라도 견고한 사상을 갖고, 전위로서 인민의 앞을 걸어간다면, 사회에는 성실한 사람이 많이 있으므로 지원해줍니다. 가장 중요한 것은 많은 사람들이 지도자가 하는 말이나 혁명의 꿈을 알아주게 되는 것입니다. 알게 되면 지원해줍니다. 그것을 모르기 때문에 문제인 거죠."

그것이 글로벌화의 악영향이죠, 라고 라헤 군은 계속했다.

"예를 들어 인터넷에도 좋은 효과와 악영향이라는 양면이 있죠. 젊은이가 악영향을 받지 않으려면 지식이 필요합니다. 지식이 있으면 선악의 판단이 가능하고, 좋은 문화가 있으면 행복해질 수 있어요."

그것이 사상의 싸움이 지향하는 것이라고 한다.

"물론 이것은 나무를 심는 것과 같은 일로 겨우 3, 4년만에는 결과가 나오지 않죠. 하지만 이전에는 대학에도 다니지 않았던 젊은이들이 새롭게 배우게 되고, 지금은 18~25살의 젊은이 50%가 대학생이 되었습니다. 우리는 젊은이들에게 무엇이 중요한 일인가를 지도하고 있다는 데에 자부심을 갖고 모두 기꺼이 '마음의 의사가 되자'라고 말하고 있습니다."

하지만 그저 공부만 하면 급료까지 받을 수 있다는 건 너무 뻔뻔하지 않을까?

"자네만 해도 아바나 대학이라는 일류대학에 들어가기 위해서 열심히 공부를 했겠지. 하지만 돈을 받지는 못했잖나. 그런데 게으름을 피우고 있던 젊은이는 돈을 받고서 재도전이 가능하단 말이지. 솔직히 말하면, 속으로는 '웃기고 있네, 응석을 받아주는 것도 정도가 있지' 하고 정부의 과보호 대책을 씁쓸하게 여기고 있지는 않나?"

외국으로부터의 취재라는 이유로, 논리정연하게 정부의 고위간부 같은 답변을 하는 라헤 군의 본심을 끌어내고자 일부러 허물없는 말투로 거북한 질문을 던져보았다. 그러자 라헤 군은 처음으로 빙긋, 활짝 웃었고, 말투도 바꾸고 솔직하게 이렇게 대답해주었다.

"그래요. 사실은 말씀하신 대로 '그건 좀 잘못된 것 아닌가' 라고 주장하는 사람도 있긴 있어요. 완전히 새로운 아이디어여서 알기 힘들기도 하구요. 하지만 우리는 눈앞의 것만을 생각하기 쉬운데, 훨씬 먼 미래의 일을 생각할 필요가 있다고 생각합니다. 예를 들어 저는 친구를 스스로 선택하죠. 하지만 태어난 가정이나 장소는 선택할 수 없죠. 인간은 그런 존재입니다. 저는 우연히 인텔리 가정이라는 환경에서 자라면서 공부했지만, 배우지 못한 가정환경에서 자란 젊은이는 그런 느낌을 접하지 못하죠."

라헤 회장에 따르면 정부의 조사연구 결과, 사회에 대해 소외감을 갖고 범죄에 빠지는 젊은이는 고등교육을 받은 전문가 가정에는 불과 2%밖에 없어서 젊은이들의 행동거지가 교육이나 문화수준의 저하 등 가족환경에 의한 것임이 명백해졌다고 한다.

"그러니까 그것은 자기책임이 아니라 사회의 책임이고, 그것을 바로잡는 것도 사회여야만 한다고 생각해요. 이 새로운 계획으로 아주 좋은 학생으로 바뀐 대학친구가 있습니다. 제가 보기에는 가장 훌륭한 것은 그거예요. 그런 가정환경에서 자라면서도 공부하고 졸업한 녀석들요."

주1 - 엘리안 소년(당시 5살)과 친어머니, 의붓아버지가 미국행 수제보트로 밀항하다가 어머니는 도중에 물에 빠져 사망하고, 타이어를 붙들고 있던 소년만 무사히 구출되어 마이애미의 친척집에서 보호되었던 사건. 소년은 2000년 6월에 귀국하는데, 클린턴 정권은 처음에는 소년을 쿠바의 아버지에게 돌려보낼 것을 거부하여 커다란 정치사건이 되었다.

4. 지금도 살아 있는 체 게바라

현장인 진료소에서 실천하는 의학교육 개혁

　책의 첫머리에 등장했던 알레니스 같은 젊은이나 지금까지 만난 의사들은 도대체 어떤 의학교육을 받아왔을까? 그것을 알고 싶어 알레니스의 모교인 아바나 의과대학을 찾아가보기로 했다. 아바나 의과대학은 쿠바 최대의 의학교로 2만 8천 명의 학생이 재적하고, 6,500명의 교수진과 4,000명의 직원이 일하고 있다. 전국에 있는 21개 의학교의 중심적인 존재로 해마다 약 4천 명의 의사가 여기서 키워져 지금까지 3만 명이 졸업했다고 한다. 의학교에는 15학부가 있고 그밖에 20개 부속 연구기관을 거느리고 있다. 50개의 병원, 120개의 지구진료소, 3천 곳 이상의 패밀리 닥터 지구의원도 소속되어 있다. 참고로 도쿄대 의학부 학생수는 475명, 게이오대 의학부는 606명이다(참고로 한국의 경우, 2012년 서울대 의예과 모집 정원은 수시와 정시를 합쳐서 96명이다. ─ 편집자).

　호르헤 곤잘레스 학장은 의과대학을 1975년에 졸업하고 독일에서 유학한 뒤 법의학 전문가가 되었고 2001년부터 모교의 학장이 되었는데, 그는 마탄사스 주의 작은 마을의 가난한 가정 출신으로 혁명 덕분에 의사가 될 수 있었다고 한다.

　"1959년 혁명부터 이야기하죠. 당시 국내에는 6천 명의 의사가 있었는데, 그 절반 이상이 외국으로 나갔습니다. 그래서 의사를 양성하기 위해 1962년에 이 학교가 설립되었는데 교수진도 불과 17명밖에 남아 있지 않았으므로, 완전히 미친 놈 같은 발상이었죠."

하지만 의학교는 우수한 졸업생을 교원으로 삼음으로써 해마다 충실해져간다.

"그리고 1984년에 새로운 교육제도를 시작했습니다. 세계의 의학교육제도를 배워 수입한 지식을 토대로 쿠바가 놓인 조건에 비춰보고, 서로 아이디어를 모아서 제도를 만든 거죠."

의과대학은 6년 과정이지만 1984년에 커리큘럼을 개정하여 의대생들은 졸업하려면 적어도 커리큘럼의 18%를 코뮤니티 안에서 보내야만 하게 되었다. 일차진료가 먼저 기초가 되어 장래에 어떤 분야의 전문의사가 되든 의사로서의 삶은 패밀리 닥터로 지구의원에서 2년 동안 일하는 데에서 출발한다. 대학수업도, 이론과 실천이라는 두 개의 축으로 지식과 기량을 함께 시험받는 내용으로 되어 있다. 예를 들면 다음 학년으로 진급하려면 학과시험만이 아니라 현장에서의 실천을 통해서 지구주민이 필요로 하는 지구의 건강상의 과제 연구결과를 제시하고 실기시험에도 합격해야 한다고 한다.

"그렇지만 2003년에 더욱 비약이 있습니다. 지구진료소 자체를 '의과대학'으로 삼는 개혁에 돌입한 거죠."

지구진료소를 대학으로 삼는다는 건 무슨 뜻일까? 학장은 설명을 계속한다.

"이전의 의과교육에서는 플렉스너가 제창한 이론에 토대해서 2학년까지는 공부만 하고, 임상에서도 사체를 사용했습니다. 그래서 의대생들은 3학년 때부터 환자들을 접했죠. 하지만 그건 마치 기계를 배우면서 움직이는 엔진을 본 적이 없는 것과 같은 겁니다."

근대 의학교육은 1910년의 플렉스너 리포트에서 시작된다고 여겨지는데, 이 이론에는 학부 첫 2년 동안에는 생화학, 생리학, 약리학, 병리학 등을 배우고 그 뒤에 임상교육으로 나아나게끔 되어 있었다. 일본에서도 교실이나 실험실에서 기초과학을 배운 다음에 대학병원 외래에서 임상교육을 받고 있다. 하지만 학장은 이 제도를 재점검했다고 한다.

"2003년에 전국의 의대생 1천 명을 75개 모델 지구진료소에 받아들이는 파일럿 사업을 실시했습니다. 우리 학교 학생은 교사로부터 직접 강의를 받지만, 지구진료소에서는 가장 저명한 의사의 수업을 텔레비전으로 받을 수 있게 한 거죠. 그런 수업과목을 정리해서 CD에 담아서 모든 학생들에게 배포하기도 했습니다."

표 5-2 의과대학에서의 코뮤니티 수업

학년	과목
1학년	포괄적 일반의료 서론 (5주간)
2학년	임상의학 서론 (1학기)
4학년	포괄적 일반의료 I (6주간)
5학년	공공의료(9주간), 포괄적 일반의료 II (7주간)
6학년	포괄적 일반의료 (7주간)

전자의료정보 네트워크는 이런 곳에서도 활용되고 있었다. 하지만 왜 이런 개혁이 필요해진 것일까? 내 생각을 알아차린 듯, 학장이 설명을 계속한다.

"의과대학은 수업료는 무료지만 모든 학과시험에서 평균 90점 이상을 받지 못하면 입학할 수 없습니다. 야구팀을 편성한다면 야구를 가장 잘하는 선수를 고르겠죠. 의학도 마찬가지입니다. 가장 공부를 잘하는 학생을 고르지요. 게다가 학생이 열심히 공부하려면 경쟁도 필요합니다. 하지만 뭔가를 가장 잘 기억할 수 있는 건 실천하면서 배우는 것입니다. 예를 들면 당신은 제가 말한 내용 가운데 아마도 당신 마음에 드는 부분밖에 기억하지 못할 겁니다. 그러므로 정말로 배우려면 현장에 나가서 무엇이 필요한지를 반드시 실감하는 것이 꼭 필요합니다. 그리고 지구진료소에서는 살아 있는 사람을 상대하고 있구요."

곤잘레스 학장에 따르면 지금 세계적으로도 일방적으로 교사가 가

호르헤 곤잘레스
아바나 의과대학 학장.
임상의학도 사체가 아니라 살아 있는
사람한테서 배워야 한다고 주장한다.

르치는 것이 아니라 학생들이 적극적으로 필요한 지식을 얻어내는 교수법이 주류가 되어가고 있다고 한다.

"전통적인 교육에서는 교사가 가장 중요하고 학생은 단지 배운 지식을 흡수할 뿐이었지만, 지금은 가장 중요한 것은 학생이고, 지구진료소에서는 보다 능동적인 역할도 부여받고 있습니다. 가장 중요한 것은 학생들이 접하는 주위 사람들입니다. 젊은 학생들이기 때문에 다양한 경험을 일하는 직장에서 배울 수 있는 거죠. 그리고 1학년은 그냥 학생이지만 2학년부터는 실제로 현장에서 일도 합니다."

이런 현장 중시주의는 의과대학의 개혁으로도 이어졌다. 지금은 교수진도 영어 등의 교사를 제외하고 80%는 현장에서 일하는 의사로 구성하게 해버렸다고 한다.

"의사가 되려면 지식만이 아니라 인격형성도 필요합니다. 그래서 스포츠나 문화, 역사, 철학, 세계정세도 가르치고 있는데 교수진에는 실제로 해외협력에 종사했던 교사도 있으므로, 이런 실전을 모범으로 학생들은 배워갑니다. 자동차 기술자는 공장에서 배우죠. 닭과 달걀에 대해서 가장 잘 배울 수 있는 곳은 농장이구요. 그러므로 농가도 대학교실이 됩니다."

의료는 돈이 아니다. 사람의 생명을 구하기 위한 것이다. 학장도 많은 의사들과 똑같은 말을 마지막에 강조했다.

2003년부터 시작한 의료교육 개혁으로 일부 학생은 이미 지구진료소 현장에서 배우기 시작하고 있다.

방문한 아바나 시내의 베다드 지구진료소에서는 1학년생 9명, 2학년생 11명, 3학년생 9명이 배우고 있었고, 피날 델 리오 시내의 페드로 볼라스 아스토르가 지구진료소에서는 106명이나 되는 학생이 배우고 있었다. 그리고 2007년 9월부터는 치과의사도 현장연수를 시작하게 된다고 한다. 앞으로는 더욱 더 많은 학생들이 현장에서 배우게 되는 것이다.

그리고 곤잘레스 학장이 지적한 대로, 환자를 실제로 치료할 수 있는지, 현장의 실천력으로 실력이 시험된다. 내가 방문한 어느 패밀리 닥터의 의원에서는 그 자격시험이 치러지고 있었다. 진지한 표정으로 청진기를 대고 있던 청년은 종합예방 의료의사 전문자격을 목표로 삼고 있는 도미니카 공화국 출신의 라틴 아메리카 의과대학 졸업생이었다.

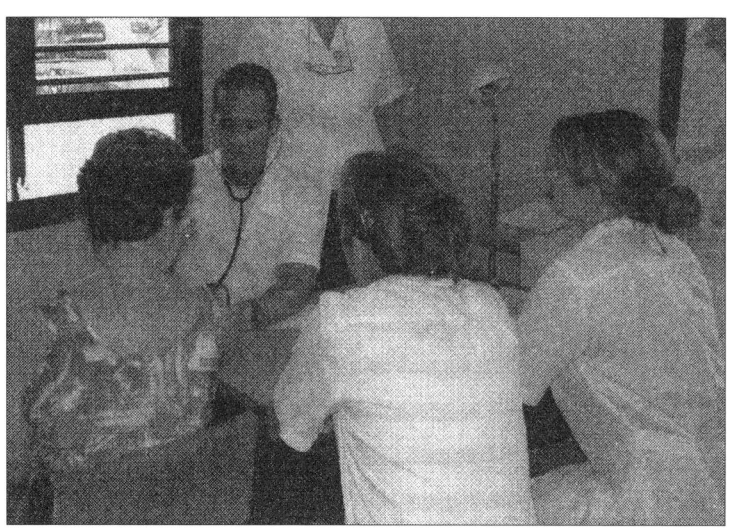

디아넬리스 라시아스 교육지도관(오른쪽)과 샤리셀 멘딜사 의사(가운데)가 지켜보는 가운데 시험을 치르고 있는 프란셀 라몬 학생.

하지만 졸업식은 의과대학에서 치러진다. 의과대학 캠퍼스는 예전에는 유복한 가정 출신의 여학생들이 다니던 학교였던 만큼 스페인 식민지 시대의 장중한 건물이 쭉 늘어서 있다. 그 캠퍼스 안을 루이스 수알레스 박사가 안내해주었다.

"여기가 본교에서 가장 신성한 장소이자, 졸업식이 거행되는 장소입니다."

육중한 목재 문을 열고 들어가자 의자가 쭉 늘어서 있고, 옆벽에는 역대 위인들의 사진이 걸려 있다. 그리고 가장 안쪽의 단상에는 두 명의 인물의 사진이 걸려 있었다. 오른쪽이 쿠바의학의 선조라고 여겨지는 카를로스 핀라이고, 왼쪽에는 체 게바라가 조용히 미소짓고 있었다.

지금도 살아 있는 게바라의 말

카스트로와 더불어 혁명을 성공시킨 체 게바라는 굳건한 혁명가였다. 국립은행 총재라는 요직을 내던지고 한 사람의 게릴라로서 볼리비아로 들어가 CIA를 등에 업은 정부군에게 몰려서 1967년에 장렬히 전사한다. 하지만 볼리비아군이 일체 입을 다물고 있었기 때문에 그 유골이 과연 존재하는지 어떤지도 몰랐다.

하지만 1997년 7월에 오랫동안 행방불명인 채였던 사체가 국제조사단에 의해 발견된다. 치아 뢴트겐 사진과 유골 DNA 감정을 통해 본인임이 틀림없다고 확인되어 그 유골은 지금 산타 클라라에 우뚝 선 추모관에 모셔져 있다. 체 게바라가 쿠바에 귀환한 것은 그의 죽음으로부터 무려 30년이나 지난 뒤였다. 그런 생각에 젖어 사진을 응시하고 있자니 수알레스 의사가 살짝 귀띔해주었다.

"학장은 당신 입으로는 아무 말도 하지 않으셨지만, 그 분이 바로 조사단 단장으로 유골을 발견한 당사자랍니다."

의사로서 날갯짓을 하는 학생들을 지금도 체 게바라의 사진이 지키고, 그런 체 게바라의 유골을 발견한 의사가 학장을 지내고 있다. 그렇구나, 체 게바라도 학생들 교육에 한몫을 담당하고 있었구나. 알레니스 같은 젊은 의사가 쿠바에서 길러질 수 있는 이유를 약간이나마 엿본 듯한 느낌이 들었다.

체 게바라는 혁명가였지만, 우선 무엇보다도 의사였다. 영화 「모

아바나 의과대학 졸업식이 거행되는 동안 미소를 지으며 바라보고 있던 건 체 게바라의 유영이었다.

터사이클 다이어리」에도 잘 그려져 있지만 아르헨티나 중류층 가정에서 자란 게바라는 1952년에 친구와 둘이서 오토바이를 타고 6,400킬로미터에 이르는 남미 종단여행에 나선다. 한 사람의 젊은 의학도를 혁명가로 바꿔놓은 것은 그 길에서 본 광경, 박해받는 사람들의 불합리한 상황과 사회모순에 대한 분노였다. 그래서 게바라는 학생시절의 여행경험도 합쳐서 1960년에 「혁명적 의료」라는 제목의 연설을 하고 있다. 체 게바라가 여행에서 느낀 것. 그의 말을 빌려오는 것으로 카리브 해에서의 소소한 여행을 마무리하기로 하자.

"나는 아이티와 산토 도밍고 이외의 모든 라틴 아메리카 나라를 어느 정도는 여행한 적이 있다. 처음에는 의대생으로서, 다음에는 의사로서였는데, 내 나름의 여행방식에서 언제나 빈곤, 기아, 질병을 가까이에서 보아왔다. 돈이 없어서 아이를 치료하지 못하고 만성적인 기아나 형벌로 아이를 잃어도 아버지는 그것을 별로 중요하지 않은 사고쯤으로 받아들이고 만다. 우리들의 조국 아메리카의 착취계급 사이에서는 그런 상황이 당연시되었다. 유명한 과학자가 되거나 의학에 중요한 공헌을 하는 것과 똑같을 정도로 중요한 일이 있다. 그것을 알기 시작했다. 나는 이런 사람들을 살리고 싶었다.

그럼 실제 사회복지의 일은 어떻게 실행할까? 사회적인 필요와 한 사람 한 사람의 노력을 어떻게 연결지을 것인가? 이 조직적인 업무, 모든 혁명업무의 기본은 개인이다. 누군가의 주장과 달리 혁명은 사람들의 의지나 조직을 집단적으로 획일화하지는 않는다. 오히려 혁명은 한 사람 한 사람의 재능을 해방한다. 혁명이 이루어내는 것은 한 사람 한 사람의 재능을 적응시키는 일이다. 지금 우리의 임무는 모든 의료 전문가들의 창조력을 사회적인 의료를 향해 적응시키는 일이다.

우리는 케케묵은 개념은 걷어치워야 한다. 인민들이 있는 곳으로 가서, "자, 여기 우리가 왔다. 당신들에게 베풀고, 과학을 가르쳐주고, 당신들이 얼마나 문화적으로 뒤떨어져 있는지, 얼마나 무지한지를 알려주겠다." 따위의 말은 결코 입에 담아서는 안 된다. 그것이 아니라 위대한 인민의 지혜에서 배우는 탐구심과 자세를 가져야만 한다. 그렇게 하면 그것이 체화되어 언제나 떠오르는 발상이 얼마나 틀렸는지를 알 수 있을 것이다. 사회적, 철학적인 일반개념뿐만 아니라 의학개념도 바뀔 필요가 있다. 병이라는 것도, 대도시의 병원에서 그렇듯이, 언제나 치료되어야만 하는 것이 아님을 알 수 있을 것이다. 예를 들면 부족한 영양상태를 개선하고 먹거리에 대한 요망을 채우려면 의사가 농민으로서 새로운 작물을 심고 씨앗을 뿌리는 광경조차도 볼 수 있을 것이다.

만약 가진 것이 아무 것도 없는 인민들을 위해서 너무 많이 소유하고 있는 사람의 부를 재분배하려는 계획을 세운다면, 매일매일의 창조적인 일을 행복의 활력소로 삼을 마음이 있다면, 우리들에게는 몰두해야 할 목표가 있다.

단 한 명의 인간의 생명은 지구상에서 가장 부자인 사람의 전 재산보다도 100만 배나 더 가치가 있다. 이웃을 위해 최선을 다한다는 자부심은 높은 소득을 얻는 것보다 훨씬 더 중요하다. 축재할 수 있는 모든 황금보다도 훨씬 결정적으로 영원히 계속되는 것은, 인민들의 감사의 마음이다." - 체 게바라

마치며

　자, 쿠바 의료복지 현황을 둘러본 여행은 어떠셨는가?
　"쿠바는 카스트로의 독재국가 아닌가? 이 필자는 도대체 어느 나라 스파이야?"
　그런 비판이 들려오는 것 같다. 참고로 말씀드리자면 나는 농정업무에 종사하는 지방 공무원이다. 유기농업 때문에 쿠바에 관심을 갖게 되어 지금까지 여덟 번쯤 농업이나 환경을 취재해왔는데, 농업은 제쳐두고 의료에 대해서는 완전히 아마추어다. 그런 주제에 내 방식대로 복지의료 문제를 언급하려 한 것이므로 어쩌 보면 불손하기 짝이 없다. "전문지식도 경험도 없는 아마추어가 뭘 알겠나." 하고 욕을 한 바가지 더 먹을 것 같다. 하지만 그럼에도 불구하고 어떻게 해서든 펜을 들고 싶었던 이유가 있다.
　발단은 투르넨 마르티 참의원 의원을 단장으로 한 '유기농업추진 의원연맹·쿠바 유기농업 시찰단'에 동행하게 된 것이었다. 시찰은

2006년 5월 연휴에 행해졌는데 "여기만은 꼭 보아주시기 바란다."는 쿠바측의 간청으로 원래 예정에 없던 라틴 아메리카 의과대학을 방문할 기회를 얻었던 것이다. 본문에서도 다루었듯이 반(反) 세계화는 남미 전역을 뒤흔든 거대한 파도가 되었다. 베네수엘라의 차베스 대통령은 수도 카라카스에서 개최된 세계사회 포럼에서 "세계는 사회주의냐 죽음이냐를 선택해야만 한다. 자본주의는 지구의 생태적 균형을 파괴하고 있다. 우리가 지금의 세계를 바꾸지 못한다면 인류에게 22세기는 없다."고 감히 말하기까지 했다.

하지만 "또 하나의 세계는 가능성이다."라는 슬로건은 단순히 정치적인 것에 그치지 않는다. 그 배경에는 쿠바의 굳건히 자리잡은 농업이나 의료의 기술원조가 있다. 그것을 뼈에 사무치게 느꼈던 것만으로 '정치사상'으로서의 쿠바혁명이 아니라 '기술'로서의 혁명이라는 테마도 내 나름대로 어딘가에 정리해두고 싶다고 통감했던 것이다.

그런데 막상 귀국해보니 일본에는 미국이라는 필터를 거쳐서 극단적으로 비뚤어진 쿠바 비판정보나 반 세기나 이전의 혁명을 찬미하는 회고조의 정치색 강한 정보밖에 없다. '쿠바의료'로 인터넷 검색을 해보아도 단편적인 정보밖에 나오지 않고, 문헌을 봐도 내가 아는 한에서는, 마쓰노 기로쿠 의사가 쓴 『아득히 먼 나라 맨얼굴의 쿠바 – 황열과 핀레이의 회고』(1999)와 「쿠바 만화경」(2000)에 기고된 '쿠바의료 상황에 대해서' 정도밖에 눈에 띄지 않는다.

하지만 해외에서는 다르다. 쿠바 복지의료는 역사와 실적이 있는

만큼, 이제 갓 시작된 유기농업과는 비교도 되지 않을 정도의 막대한 영어문헌과 통계수치를 아주 쉽게 인터넷에서 얻을 수 있다. 덤으로 영어권 국가 중에서는 쿠바를 경제봉쇄하고 있는 당사국인 미국이 가장 열심히 정보를 발신하고 있다.

  예를 들면 이 책에서도 많이 인용한 줄리 페인실버 여사는 "민주주의도 아니고 경제봉쇄까지 가해지고 있음에도 불구하고 왜 카스트로 정권은 언제까지나 쓰러지지 않을까? 그 비밀은 의료에 있는 게 아닐까?"라는 관점에서 7개월 동안의 체류를 포함해 여덟 번이나 취재하여 의료정보를 상세히 정리한 대저작을 내놓고 있다. 쿠바와 의료정보를 공유하는 NPO인 MEDICC(Medical Education Cooperation with Cuba)도 쿠바 의사와의 인터뷰나 전문적인 논문을 실은 잡지를 펴내고 있다. 이것만 읽어봐도 현지사정이나 제도의 구성을 상당히 잘 알 수 있다.

  영국의 방송국 BBC는 물론이고 적대국인 미국조차도 쿠바정보를 발신하고 있다. 그럼에도 불구하고 일본에서는 미국을 의식해서인지 매스 미디어조차도 쿠바에 대해 거의 언급하는 일이 없다. 아사히 신문 아바나 지국이 생긴 것은 극히 최근인 2007년 5월 16일이다. 입으로는 모두들 국제화를 외치면서도 일본은 이 정도로 정보가 차단되어 있다. 쿠바의 의료혁명은 빛바랜 과거의 유산이기는커녕 그야말로 현재진행형이다. 심지어 '기적의 수술'이나 '헨리 리브 국제구조대' 등 날마다 진화하고 있다. 몇 백, 몇 천 명이라는 단위로 세계의 두메산골로 날아가는 쿠바의 의사들.

"많은 선진국들이 의료붕괴로 힘겨워하는 가운데, 가난한 카리브 해의 작은 나라에서 어떻게 그런 일이 가능했던 걸까?" 무심코 입 밖에 내서 중얼거리게 되는 소박한 의문을 내 나름대로 납득시키는 데에는, 먼저 이 나라의 복지의료 제도를 간략하게라도 살펴볼 필요가 있었다. 그런 의미에서 이 책은 학술적인 내용은 부족하지만 나처럼 막연하게 의료나 건강문제에 관심을 갖고 있는 독자들에게 쿠바 의료제도의 개요를 알려주는 요약본 입문서가 되었으리라 감히 자부한다.

취재는 2007년 설 연휴와 5월 연휴에 걸쳐 두 번 정도 갔다. 취재처는 여기서 지정했지만 쿠바에 살고 있지 않은 이상, 당연히 한정된 시간 속에서의 견문이고 시찰처를 고르는 행위 자체가 우량 사례의 추출작업이 되고 마는 건 피할 수 없다. 하지만 내가 현지에서 만난 의사들은 일본에 찾아왔던 알레니스 의사와 마찬가지로 누구나가 겸손하고 어깨에 힘주는 일도 없고 '의사의 윤리와 철학'이 자연스럽게 몸에 배어 있었다.

패밀리 닥터 의원에서 만난 도미니카 공화국 출신의 라틴 아메리카 의과대학생 프란셀 라몬이 "학생 기숙사, 식사, 지식, 기술. 쿠바는 제가 의사가 되는 모든 것을 제공해 주었어요. 하지만 좋은 의사가 되려면 두 가지 전문성이 필요하다고 배웠습니다. 하나는 의학이고, 다른 하나는 인간성이라는 사상(思想)입니다."라고 조용히 말하는가 하면, 같은 젊은이인 전국대학연맹의 카를로스 라헤 회장도 이런 말을 입에 담는다.

"누구나가 혁명가가 될 수는 없지만 연대의 마음을 갖는 것이 중요하죠."

그리고 "혁명가란 어떤 사람인가요?" 하고 물어보자 "어려움에 처한 사람을 돕는 아름다운 마음을 가진 사람을 말합니다."라는 대답이 돌아온다.

"연대야말로 의료의 주춧돌이다."라고 주장하는 마탄사스 자연·전통의료 진료소의 우벤티노 아코스타 박사에게도 '연대'의 의미를 물어보자 이런 설명이 돌아왔다.

"왜냐하면 서로서로 돕는 마음이 없으면 스트레스가 쌓여서 많은 사람이 병에 걸리기 때문이죠. 가장 스트레스가 쌓여서 건강에 좋지 않은 것은 전쟁입니다. 그러므로 보다 잘 살기 위해서는 평화가 중요합니다."

쿠바인들은 '혁명'이나 '연대'라는 말을 많이 쓰며 또한 즐겨 쓴다. 하지만 그 스페인어가 갖는 의미는 그 단어를 곧이곧대로 옮겨 놓은 우익 용어가 갖는 뉘앙스와는 아무래도 미묘하게 다른 듯하다. 예전에 주일 쿠바 대사관에서 일했던 미겔 바요나 부부를 야마오카 테슈와 연고가 있는 식당으로 안내했던 적이 있다. 테슈는 가쓰카이슈와 사이고 다카모리의 정상회담을 통해 에도 무혈입성을 도왔던 쇼군의 직속 신하이니 정치적으로 분류하면 체제파 관료다. 하지만 그가 남긴 글과 편지를 감개무량한 듯이 보고 있던 미겔씨가 이런 감상을 말했다.

"이 야마오카라는 인물은 혁명가 아닙니까. 위에 올라선 사람은 진심으로 부귀영화를 탐해서는 안 된다고, 호세 마르티와 똑같은 말을 하고 있군요."

사실은 8년 전에 처음으로 쿠바를 방문했을 때에 통역을 해준 사람이 게이오 대학과 교토 대학에서 유학한 경험이 있는 미겔 바요나 씨였다. 그가 그때 했던 말은 첫 방문이었던 만큼, 지금도 강렬하게 가슴 속에 남아 있다.

"경제봉쇄로 정전이 계속되고 거리가 칠흑같이 캄캄한 와중에도 지구진료소만은 환하게 불을 밝히고 있었어요. 체스의 수를 생각하듯이 부족한 자원을 인민을 위해 사용하려 하는 정부를 신뢰하는 마음이 생겼죠."

그 뒤 그는 외무부를 정년퇴직하지만 젊었을 적에 아바나 대학에서 의학을 배웠던 경험도 있어서 이번 취재를 최선을 다해 도와주었다. 인터뷰가 성공한 것은 오로지 전적으로 의사들의 난해한 전문용어를 필자가 이해할 수 있게끔 해설하고 통역해준 미겔 씨의 수고 덕분이었다.

자택에서 편안히 쉬고 있는 전 외교관 미겔 바요나 부부. 마리아 부인은 치과진료소 원장인데, 이전에 뎅기열에 걸려 죽을 뻔한 적이 있다.

그런 미겔 바요나 씨가 마탄사스 주의 자연·전통의료 진료소에서 아바나로 돌아오는 길에 문득 말했다.

"이 주변에 보이는 토지는 예전에 모두 제 아버지 소유였답니다. 하지만 혁명으로 모두 국가에 기부해 버렸죠."

한없이 펼쳐진 광대한 토지. 부인 마리아 로사 씨가 전에 대지주의 딸이었다는 것은 들었지만 본인도 대부호의 아들이었다는 건 처음 알았다. 왜냐하면 당장이라도 주저앉을 듯한 1950년대식 미국산 고물 자동차를 타고 초대받아간 그의 집은 정말로 손바닥만한 토끼장이었기 때문이다. 그것을 지적하자 "그래서 아들이나 딸의 연인이 찾아왔을 때는, 저희는 침실을 내주고 마룻바닥에서 자야만 했지요." 라고 구김살 없이 웃었다.

혁명만 일어나지 않았더라면 호화저택에 살면서 몇 명이나 되는 하인들의 시중을 받으며 살고 있었을 두 사람이 침대도 없이 일개 서민으로 서로에게 의지하며 맨 마룻바닥에서 자고 있다. 그 모습을 상상하자 비참함을 넘어 우스꽝스럽기까지 했다. 하지만 그런 돈키호테들에 의해 지탱되어 온 것이 쿠바혁명이다.

이야기가 비약하는데, 쿠바는 의료대국인 동시에 영화대국이기도 하다. 그리고 전문의료가 발달해 있기는 하지만 전체적으로는 농밀한 코뮤니티가 살아 있는 고도성장 이전의 일본의 변두리 동네, 영화 「산초메의 저녁」의 세계를 떠올리면 될 것이다. 경제위기로 고통받는 가운데 「오싱」과 더불어 「생명」도 방영되었는데 이것이 꽤 호평을 받아 주연 여배우인 미타 요시코를 쿠바에 초청할 계획도 세웠다고 한다. 아쉽게도 실현되지는 못했지만.

「생명」은 20년도 더 전인 1986년에 방영된 NHK 대하 드라마인데, 줄거리는 다음과 같다. 미타 요시코가 연기한 주인공 다카하라 미키는 아오모리의 부농의 딸이었는데 의사를 지망해 옛 소작인 농민과 결혼하여 고향의 의료개선에 힘을 쏟는다. 마지막 회는 완전히 나이를 먹어 백발이 성성해진 미키가, 하지만 아직 이 세상에서 해야 할 사명이 있다며, 홀몸으로, 이즈7도의 진료소로 부임해가는 장면으로 끝난다. 대지주 출신이면서도 캄페시노(농민)와 결혼하고 농촌의료에 심혈을 기울이고, 만년에도 무의촌에 의료원조를 하러 가는 것이다. 이런 줄거리의 드라마 「생명」에 쿠바인들은 감동하고, "바로 이것이야말로 혁명정신이다."라며 공감했다고 한다. 반대로 쿠바 식으로 표현한다면, 미키야말로 분명히 한 사람의 '혁명가' 임이 틀림없을 것이다.

이 책은 말하자면, 요즘 세상에서는 사라져가고 있을 지도 모르는 이 「생명」의 메시지를 그려내어 알레니스 의사처럼 아주 평범한 여자아이가 미키처럼 사는 것이 가능하게끔 하는 '제도'를, 쿠바라는 소재를 사용함으로써 그려내고 싶었던 것이다.

그리고, 그런 이 책의 의도에 강하게 공감해준 사람이 알레니스 의사의 방일 심포지엄에 참가한 쓰키지쇼칸 출판사 사장이었다. 그에게는 앞의 책과 마찬가지로 이번에도 많은 신세를 졌다. 더불어, 현지취재의 조정에 힘을 쏟아준 쿠바 외무부 국제보도센터와 보건복지부의 관계자 여러분, 바쁜 와중에도 기꺼이 취재에 응해주신 의사와 간호사, 환자 여러분. 또한 취재 때마다 많은 도움을 주신 베테랑 코디네이터 브리사 쿠바나 사의 여러분께도 이 자리를 빌어 진심으로 감사드린다.

요시다 다로

참고문헌

들어가며 - 쿠바에의 유혹

(1) 후루사와 고코, 히로이 요시노리, 아다치 지로 외 『서스테이너블 · 웰페어 · 소사이어티』(2004), 환경 · 기술사회연구센터
(2) 히로이 요시노리 『지속가능한 복지사회』(2006), 치쿠마 신서
(3) 마키타니 히로유키 『환자를 방치하는 의료개혁의 패턴』(2004), 고분샤
(4) Nguyen Tang Le Huy Quoc-Benjamin, Statistical learning tools: simple circles explain complex numbers UN Chronicle, 2004.
(5) Jose de la Osa, Providing medical aid in 85 countries, Granma International, June 20, 2001.

I. 단연 돋보이는 쿠바의 지역예방의료

(1) 마쓰노 기로쿠 『아득히 먼 나라 쿠바의 맨얼굴』(1999), 분리각쿠 p.134~136
(2) 고도 마사코 옮김 『카스트로 혁명을 말한다』(1995), 도분칸 p.187
(3) Gail Reed, Challenges for Cuba's Family Doctor-and-Nurse Program, Cuba's Approach to Primary Care, MEDICC Review Volume II, No. 3, 2000.
(4) Stephanie Bernal, Women's Healthcare in Cuba: Observation of Medical Facilities in Cerro, Havana, 2000.
(5) Jose Diaz Novas, Jose A. Fernandez Sacasas, From Municipal Polyclinics to Family Doctor-and-Nurse Teams, Cuba's Approach to Primary Care, MEDICC Review Volume II, No. 3, 2000.
(6) Interviews, Clarivel Presno, MD President, Cuban Society of Family Medicine, Cuba's Approach to Primary Care, MEDICC Review Volume II, No. 3, 2000.
(7) Gail A. Reed, Cuba's 30-Year Track Record in Community-Based Health Care, Cuba's Approach to Primary Care, MEDICC Review, Volume II, No. 3, 2000.

(8) Pugwash Meeting 259, Medical Research in Cuba: Strengthening International Cooperation, 15-17 February 2001.

(9) Jerry M. Spiegel and Annalee Yassi, Lessons from the margins of globalization: appreciating the Cuban health paradox, journal of public health policy vol. 25, 2004.

(10) Miguel A. Galindo, Spotlight, Cuba's National Immunization Program, MEDICC Review, Volume 6, 2004.

(11) Francisco Rojas Ochoa, Cuban Medical Literature, Origins of Primary Health Care in Cuba, 20 Years of Family Medicine in Cuba, MEDICC Review Volume VI, No 2, 2004.

(12) Clarivel Presno Labrador and Felix Sanso Soberat, 20 Years of Family Medicine in Cuba, MEDICC Review Volume VI, No 2, 2004.

(13) Jeanne Parr Lemkau, Castro's Clinic: Making Housecalls in Havana, Courtesy of WorldView Magazine and the National Peace Corps Association, May, 2004.

(14) Ann C. Séror, The Cuban National Healthcare System, A Qualitative Case Analysis of Virtual Infrastructures, J Med Internet Res. 2006.

II. 외화획득 수단 – 전문의료와 의학품

1. 쿠바의 하이테크 의료

(1) Face to Face with Fidel Castro, Ocean press, 1993, p.123

(2) Elderhorst, M., "Will Cuba's Biotechnology Capacity Survive the Socio-economic Crisis?," Biotechnology and Development Monitor, No. 20, 1994.

(3) Howard Waitzkin, Karen Wald, Romina Kee, Ross Danielson, Lisa Robinson, Primary Care in Cuba: Low-and High-technology Developments Pertinent to Family Medicine, Cuba Solidarity Homepage, 1997.

(4) John Ruhland, Good Medicine for Cuba, Washing Free Press, November/December, 1997.

(5) Peter Schwab, Cuba Contronting the US embargo, St Mertin,s Griffin, 1999. p.65

(6) Philip Shapira, Cuban Biotechnology Development: Rethinking

Tranditional Frameworks, Cuba at the Vanguard of Biotechnology, December 10, 2001.

(7) Cuba's Strategy Against HIV/AIDS, HIVAIDS in Cuba, MEDICC Review Volume III, 2001.

(8) Felipe Eduardo Sixto, An Evaluation of Four Decades of Cuban Healthcare, Cuba in Transition, ASCE 2002.

(9) Annmarie Christensen, Cuba's Jewel of Tropical Medicine, Perspectives in Health Magazine, August 19, 2003.

(10) Molly Bentley, Cuba leads the way in HIV fight, 17 February, 2003.

(11) Stephen Gibbs, Threat to Cuba's Aids success, 15 August, 2003.

(12) Sheri Fink, MD, PhD, Cuba's Energetic AIDS Doctor, American Journal of Public Health May 2003.

(13) Tom Fawthrop, Cuba sells its medical expertise, BBCNews, 2003.

(14) Susan Hurlich, The World's First Synthetic Vaccine for Children, 28 November 2003.

(15) Stephen Gibbs, Cuba to help Caribbean fight Aids, BBCnews, 16 July, 2004.

(16) Jorge Pérez, Daniel Pérez, Ida Gonzalez, Manuel Diaz Jidy, Mylai Orta, Carlos Aragonés, José Joanes, Manuel Santín, Maria Isela Lantero, Rigoberto Torres, Ailen González, Alejandro Álvarez, Approaches to the Management of HIV/AIDS in Cuba Case Study, World Health Organization 2004.

(17) Michele Frank, Epidemics:The Cuban Approach, Mr Interview Gustavo KourEí, MEDICC Review, Volume VII, No. 7, 2005.

(18) Claudia Herrera Hudson, Science Hero: HIB Vaccine Team, 2005.

(19) Patricia Grogg, Two Decades of Biotech Advances, 2006.

(20) Cuba Profile Biological Overview, Working for a Safer World, 2007.

(21) Ann C. Séror, The Cuban National Healthcare System, A Qualitative Case Analysis of Virtual Infrastructures, J Med Internet Res. 2006.

2. 뎅기열과 쿠바의 생명공학 전략

(1) Face to Face with Fidel Castro, Ocean press, 1993, p.123

(2) Elderhorst, M. "Will Cuba's Biotechnology Capacity Survive the Socio-economic Crisis?," Biotechnology and Development Monitor, No. 20, 1994.

(3) Howard Waitzkin, Karen Wald, Romina Kee, Ross Danielson, Lisa Robinson, Primary Care in Cuba: Low-and High-technology Developments Pertinent to Family Medicine, Cuba Solidarity Homepage, 1997.

(4) Pugwash Meeting No. 259, Medical Research in Cuba: Strengthening International Cooperation, 15-17 February 2001.

(5) Philip Shapira, Cuban Biotechnology Development: Rethinking Traditional Frameworks, Cuba at the Vanguard of Biotechnology, December 10, 2001.

(6) Chen May Yee, Cutting-edge biotech in old-world Cuba, Special to The Christian Science Monitor, April 17, 2003.

(7) Susan Hurlich, The World's First Synthetic Vaccine for Children, 28 November 2003.

(8) Douglas StarrPage, The Cuban Biotech Revolution, Embargo or no, Castro's socialist paradise has quietly become a pharmaceutical powerhouse, WIRED magazine, Issue, December 2004.

(9) Michele Frank, Epidemics : The Cuban Approach, Mr. Interview Gustavo Kourí, MEDICC Review, Volume VII, No. 7, 2005.

(10) Patricia Grogg, Two Decades of Biotech Advances, 2006.

(11) Cuba Profile Biological Overview, Working for a Safer World, 2007.

3. 전 세계 사람들을 위한 백신

(1) Susan Hurlich, The World's First Synthetic Vaccine for Children, 28 November 2003.

(2) Claudia Herrera Hudson, Science Hero: HIB Vaccine Team, 2005.

4. 연애대국 쿠바의 대(對) 에이즈 전략

(1) John Ruhland, Good Medicine for Cuba, Washington Free Press, November/December, 1997.

(2) Howard Waitzkin, Karen Wald, Romina Kee, Ross Danielson, Lisa

Robinson, Primary Care in Cuba: Low-and High-technology Developments Pertinent to Family Medicine, Cuba Solidarity Homepage, 1997.

(3) Cuba's Strategy Against HIV/AIDS, HIV-AIDS in Cuba, MEDICC Review Volume III, 2001.

(4) Felipe Eduardo Sixto, An Evaluation of Four Decades of Cuban Healthcare, Cuba in Transition, ASCE 2002.

(5) Molly Bentley, Cuba leads the way in HIV fight, 17 February, 2003.

(6) Sheri Fink, MD, PhD, Cuba's Energetic AIDS Doctor, American Journal of Public Health May 2003.

(7) Stephen Gibbs, Threat to Cuba's Aids success, 15 August, 2003.

(8) Stephen Gibbs, Cuba to help Caribbean fight Aids, BBCnews, 16 July, 2004.

(9) Jorge Pérez, Daniel Pérez, Ida Gonzalez, Manuel Diaz Jidy, Mylai Orta, Carlos Aragonés, José Joanes, Manuel Santín, Maria Isela Lantero, Rigoberto Torres, Ailen González, Alejandro Álvarez, Approaches to the Management of HIV/AIDS in Cuba Case Study, World Health Organization 2004.

III. 대체의료와 전자정보 네트워크

1. 침뜸, 허브, 자연식, 기공, 요가

(1) John Ruhland, Good Medicine for Cuba, Washington Free Press, November/December, 1997.

(2) Howard Waitzkin, Karen Wald, Romina Kee, Ross Danielson, Lisa Robinson, Primary Care in Cuba: Low-and High-technology Developments Pertinent to Family Medicine, Cuba Solidarity Homepage, 1997.

(3) Ralph Alan Dale, Ernesto Bravo Matarazzo, and Blanca Cantera, East and West Meet in the Caribbean: Is Cuba Developing the World's Best Health Care Model, 1997.

(4) Barbara Jamison Alternative Health Care Flourishes in the Caribbean, Consumer Health Interactive, May 8, 2001.

(5) Pan American Health Organization, Country Report on Cuba, 2001.

(6) Harriet Beinfield, Acupuncture in Cuba, Clinical Acupuncture and Oriental

Medicine Journal June 2001.

(7) Cuba:A Model for Alternative Medicine, Field investigation Report, 2004.

(8) Natural and Traditional Medicine Delegation, Natural and Traditional Medicine Participant Report, La Habana & Holguín, Cuba, July 3-11, 2004.

(9) 우에노 게이이치 『대체의료 - 얼터너티브 메디슨의 가능성』(2002), 가도카와 one테마21

2. 쿠바의 의료정보혁명

(1) David Wald and Juan Reardon,Connecting Cuba's Rural And Urban Hospitals To Each Other And Beyond, November 6, 1995.

(2) Lilliam Riera, INFOMED-A project with a vision toward the future, Granma international August 31, 1999.

(3) Dr. Guillermo J. Padrón, Scientific electronic publishing in Cuba: A challenge that turned into a win, ICSEP, Valparaíso, Chile, October, 2002.

(4) Ricardo A. Jorge, Juan A. Araújo Ruiz and Raúl, G. Torricella Morales, "Cuban Science and the Open Access Alternative". High Energy Physics Libraries Webzine, Issue 10, December 2004.

(5) Cristina Venegas, Will the Internet Spoil Fidel Castro's Cuba? MIT Communications Forum, 2004.

(6) Susan Hurlich, The World's First Synthetic Vaccine for Children, 28 November 2003.

(7) Ann C. Séror, A Case Analysis of INFOMED: The Cuban National Health Care Telecommunications Network and Portal, 2006.

IV. 국경 없는 의사단

1. 재난피해국에서 활약하는 쿠바의 의사들

(1) W. T. Whitney Jr., Cuba's revolutionary doctors, People's Weekly World Newspaper, 2005.

(2) John Cherian, Helping hand from Cuba, India's National Magazine, Volume 22 - Issue 26, 2005.

(3) Saul Kanowitz, Cuba and the United States : Health care for people's needs

or for profit? Magazine of the Party for Socialism and Liberation, November 2005.

(4) Fernando Ravsberg, Cuba to create doctors' brigade, BBC, 20 September 2005.

(5) W. T. Whitney Jr., Cuban medics prepare to leave Pakistan, People's Weekly World Newspaper, April 1, 2006.

(6) Max Lane, A report on recent aid to Indonesia, Max Lane Indonesia Southeast Asia and International Affairs, 22 August, 2006.

(7) Helen Yaffe, Internationalism in practice: Cuban doctors in the mountains of Pakistan, April/May 2006.

(8) Tom Fawthrop, Cuba doctors popular in quake-stricken Java, 18 August 2006.

(9) Maricela Recasens, Cuba's Doctors Help in Indonesia, A seed planted on the other side of the world, 2006.

칼럼1 - 체르노빌의 아이들

(1) Alex Tehrani, Chernobyl children in Cuba - radiation victims are treated, Progressive, Nov, 1994.

(2) John Hillson, With pride, Cuba treats Chernobyl children, The Militant Vol. 59, no. 41, 1995.

(3) Tracey Eaton, Havana healing: Cuba opens arms to victims of Chernobyl, The Dallas Morning News, 2001.

(4) Gualveris Rosales Sánchez, The children of Chernobyl in my memory, Radio Cadena Agramonte, 2005.

(5) Conner Gorry, Cuba Marks 15 Years Treating Chernobyl Victims, MEDICC Review, Volume VII, No. 5, 2005.

(6) Cuba's help for Chernobyl children, International Campaign for Justice in Bhopal, 2006.

(7) Isabel Sanchez, In Cuba, Chernobyl kids get special care, and hope, News from the Caribbean, 2006.

2. 라틴 아메리카 의과대학

(1) W. T. Whitney Jr., Cuba's revolutionary doctors, People's Weekly World Newspaper, 2005.

(2) John Cherian, Helping hand from Cuba, India's National Magazine, Volume 22 - Issue 26, 2005.

(3) Fernando Ravsberg, Cuba to create doctors' brigade, BBC, 20 September 2005.

(4) O'Hara, Latin American School of Medical Sciences, 2001.

(5) Nisa Islam Muhammad, The Compassion of Cuba's Health Care: More doctors equal better health, June 15, 2004.

(6) Fitzhugh Mullan, Cuba Trains Physicians for Wealthy United States, Affirmative Action, Cuban Style, New England Journal of Medicine, December 23, 2004.

(7) Saul Kanowitz, Cuba and the United States : Health care for people's needs or for profit? Magazine of the Party for Socialism and Liberation, 2005.

(8) MEDICC Review Staff, Profiles in Commitment: Conversations with ELAM Students, Volume VII, No 3-4, 2005.

(9) Michele Frank, & Gail A. Reed, Doctors for the World, Training Physicians for Global Health, Volume VII, No 8, 2005.

(10) Patricia Grogg, New Doctors Head Home to Aid Their Communities, Inter Press Service, 2005.

(11) Julie Feinsilver, Cuban Medical Diplomacy: When the Left Has Got It Right, October 30th, 2006.

칼럼2 - 뉴욕의 할렘에서 한 카스트로의 연설

(1) Fidel Castro's speech to U. S. movement, Harlem, New York, September 2000.

V. 지속가능한 의료와 복지사회 구조 만들기

1. 피크 오일과 에너지 절감 선언

(1) Pat Murphy Community, a solution for saving the environment and

conserving resources with equity for all, 2004.

(2) Interview with the Cuban Minister of Culture, Cuban Libraries Solidarity Group, 2004.

(3) Luis Bruschtein, An interview with Abel Prieto, Minister of Culture of Cuba, "There's no battle of ideas if we restrict information", 2004.

(4) Alejandro Massia, Julio Otero, An interview with Abel Prieto, Minister of Culture of Cuba, Cuba reminds many intellectuals of what they have ceased to be, Tiempo de Cuba, 2004.

(5) Pat Murphy on what we can learn from Cuba Interviews: Pat Murphy on what we can learn from Cuba, 2005.

(6) Sarah Wagner, Summit of Caribbean Nations Launch Petrocaribe in Venezuela, 2005.

(7) Hugo Chavez and Fidel Castro have signed an energy pact with Caribbean states leaders, 2005.

(8) Fidel Castro warns about energy crisis, Archived on 1 July 2005.

(9) Cuba: the accidental revolution, The Nature of Things, 2006.

(10) Diane Chiddister, Film shows many ways Cuba reacted to peak oil crisis, Yellow Springs News, 2006.

(11) Pat Murphy, What Can We Learn from Cuba? Local Solutions to the Energy Dilemma Conference, New York City, 2006.

(12) 신도 미치히로 『혁명의 베네수엘라 기행』 (2006), 신닛폰숫판샤

2. 120살까지 사는 섬

(1) Natural and Traditional Medicine Delegation, Natural and Traditional Medicine Participant Report, La Habana & Holguín, Cuba, July 3-11, 2004.

(2) Gillian Woodward, Beyond the beach and sun: Psychotherapist reports from the new University of the Older Adult, 05 February 2003.

(3) Iris Armas Padrino, Cuba: Living Longer and Better, Embajada de Cuba en Turquia, 2005.

(4) Living to 120 years old in Cuba, Cuba Culture News and Information, February 10, 2005.

(5) Angela oramas Camero, The Secret of avion,125 years old, Laughing 100 times a day, Granma International, 2005.

칼럼3 - 쿠바의 헌법 제9조
(1) Debra Evenson, The Right to Health Care and the Law, Volume VII, No 9, 2005.

3. 격차사회 해소에의 도전
(1) David Strug, New Directions in Cuban Social Work Education: What Can We Learn? Social Work Today, 2002.

(2) Centro de Estudios sobre la Juventud, 2002.

(3) Cuban social workers: a revolutionary solution, The newsletter of Rock around the Blockade, 2002.

(4) Cuba's revolution in education, The newsletter of Rock around the Blockade, 2003.

(5) The Battle of Ideas and improving socialism, The newsletter of Rock around the Blockade, 2003.

(6) Fidel speaks: Cuba leads in education, October 3, 2003.

(7) Simon Watson, Cuban student tours UK, The magazine of CSC, 2003.

(8) Steve Eckardt, Revolution in Education : Dollars vs. "Battle of Ideas", 2004.

(9) Jerry M. Spiegel and Annalee Yassi, Lessons from the margins of globalization: appreciating the Cuban health paradox, journal of public heath policy vol. 25, No.1 ,2004.

(10) 2005 Brigade to Cuba: Inspired by the Battle of Ideas, Fight Racism! Fight Imperialism! 2005.

(11) John Cherian, Progress of a revolution, India's National Magazine, the publishers of The Hindu, Volume 22 - Issue 02, 2005.

(12) Marce Cameron, Cuba's battle of ideas, International News, Green Left Weekly issue 667, 2006.

(13) Gloria La Riva, Cuba, Winning the Battle of Ideas, Socialism and

Liberation Magazine, 2006.

(14) John Riddell, Cuba Seeks Revolutionary Renewal, 'wonderful, triumphant year', 2006.

(15) John Riddell and Phil Cournoyer, Economic Reforms Fuel, Cuba's Battle of Ideas, Cuba Seeks Revolutionary Renewal, Part Two, 2006.

(16) Economic growth at 12.5%, Granma International, January 8, 2007.

4. 지금도 살아 있는 체 게바라

Che Guevara, On Revolutionary Medicine, 1960.

용어정리

1장

전국의료시스템 (SNS=Sistema Nacional de Salud de Cuba)

보건복지부 (MINSAP=Ministerio de Salud Publica)

패밀리 닥터 (Medico de Familia)

지구의원 콘술토리오 (consultorios)

지구진료소 폴리클리니코 (policlinico)

타르헤타스 (tarjetas)

농촌사회의료서비스 (RSMS=Servicio medico Rural)

2장

PPG=폴리코사놀 (policosanol)

아테로믹솔 (Ateromixol)

유전자공학 생명공학 센터 (CIGB =Centro de Ingenieria Genetica y Biotecnologia)

스미스 · 클라인 · 비첨PLC (Smith-Kline-Beecham PLC)

그락소 · 스미스 · 클라인PLC (Glaxo Smith-Kline PLC)

카밀로 시엔푸에고스 병원 (Centro Internacional de Retinosis Pigmentaria Camilo Cienfuegos)

에르마노스 알메이헤이라스 (Hermanos Almeijeiras) 병원

전국과학연구센터 (CNIC=Centro de Nacional de Investigaciones Científicas)

바이오 로지컬 프론트 (Frente Biologico)

바이오연구센터 (CIB=Centro Investigaciones Biologicos)

과학의 기둥 (Polo Cientifico)
과학 아카데미 (Academia de Ciencias de Cuba)
에베르 비오테크 (Heber Biotec)
합성항원연구소 (LAGS=Laboratorio de Antígenos Sintéticos)
페드로 코우리 연구소 (IPK=Instituto de Medicina Tropical "Pedro Kourí")
에이즈방지전략 (Estrategia para la prevención de SIDA)
국제신경회복센터 (Centro Internacional de Restauración Neurológica)

3장
전국전통 자연의료 개발보급 계획 (PNDMTN= Programa Nacional para el Desarrollo y la Generalización de la Medicina Tradicional y Natural)
전통적인 녹색 약품 (medicina tradicional y verde)
자연전통의료 (MTN=Medicina Tradicional y Natural)
전국의료과학정보센터 (CNICM =Centro Nacional de Información de Ciencias Médicas de la República de Cuba)
의료정보센터 (CPICM=Centro Porvincial de Información de Ciencias Médicas)
전국의료도서관 (BMN=Biblioteca Médica Nacional)
전국정보시스템 (SNICM=Sistema Nacional de Información de Ciencias modicas)
공공의료정보센터 (CEDISAP=Centro de Dessarrollo Informático de Salud Públical)
기초워크 · 그룹 (grupos basicos de trabajo)
평가 (dispensarización)
전국건강경향분석사무소 (Unidad Nacional de Análisis y Tendencias en Salud)
전국과학기술국 (Dirección Nacional de Ciencia y Técnica)
헬스케어감시 (Vigilancia en Salud)
원격전가의료서비스 (Servicio de Telemedicina)

전국소아외과 네트워크 (Red Nacional de Cardiocentros Infantiles)

사이버 대학 (Universidad Virtual)

4장

카리브 해 국가연합 (Asociación de estados del Caribe)

재해리스크 경감 네트워크 (Red nacional para la Prevención y redacción de los efectos de los desastres)

헨리 리브 국제구조대 (Brigada médica Henry Reeve)

라틴 아메리카 의과대학 (ELAM=Escuela Latinoamericana de Medicina)

이슬람 성직자 의료인권 서비스 (Nation of Islam Minister of Health and Human Services)

코뮤니티 종교재단 (IFCO=Inter-religious Foundation for Community Organizing)

기적의 수술 (Operación Milagro)

바리오 아 덴트로 (Barrio A dentro)

베네수엘라 의사연맹 (Federación médica de Venezuela)

볼리비아 의과대학 (Colegio Médico de Bolivia)

5장

페트로 수르 (Petrosur)

페트로 카리베 (Petrocaribe)

노인 동아리 (circulos de abuelos)

쿠바 퇴직자협회 (Asociacion de Pedagogos de Cuba)

퇴직자·연금생활자운동 (Movimiento de Jubilados y Pensionados)

고령자대학 (Catedra Universitaria del Adulto Mayor)

사상투쟁 (Batalla de Ideas)

컴퓨터 교육 (Programa extensivo del aprendizaje de la computación)

예술학교 (Escuelas de Instructores de Arte)

모든 인민을 위한 대학 프로그램 (Programa de universidad para todos)
사회복지사 (Trabajadores Sociales)
아바나 의과대학 (Escuela de medicina de Girón Ciudad de La Habana)

지은이 소개

이 책을 쓴 요시다 다로는 1961년 도쿄에서 태어났다. 쓰쿠바대학 자연학부를 졸업하고 같은 대학원 지구과학연구소를 중퇴했다. 도쿄를 거쳐 현재 나가노 현 농업대학교에서 일하고 있다. 지은 책으로 『200만 도시가 유기채소로 자급가능한 이유 – 도시농업대국 쿠바 리포트』, 『1000만인이 반(反) 글로벌리즘으로 자급, 자립할 수 있는 이유 – 슬로 라이프 대국 쿠바 리포트』, 『세계가 쿠바의 고학력에 주목하는 이유』, 『유기농업이 나라를 바꾸었다』 등이 있다.

옮긴이 소개

이 책을 우리말로 옮긴 위정훈은 고려대학교 서어서문학과를 졸업하고 영화주간지 「씨네21」에서 5년여 동안 기자로 일했다. 2003년부터 2년 동안 도쿄대 대학원 총합문화연구과 객원연구원으로 유학했다. 지금은 인문, 정치사회, 문학 등 다양한 분야의 출판기획과 번역을 하고 있다. 옮긴 책으로 『뿌리깊은 인명이야기』, 『뿌리깊은 지명이야기』, 『프랑스요리 살인사건』, 『위플랄라』, 『지중해를 물들인 사람들』, 『콤플렉스 카페』, 『왜 인간은 전쟁을 하는가』 등이 있다.

의료천국, 쿠바를 가다

지은이 _ 요시다 다로
옮긴이 _ 위정훈
펴낸이 _ 강인수
펴낸곳 _ 도서출판 **피피에**

초판 1쇄 발행 _ 2011년 5월 27일
초판 2쇄 발행 _ 2012년 1월 17일

등록 _ 2001년 6월 25일 (제300-2001-137호)
주소 _ 121-896 서울시 마포구 서교동 438-13
전화 _ 02-733-8668
팩스 _ 02-732-8260
이메일 _ papier-pub@hanmail.net

ISBN 978-89-85901-62-8 03300

· 잘못 만들어진 책은 바꾸어 드립니다.
· 값은 뒷표지에 있습니다.